# Superar un trauma

## El tratamiento de las víctimas de sucesos violentos

Enrique Echeburúa

# Superar un trauma

## El tratamiento de las víctimas de sucesos violentos

EDICIONES PIRÁMIDE

COLECCIÓN «PSICOLOGÍA»
Sección: Manuales Prácticos

Director:
**Francisco J. Labrador**
Catedrático de Modificación de Conducta
de la Universidad Complutense de Madrid

Diseño de cubierta: Anaí Miguel

Imagen de cubierta: Grupo Anaya

Reservados todos los derechos. El contenido de esta obra está protegido por la Ley, que establece penas de prisión y/o multas, además de las correspondientes indemnizaciones por daños y perjuicios, para quienes reprodujeren, plagiaren, distribuyeren o comunicaren públicamente, en todo o en parte, una obra literaria, artística o científica, o su transformación, interpretación o ejecución artística fijada en cualquier tipo de soporte o comunicada a través de cualquier otro medio, sin la preceptiva autorización.

Ediciones Pirámide se compromete con el medio ambiente reduciendo la huella de carbono de sus libros.

PAPEL DE FIBRA
CERTIFICADA

© Enrique Echeburúa
© Ediciones Pirámide (Grupo Anaya, S. A.), 2004, 2005, 2009, 2012, 2020, 2021, 2021R, 2022
Juan Ignacio Luca de Tena, 15. 28027 Madrid
Teléfono: 91 393 89 89
www.edicionespiramide.es
Depósito legal: M. 29.232-2009
ISBN: 978-84-368-1900-7
Printed in Spain

*A todas las víctimas de sucesos violentos,
de cuyo sufrimiento he aprendido lo que sé
y cuya capacidad de recuperación, en muchos
casos asombrosa, me ha hecho confiar aún más
en las posibilidades del ser humano.*

*«Tú no puedes volver atrás
porque la vida ya te empuja
como un aullido interminable.*

*La vida es bella, tú verás
cómo a pesar de los pesares
tendrás amor, tendrás amigos.»*

José Agustín Goytisolo
*(Palabras para Julia)*

# ÍNDICE

**Prólogo,** por Cristina Cuesta Gorostidi . . . . . . . . . . . . . . . . . . . . 15

**Introducción** . . . . . . . . . . . . . . . . . . . . . . . . . . . . . . . . . . . . . . 23

### PARTE PRIMERA
### Lo que hay que saber sobre el trauma

**1. ¿Qué es un trauma?** . . . . . . . . . . . . . . . . . . . . . . . . . . . . 29
   1.1. Lo que es un suceso traumático y lo que no lo es . . . . . . . . . . 29
   1.2. El daño psicológico . . . . . . . . . . . . . . . . . . . . . . . . . . . . . . 30
      1.2.1. Lesiones psíquicas . . . . . . . . . . . . . . . . . . . . . . . . . . . 32
      1.2.2. Secuelas emocionales . . . . . . . . . . . . . . . . . . . . . . . . 33
   1.3. Causas del daño psicológico . . . . . . . . . . . . . . . . . . . . . . 35
   1.4. Tipos de víctimas . . . . . . . . . . . . . . . . . . . . . . . . . . . . . . . 35
      1.4.1. Víctimas directas . . . . . . . . . . . . . . . . . . . . . . . . . . . . 35
      1.4.2. Víctimas indirectas . . . . . . . . . . . . . . . . . . . . . . . . . . . 36
      1.5. Victimización secundaria . . . . . . . . . . . . . . . . . . . . . . . . . 37

**2. Vulnerabilidad al trauma** . . . . . . . . . . . . . . . . . . . . . . . . 41
   2.1. Frecuencia del trauma en la población . . . . . . . . . . . . . . . 41
   2.2. Víctimas de riesgo . . . . . . . . . . . . . . . . . . . . . . . . . . . . . . 43
   2.3. Factores de vulnerabilidad y factores de protección . . . . . . . . 44
   2.4. Personalidades resistentes al estrés . . . . . . . . . . . . . . . . . . 46
   2.5. El trauma en la infancia . . . . . . . . . . . . . . . . . . . . . . . . . . 48
      2.5.1. Repercusiones emocionales en el niño . . . . . . . . . . . 49
      2.5.2. ¿Alteraciones psicopatológicas en la vida adulta? . . . . . . . . . . . 51

**3. Tipos específicos de traumas** . . . . . . . . . . . . . . . . . . . . . 53
   3.1. Aspectos nucleares del trauma . . . . . . . . . . . . . . . . . . . . . 53
   3.2. Tipos específicos de trauma . . . . . . . . . . . . . . . . . . . . . . . 58
      3.2.1. Las agresiones sexuales en la vida adulta . . . . . . . . . . . . . 58
      3.2.2. El abuso sexual en la infancia . . . . . . . . . . . . . . . . . . 63

3.2.3. La violencia en la relación de pareja . . . . . . . . . . . . . . . . . . . . 70
3.2.4. La muerte violenta de un hijo . . . . . . . . . . . . . . . . . . . . . . . 78
3.2.5. El terrorismo, los secuestros y la tortura . . . . . . . . . . . . . . 88
3.2.6. Las catástrofes y los accidentes . . . . . . . . . . . . . . . . . . . . . 99
   3.3. Traumatización vicaria . . . . . . . . . . . . . . . . . . . . . . . . . . . . . 102

**4. Los sentimientos de culpa** . . . . . . . . . . . . . . . . . . . . . . . . . . . . 107

   4.1. La culpa y sus manifestaciones psicológicas . . . . . . . . . . . . 108
   4.2. Desarrollo del sentimiento de culpa . . . . . . . . . . . . . . . . . . . 109
   4.3. La culpa anormal . . . . . . . . . . . . . . . . . . . . . . . . . . . . . . . . . . 110

## PARTE SEGUNDA
### ¿Qué se puede hacer para superar un trauma?

**5. Evaluación del daño psicológico** . . . . . . . . . . . . . . . . . . . . . 117

   5.1. Evaluación clínica . . . . . . . . . . . . . . . . . . . . . . . . . . . . . . . . . 117
5.1.1. Frecuencia del daño . . . . . . . . . . . . . . . . . . . . . . . . . . . . . . . 117
5.1.2. Gravedad de los síntomas . . . . . . . . . . . . . . . . . . . . . . . . . . 118
   5.2. Dictámenes periciales . . . . . . . . . . . . . . . . . . . . . . . . . . . . . . 121

**6. ¿Cómo se puede superar un trauma?** . . . . . . . . . . . . . . . . . 125

   6.1. ¿Cuándo es necesario el tratamiento? . . . . . . . . . . . . . . . . . 125
   6.2. Principios básicos del tratamiento . . . . . . . . . . . . . . . . . . . . 126
   6.3. Criterios clínicos para el uso de fármacos . . . . . . . . . . . . . . 128
   6.4. ¿Terapia individual o terapia grupal? . . . . . . . . . . . . . . . . . . 131
   6.5. Relación terapeuta-paciente . . . . . . . . . . . . . . . . . . . . . . . . . 134

**7. Ejes del tratamiento** . . . . . . . . . . . . . . . . . . . . . . . . . . . . . . . . 137

   7.1. Problemas en la regulación de emociones . . . . . . . . . . . . . . 137
7.1.1. Anestesia emocional . . . . . . . . . . . . . . . . . . . . . . . . . . . . . . 137
7.1.2. Irritabilidad . . . . . . . . . . . . . . . . . . . . . . . . . . . . . . . . . . . . . 139
7.1.3. Ansiedad e hiperactivación . . . . . . . . . . . . . . . . . . . . . . . . . 144
7.1.4. Depresión . . . . . . . . . . . . . . . . . . . . . . . . . . . . . . . . . . . . . . 149
7.1.5. Sentimientos de culpa . . . . . . . . . . . . . . . . . . . . . . . . . . . . 155
   7.2. Pérdida de la confianza personal e interpersonal . . . . . . . . . 158
7.2.1. Déficit de autoestima . . . . . . . . . . . . . . . . . . . . . . . . . . . . . 159
7.2.2. Déficit de habilidades sociales . . . . . . . . . . . . . . . . . . . . . . 164
   7.3. Reexperimentación del trauma . . . . . . . . . . . . . . . . . . . . . . . 167
7.3.1. La evitación cognitiva como estrategia de afrontamiento . . . . . 168
7.3.2. La terapia de exposición a los recuerdos traumáticos . . . . . . . 170
7.3.3. ¿Hay que hablar siempre de lo ocurrido a otras personas? . . . . 174
   7.4. Conductas de evitación . . . . . . . . . . . . . . . . . . . . . . . . . . . . . 175
   7.5. Inadaptación a la vida cotidiana . . . . . . . . . . . . . . . . . . . . . . 176

7.5.1. Solución de problemas y toma de decisiones. . . . . . . . . . . . . 178
7.5.2. Proyección hacia el futuro. . . . . . . . . . . . . . . . . . . . . . . . . 180

**8. Recuperación del trauma**. . . . . . . . . . . . . . . . . . . . . . . . . 181
8.1. El papel del perdón. . . . . . . . . . . . . . . . . . . . . . . . . . . . . . 181
8.2. Indicadores positivos de recuperación. . . . . . . . . . . . . . . . . 182
8.3. Indicadores negativos de recuperación . . . . . . . . . . . . . . . . 184
8.4. Prevención de recaídas. . . . . . . . . . . . . . . . . . . . . . . . . . . 185

**9. Conclusiones** . . . . . . . . . . . . . . . . . . . . . . . . . . . . . . . . . 187

**Epílogo: Las víctimas y el perdón...: hacia la superación del trauma,**
  por Antonio Beristáin Ipiña . . . . . . . . . . . . . . . . . . . . . . . . 191

**Lecturas recomendadas** . . . . . . . . . . . . . . . . . . . . . . . . . . . 201

**Bibliografía**. . . . . . . . . . . . . . . . . . . . . . . . . . . . . . . . . . . . . . 207

**Índice temático** . . . . . . . . . . . . . . . . . . . . . . . . . . . . . . . . . . 213

## PRÓLOGO

*Aquella soleada y fría mañana del 26 de marzo de 1982 hablé con mi padre sobre mi regalo de cumpleaños, pues había cumplido veinte años hacía unos días. Estudiaba Periodismo en Lejona (Vizcaya) y me encontraba en casa para celebrar la entrada en la nueva década. Hacia las tres y veinte, mi madre, mi hermana de catorce años y yo le esperábamos como en tantas otras ocasiones. Mi padre trabajaba en una de las centrales de Telefónica en San Sebastián a unos trescientos metros de nuestro hogar, era delegado de Telefónica en Guipúzcoa. Sonó el teléfono y lo cogí yo. Una voz nerviosa que jamás olvidaré me dijo: «Baja deprisa que a tu padre le ha pasado algo». Supe inmediatamente que mi padre había sufrido un atentado terrorista. El anterior delegado, Juan Manuel García Cordero, había sido asesinado año y medio antes y mi padre, al aceptar el cargo, vivía pegado a sus escoltas. El siguiente recuerdo que guardo es la visión de un corro de gente en una esquina cercana a casa, el revuelo de un coche de policía y unos cuantos peatones que, quietos, no sabían a dónde mirar ni qué pasaba, una cinta amarilla y unas manchas de sangre en el suelo. Inmediatamente después el viaje interminable al Hospital provincial acompañada de un guardia municipal y una amiga de mi familia, mis insultos y el absoluto convencimiento de que mi padre no podía estar muerto. Hasta que no exigí verle en una fría y blanca sala de hospital postrado en una camilla y cubierto completamente con una sábana no admití que mi padre, Enrique Cuesta, y uno de sus escoltas, Antonio Gómez, habían sido tiroteados mortalmente. Llamadas telefónicas para confirmar lo impronunciable, búsqueda de mi hermana y mi madre y visita al Juzgado para «declarar». Una eficiente empleada del Juzgado en una cochambrosa sala gris y lúgubre, con una máquina de escribir de la que todavía guardo el recuerdo de su sonido machacón, me preguntó con la mayor naturalidad y diligencia qué había visto al llegar al escenario del crimen, qué gente se encontraba allí, cómo me enteré de que mi pa-*

dre había sido asesinado hacía menos de dos horas, cuándo me confirmaron su muerte, si pude ver los impactos de las balas y si tenía algo más que declarar. No pude articular prácticamente palabra alguna. Me gustaría tener la oportunidad de cotejar la declaración real con mis recuerdos. Los días inmediatos a aquel primer día sin mi padre son una gran nebulosa. Me rompieron la vida. Mi madre sucumbió y mi hermana pequeña demostró una entereza y una fuerza interior admirables. Dejé la carrera y me puse a trabajar en Telefónica, cerca de mi familia, de la que me hice responsable. Los primeros años pasaron con pena y sin gloria. El objetivo fundamental era recuperarnos, reorganizar a la familia, lograr un cierto equilibrio emocional y cotidiano. Conseguir que nuestra madre se sintiera mejor e intentar no pensar demasiado o hacer como que no pensábamos demasiado. No mortificarnos, no exteriorizar el drama interior, aprovechar los pequeños momentos de calma, intentar recuperar la sonrisa, luchar por mantener una cierta distancia con el dolor de la pérdida, recuperarnos juntas. Aprendimos a vivir sin mi padre recubriendo su hueco de silencios, recuerdos alegres y el convencimiento de que precisamente por él, allá donde estuviera, teníamos que luchar por ser felices, con nuestra herida, a pesar de nuestra herida. Mis amigos me recomendaban olvidar, me decían bienintencionadamente que pensara que mi padre había muerto en accidente de tráfico o de un infarto, que no me amargara la vida. Decidieron no comentarme ningún tema «político», es decir, nada relacionado con el terrorismo, para evitarme el disgusto. El hecho de vivir en San Sebastián y sufrir prácticamente todos los días pintadas, manifestaciones, actos y declaraciones de exaltación y justificación del terrorismo imposibilitaba en gran medida que la herida cicatrizase bien; también aumentaba mi indignación, que luchaba desaforadamente por ser canalizada. Fui acumulando un sentimiento de rebeldía, la necesidad imperiosa de tener que «hacer algo», y creo que, después de tantos años en los que he mantenido la misma necesidad interior, esta fuerza ha sido la fuente de mi sanación y mi reconstrucción. Pero no, mi padre no había sido víctima de una catástrofe natural o del desprendimiento de una cornisa. Mi padre y su escolta habían sido asesinados por tres jóvenes de veinte años, como yo entonces, vascos como yo, que habían decidido, planificado y ejecutado una orden de asesinato de dos personas a las que no conocían y a las que en un infame comunicado de reivindicación también insultaron, difamaron y calumniaron, todo aderezado con ese latiguillo omnipresente de la opresión del pueblo vasco: ¿no éramos mi familia y yo pueblo vasco?

*Prólogo*

*Seguramente nadie está preparado para sufrir la muerte violenta de un ser querido. Cuando esa pérdida se produce como consecuencia de un asesinato, es decir, de forma alevosa y premeditada, es justificado por miles de conciudadanos (algunos de tus vecinos, tus compañeros de trabajo, incluso a veces hasta tus familiares), cuando a este tipo de delincuencia organizada le socorre demasiadas veces la iniquidad ética, la arbitrariedad política y también la omisión penal, puedo asegurar que las secuelas de todo tipo son devastadoras y el esfuerzo de contención y de mejora abrumador. Los asesinatos terroristas en los ochenta eran semanales, tres bandas terroristas actuaban. Era imposible mantenerse a salvo en el olvido porque la frecuencia de los atentados lo impedía, reviviendo en cada nuevo atentado el propio. La sociedad callaba en los bares, en el trabajo, en el mercado, en el ascensor, aunque el atentado se hubiera producido muy cerca. El silencio miedoso o cómplice era una losa demasiado pesada e incrustada. Vivíamos anestesiados ante el dolor de nuestros conciudadanos, inmersos en un ambiente de anomia moral del que todavía no nos hemos recuperado del todo. Los compañeros de Telefónica convocaron una manifestación por el asesinato de mi padre. De una plantilla de mil empleados asistieron unos trescientos, fuimos unos privilegiados. Ninguna otra concentración o acto de repulsa fue convocado ni por la sociedad ni por el Gobierno Vasco, y tampoco por parte de la Iglesia Vasca. Asistió mucha gente al funeral, recibimos muchos telegramas, pero ni una sola orientación institucional, salvo las que encontramos de la mano de familiares y amigos que, con más fortuna que muchas otras familias, supieron ayudarnos y aconsejarnos en nuestros derechos. La necesidad de apoyo psicológico era algo impensable; al fin y al cabo, estábamos vivas para contarlo. En aquellos años se pensaba que los familiares de la víctima no éramos víctimas. Yo no me atrevía por aquel entonces a comentar «lo de mi padre», como así lo nombraban los más osados, hasta no tener muchísima confianza en las personas que se acercaban a mí. La gente, mucha de bien, me preguntaba en qué andaba metido mi padre, y hoy me arrepiento de haberme preguntado lo mismo, porque las víctimas, muchas víctimas, nos hemos sentido culpables de nuestra victimización, trasladando así la responsabilidad de los asesinos y sus cómplices y siendo esto reflejo también de la perversión moral que diferencia al terrorismo de otros delitos violentos: el desplazamiento de la responsabilidad de la acción, que pasa a ser justificada externamente y criminaliza a la víctima estigmatizándola. Ingenua y tímidamente, en 1986 decidí alzar la voz para decir que yo era víctima del terroris-*

*mo*, *que me repugnaba todo terrorismo y que algo podíamos hacer los ciudadanos ante tanto dolor injusto. En esa primera etapa me refugié en el perdón y en el deseo que hice público de encontrar la paz de la reconciliación. Hoy sé que antes está la justicia, la sanción debida, la reparación posible, el reconocimiento del daño cometido, que no tiene ni debe tener ninguna coartada ideológica. Junto a otros compañeros intenté hacer algo para parar la máquina del terror, mover conciencias, resistir, sacar fuerzas de flaqueza, acompañar a otras víctimas. Me esforcé por convertir mi tristeza, mi desolación y mi rabia en esperanza, sin olvidar, sin odiar, firme y constantemente, sin cejar en el empeño, por muy difícil y atroz que fuera el camino. Creo haberlo conseguido y este compromiso constituye mi más preciado tesoro.*

Esta es parte de una historia más de una víctima de un delito violento, una más de los miles, millones de personas que han sufrido de cerca el horror de la violencia injusta que nos deja indefensos y mudos. Una voz, una mirada, una narración en primera persona más de las que recoge este imprescindible libro. Lo primero que tengo que agradecer a su autor es el protagonismo que da a las propias víctimas, a las que personaliza y humaniza desde el reconocimiento generoso y audaz de que detrás de un síntoma, una secuela, un trauma, hay un ser humano inclasificable, irrepetible, que sufre y que necesita ayuda. A todas ellas mi recuerdo y mi afecto. He podido comprobar en estos años que cuando sufres una experiencia atroz tu mirada se vuelve inocente y ya no haces distinciones, conectas con el dolor humano producido por el absurdo o el abuso de la violencia allá dónde se produzca, sin buscar explicaciones ni coartadas. He leído *Superar un trauma* con la sensación de ser una persona amnésica que va atando cabos, explorando en su ayer, reconociendo en su interior lo que pasó, lo que sintió, lo que experimentó y lo que realizó para intentar seguir adelante. Un camino apasionante de búsqueda y explicación de sus miedos, sus angustias, sus alteraciones y también de sus apoyos, sus ayudas, sus salidas. Por lo tanto, lo segundo que debo decir de este libro es lo beneficioso que puede resultar para las miles de víctimas de delitos violentos que, habiendo sufrido una experiencia traumática, quieran interpretarse mejor, conocerse mejor, progresar. Mi agradecimiento a su autor, mi querido y admirado profesor Enrique Echeburúa, por su claridad pedagógica y su enfoque, porque lo verdaderamente importante para la víctima de un trauma es su lucha por superarlo; en ese camino no puede, no debe estar sola y sin recursos, sin afecto y sin comprensión. En estos años he tenido la oportunidad y la suerte de conocer a decenas de víctimas del terrorismo de las que he aprendido lo más importante que sé acerca del terrorismo: el fanatismo y totalitarismo que encierra, sus injustificables métodos y fines, siempre y en todo lugar, los tentáculos que es capaz de engendrar, las mentiras y consentimientos de los que se alimenta y sus inmensas consecuencias victimológicas, que van más allá del número de sus víctimas asesinadas, heridas, extorsionadas, amenazadas, sus familias y amigos. El terrorismo pervierte los valores de la convivencia civilizada, cosifica la dignidad del ser humano y lo convierte en moneda de cambio, aterrorizando a inmensas capas de población. Por eso las asociaciones de víctimas del terrorismo, trabajan para que el terrorismo sea calificado como crimen contra la humanidad con igual estatus que el genocidio. Las víctimas del terrorismo y tantas otras de delitos violentos, han demostrado una entereza, contención, capacidad de sufrimiento y una sabiduría para sobrevivir en las peores situaciones que rayan el milagro y nos permiten seguir creyendo en las posibilidades del ser humano. Como explica minuciosamente el profesor Echeburúa, son víctimas que perdieron la confianza básica material de la propia dignidad, la confianza en otras personas, en creencias e ideales, que han sufrido en muchos casos ansiedad, depresión, lesiones psíquicas o secuelas emocionales a causa de una doble victimización producida no sólo por el hecho criminal sino también por el maltrato o la desidia institucional, o la frivolidad de los medios de comunicación, sin apoyo social hasta bien entrados los años noventa, cuando no con el desprecio o aislamiento del entorno, especialmente en la Comunidad Autónoma Vasca. Víctimas anestesiadas emocionalmente, con falta de autoestima, sentimiento de culpa y también víctimas presas de su victimismo. Víctimas indefensas y rabiosas a las que, en numerosísimos casos, nunca se les ofreció atención psicológica o se la negaron, o pensaron que no era necesaria porque nadie les explicó su conveniencia.

He conocido víctimas del terrorismo que no contaron a sus nietos cómo había muerto el abuelo para protegerlos, víctimas que fueron insultadas en la calle por los amigos de los terroristas, víctimas que se han encontrado en el portal de su vivienda con la persona que había pasado información a los terroristas de las costumbres y horario de su familiar asesinado. Víctimas que a pesar de los pesares, inexplicable y milagrosamente, decidieron no educar a sus hijos en el odio y contener la venganza y el revanchismo. Víctimas que esperaron el comunicado de reivindicación porque estaban seguras de que los criminales «se habían equivocado de persona» —¿cuándo no?—, y que cuando este miserable reconocimiento se producía recuperaban el saludo de los vecinos. Víctimas que tuvieron que aguantar pintadas como *«José Luis, jódete»* después de que José Luis fuera asesinado o que estuvieron a punto de ser asesinadas en el cementerio en el tercer aniversario de la muerte en atentado de su familiar. Víctimas que han soportado el escarnio de la calumnia, la infamia y la insidia o la cobardía moral, la soledad cómplice o la chulería del justiciero. Víctimas que no han parado de reconvertir su indignación en dignidad, que levantaron la voz y la palabra, que creen en la memoria, la verdad y la justicia. Víctimas que han decidido defender los valores de la convivencia, el pluralismo democrático, la tolerancia y el respeto a la vida, incluso la vida de sus asesinos, motivadas por el deber de preservar los principios que sus familiares de una manera activa o sencillamente por existir representaban. De todas estas víctimas he aprendido que es posible salir del túnel, por muy largo y oscuro que éste sea.

Durante muchos años, demasiados, no han existido servicios de atención públicos especializados en el apoyo a las víctimas de delitos violentos. En lo que a las víctimas del terrorismo se refiere, fueron las asociaciones privadas las que tuvieron que activar servicios de atención clínica, acompañamiento a juicios, asesoramiento y atención permanente en hospitales y en los hogares de las personas afectadas. La primera ley estatal de protección a las víctimas del terrorismo que ofrece atención psicológica proporcionando una subvención limitada económicamente para que la víctima busque al profesional que más le interese es de 1996, y en el ámbito de la Comunidad Autónoma Vasca de 2002. Las víctimas del terrorismo españolas son unas pioneras respecto a los logros legales que han conseguido, en gran medida por su lucha y su presencia continua y firme, abriendo el camino a otros colectivos de víctimas de delitos violentos a los que en estos últimos años se les empieza a atender en toda la complejidad de su victimización con la seriedad y profesionalidad que se merecen. Así como cuando se producen catástrofes naturales las víctimas cuentan inmediatamente con psicólogos que les atienden, las víctimas de delitos violentos no disfrutan de los mismos servicios. He compartido compromiso con psicólogos que en condiciones más que precarias, sin reconocimiento y apoyo, teniendo que vencer resistencias sociales y políticas, han desarrollado durante años una labor solitaria y solidaria por amor a su profesión y sensibilidad social hacia las víctimas del problema más importante en cuanto a la vulneración de derechos humanos que ha sufrido y sufre nuestra democracia, el terrorismo. A fecha de hoy estos profesionales siguen dependiendo de las subvenciones públicas, bien directamente o de forma indirecta a través de las asociaciones de víctimas.

De los psicólogos que acompañaron a las víctimas por solidaridad y sensibilidad, de Enrique Echeburúa he aprendido que la ayuda psicológica es necesaria como apoyo para la mejora y la reconducción de las consecuencias que acarrea sufrir un trauma, que existen terapias de mejora que deben estar a nuestro alcance, que no hay que tener miedo a pedir ayuda, y que a veces nos vemos imposibilitados a salir por nuestras propias fuerzas de un bache de esas características. Avanzamos lentamente en la especialización del tratamiento de las secuelas de una victimización violenta. Hoy hablar de atención psicológica es algo normal y accesible —menos de lo que sería necesario—, hoy las secuelas psicológicas son tenidas en cuenta, hoy las víctimas del terrorismo, y cada vez menos las de otros delitos violentos, no están solas, y la administración responde cada día mejor a sus necesidades y requerimientos.

Escribo este prólogo en los días en los que he tenido conocimiento de la detención y encarcelamiento en Francia de uno de los presuntos asesinos materiales de mi padre y su escolta. Un sujeto implicado en cinco asesinatos, dos secuestros y numerosos estragos que no ha pasado ni un solo minuto de su vida en la cárcel hasta hoy, y que vivía y trabajaba en Hendaia, muy cerca de la frontera española. Hace un año y medio, a través de los medios de comunicación, supimos que residía a veinte kilómetros de donde otros terroristas confesaron que asesinó a cinco ciudadanos. Todas las causas abiertas por estos hechos y otros han prescrito, salvo las de mi padre y su escolta. A fecha de hoy, mediados de febrero de 2004, no sabemos si podrá ser juzgado, si podrá ser extraditado a España. Estos días están siendo duros, otra vez se nos amontonan los recuerdos y las sensaciones, recordamos que después de veintidós años no hemos podido cerrar página y que se vuelve a resquebrajar la herida y ésta duele. Pero mi familia y yo, al igual que tantas otras víctimas, creemos, debemos creer, en la Justicia democrática, en el amparo del Estado de Derecho, en la esperanza de la reparación penal y moral que calma la ofensa irreparable, la pérdida inolvidable. Esperamos poder ver sentado en el banquillo de los acusados a la persona contra la que se tiene que demostrar que en su sano juicio, voluntaria y despiadadamente, fue capaz de acabar con la vida de dos hombres. Esta convicción, esta lucha porque se haga justicia, es lo que diferencia a las víctimas de los verdugos, es lo que nos da fuerza moral y nos consuela. Estoy convencida de que pase lo que pase mi familia y todas las demás familias víctimas tenemos cada día más posibilidades de normalizar nuestras vidas a pesar de lo vivido. El libro *Superar un trauma* ahonda en la conciencia social, perfecciona el abordamiento científico al problema y toma el punto de vista de las víctimas. Esta es la garantía de que estamos en el buen camino.

CRISTINA CUESTA GOROSTIDI
Criminóloga
Portavoz del Colectivo de Víctimas
del Terrorismo en el País Vasco (COVITE)

## INTRODUCCIÓN

La biografía de una persona está salpicada de sucesos positivos y de acontecimientos negativos, de alegrías y de tristezas, de esperanzas cumplidas y de expectativas frustradas. A medida que transcurren los años, los paisajes de nuestras vidas se llenan de cráteres, como la superficie de la Luna. Los malos ratos se olvidan, pero queda en el pozo de la memoria la huella del sufrimiento. En realidad, sólo existe una forma de no tener disgustos, estar muerto, porque vivir significa asumir un riesgo. Pero de ese reto la mayor parte de la gente sale con un balance razonablemente satisfactorio.

A veces cuesta entender cómo pueden encontrarse satisfechas y presentarse con una vida productiva y rica en logros personales y sociales personas que han tenido que habérselas con una vida llena de obstáculos y dificultades (enfermedades incapacitantes, divorcios, apuros económicos, desengaños, muerte de un hijo, etc.). Pero lo cierto es que el ser humano tiene una capacidad de adaptación y un espíritu de superación que, en la mayor parte de los casos, están por encima de las contrariedades cotidianas. Por decirlo en otras palabras, el futuro del ser humano no es predecible porque no sigue un camino fijo como la vía del tren.

Lo que resulta fundamental en este sentido son las habilidades de supervivencia (lo que ahora se denomina las estrategias de afrontamiento) de las que se vale el ser humano para hacer frente al estrés. Se trata, en realidad, de un conjunto de habilidades y recursos que adquiere la persona en el proceso de socialización para salir airoso de las dificultades y resistir los embates de la vida sin quedar gravemente mermado en el bienestar personal. Estas habilidades de supervivencia van a depender, entre otras cosas, del nivel intelectual, del grado de autoestima, del estilo cognitivo personal (más o menos optimista) y del tipo de experiencias habidas, así como de su capacidad de resolución y del apoyo familiar y social recibido.

Las estrategias de afrontamiento son variables de unas personas a otras. Lo que es útil para algunas no lo es necesariamente para otras. Pero, en general, hay algunas habilidades que se repiten con frecuencia: esforzarse por solucionar los problemas cotidianos de una manera realista; fijarse en los aspectos positivos de la realidad y tratar de ver el aspecto bueno incluso en las cosas malas; apoyarse en amigos y familiares para sacar fuerzas de flaqueza en los momentos difíciles; aceptarse como se es, con las cualidades y las limitaciones propias; descentrarse del mundo de uno mismo e interesarse por lo que ocurre a su alrededor (la belleza, el arte o el altruismo), y reservar un espacio de tiempo para practicar las aficiones y enriquecer la vida. Otras no son tan universales, pero pueden resultar muy útiles en algunos casos: la vida espiritual y el consuelo religioso, o la capacidad de entusiasmo y el sentido del humor, que pueden llegar a *fundir* el estrés.

Un trauma, sin embargo, es algo diferente. En este caso hay un malestar intenso derivado de un suceso negativo brusco e inesperado, de consecuencias dramáticas y que ha sido causado por otros seres humanos. Este tipo de acontecimientos desborda, con frecuencia, la capacidad de respuesta de una persona, que se siente sobrepasada para hacer frente a las situaciones que se ve obligada a arrostrar. Las estrategias de afrontamiento pueden volverse malsanas o fallidas, y las expectativas, derrotistas. La frecuente aparición de emociones negativas, como el odio, el rencor o la sed de venganza, pueden complicar aún más el panorama. Como consecuencia de ello, la persona, incapaz de adaptarse a la nueva situación, puede sentirse indefensa, perder la esperanza en el futuro y encontrarse paralizada para emprender nuevas iniciativas y, en definitiva, para gobernar con éxito su propia vida.

Así, hay niños, cuando han sido objeto de abuso sexual o han sufrido los embates de un atentado terrorista, a los que se les ha robado la infancia, es decir, que han perdido interés por sus juegos, sus ilusiones, su imaginación. En su lugar ha quedado una secuela más o menos indeleble de inseguridad y de dolor.

Pero de un trauma también se puede salir. Hay personas que consiguen sobreponerse al terrible impacto de un atentado terrorista, de una agresión sexual, de la pérdida violenta de un hijo o de una relación traumática de pareja, y descubren de nuevo, sin olvidar lo ocurrido, el valor de la existencia o la alegría de vivir. Por mucho que sea lo que queda aún por averiguar, se sabe ya de qué depende que una persona quede marcada trágicamente de por vida o que otra, por el contrario, haga frente a la contrariedad, disfrute de la vida cotidiana y sepa embarcarse de nuevo en proyectos ilusionantes.

De estos y de otros temas relacionados se ocupa este libro. Se trata de determinar lo que es un trauma y de distinguirlo de lo que no lo es, así como de estudiar el daño psicológico generado en las víctimas. La vulnerabilidad al trauma desempeña un papel muy importante. Ni todas las personas tienen las mismas probabilidades de experimentar un acontecimiento traumático ni todas aquellas que lo han sufrido reaccionan de la misma manera. Hay personas muy vulnerables, pero también las hay muy resistentes al estrés.

Los sucesos traumáticos pueden ser muy variados. Este texto no es un catálogo de todos ellos, sino sólo una selección de los más significativos. Sufrir una agresión sexual continuada en la infancia o vivir una relación de pareja traumática no es lo mismo que ser víctima de una acción terrorista o de un delito violento o sobrellevar el dolor de un hijo que se ha suicidado. Tampoco es lo mismo recuperarse de la pérdida de una persona que ha sufrido un accidente de coche o de tren (o que haya sido víctima de una catástrofe natural) en donde no ha habido una intencionalidad homicida. Aun con el aspecto común del dolor y de la pérdida experimentados, sucesos diferentes dejan huellas distintas.

A la superación del trauma se dedica la segunda parte de este libro. No se trata de olvidar lo inolvidable, sino de retomar la vida con energía y con alegría. Hoy se cuenta con tratamientos psicológicos efectivos que, junto con el paso del tiempo y el apoyo familiar y social, pueden devolver a una persona la alegría de vivir. Hay circunstancias que facilitan la recuperación del trauma; otras, por el contrario, la ensombrecen. Así se explica que la respuesta al tratamiento (e incluso al mero paso del tiempo) sea tan diversa de unas personas a otras.

Mención aparte requieren los sentimientos de culpa. La culpa por lo que se pudo hacer y no se hizo o por lo que se hizo y no se debió hacer genera un sufrimiento especial en muchas víctimas del trauma. Se trata aquí de describir las estrategias adecuadas de superación así como las formas inadecuadas de afrontarla.

En suma, en este libro, sin la pretensión de ser exhaustivo, se abordan los aspectos más significativos relacionados con el trauma. Más allá de sucesos específicos, como las agresiones sexuales o la violencia familiar, o de cuadros clínicos concretos, como el trastorno de estrés postraumático, lo que se analiza es el trauma en sí mismo: el concepto, las manifestaciones clínicas, las diferencias individuales y, especialmente, las vías de superación.

El texto figura ilustrado con algunos ejemplos clínicos que pueden resultar clarificadores. Estos fragmentos de las historias clínicas proceden de la experiencia terapéutica e investigadora del autor. Los casos son reales, pero están modificados todos los datos de identificación y de localización a efectos de garantizar el anonimato de las víctimas citadas.

Por último, una pequeña confesión. El autor de este texto tiene una amplia experiencia clínica e investigadora en el ámbito de trastornos mentales diversos (agorafobia, fobia social, ludopatía, etc.). Si bien un psicólogo clínico nunca acaba de acostumbrarse al dolor ajeno, intenta controlarlo para no verse afectado por el sufrimiento del paciente. Un buen terapeuta consigue establecer un equilibrio entre la empatía necesaria con el paciente y la distancia emocional precisa para no sentirse alterado por sus problemas. Sin embargo, el autor se ha visto obligado a realizar un esfuerzo especial, que no ha sido necesario en el ámbito de otros cuadros clínicos, para encontrar este punto de equilibrio cuando ha entrado en contacto con el sufrimiento traumático en las víctimas de agresiones sexuales, de relaciones de pareja violentas y de terrorismo. El trauma, sobre todo cuando está generado intencionalmente, supone siempre un desgarro para la víctima del que hace partícipe a sus seres queridos e incluso al terapeuta.

**PARTE PRIMERA**

# Lo que hay que saber sobre el trauma

# 1. ¿QUÉ ES UN TRAUMA?

Sufrir un trauma es fuente de un profundo malestar emocional. Sin embargo, a veces se abusa en el lenguaje coloquial de este término para referirse genéricamente a diversas situaciones negativas de la vida cotidiana como disgustos, rupturas de pareja no deseadas, dolor por la pérdida de un ser querido o incluso decepciones por el comportamiento de personas allegadas.

## 1.1. LO QUE ES UN SUCESO TRAUMÁTICO Y LO QUE NO LO ES

En realidad, un *suceso traumático* es un acontecimiento negativo intenso que surge de forma brusca, que resulta inesperado e incontrolable y que, al poner en peligro la integridad física o psicológica de una persona que se muestra incapaz de afrontarlo, tiene consecuencias dramáticas para la víctima, especialmente de terror e indefensión. Además, se trata de un suceso con el que una persona no espera encontrarse nunca porque no forma parte de las experiencias humanas habituales. Por ello, la intensidad del hecho y la ausencia de respuestas psicológicas adecuadas para afrontar algo desconocido e inhabitual explican el impacto psicológico de este tipo de sucesos. En este apartado figuran, por ejemplo, las agresiones sexuales, las relaciones de pareja traumáticas, los actos de terrorismo, la tortura y el secuestro, los delitos violentos o el suicidio de un ser querido (sobre todo si se trata de un hijo) (Herbert y Wetmore, 1999) (tabla 1.1).

Hay acontecimientos, sin embargo, que, aun causando dolor y malestar emocional, no son propiamente *traumáticos*. Es el caso, por ejemplo, de cambios vitales como el traslado de ciudad o la salida de los hijos del hogar, o de situaciones de crisis como la pérdida no deseada de pareja, la jubilación impuesta o la muerte de un ser querido. Tampoco constituye un trauma en sentido estricto, por mucho sufrimiento que sea capaz de generar, el estrés crónico, que se relaciona con una situación de sobrecarga continua. De esta sobrecarga pueden ser res-

### Tabla 1.1
#### Sucesos traumáticos más habituales

| INTENCIONADOS |
|---|
| ⇨ Agresiones sexuales en la vida adulta.<br>⇨ Relación de pareja violenta.<br>⇨ Terrorismo, secuestro y tortura.<br>⇨ Muerte violenta de un hijo.<br>⇨ Abuso sexual en la infancia.<br>⇨ Maltrato infantil. |
| **NO INTENCIONADOS** |
| ⇨ Accidentes.<br>⇨ Catástrofes naturales. |

ponsables factores externos, como una enfermedad crónica, la presión laboral de los jefes o el malestar con los compañeros, o factores internos, como el perfeccionismo o las dificultades de organización de la persona.

En realidad, el *trauma* es la reacción psicológica derivada de un *suceso traumático*. Cualquier acontecimiento de este tipo quiebra el sentimiento de seguridad de la persona en sí misma y en los demás seres humanos. El elemento clave es la *pérdida de la confianza básica*. Las pérdidas pueden ser de muchos tipos: pérdidas materiales, pérdidas de la propia dignidad personal, pérdidas de la confianza en otras personas, pérdidas de creencias e ideales de toda la vida, etc. Se trata de mucho más que de la pérdida de la dignidad: es la pérdida de la integridad del propio yo, de la propia persona. Una persona traumatizada es, en cierto modo, como un *lisiado psíquico* (cfr. Follette, Ruzek y Abueg, 1998).

Lo que fractura el espíritu de una persona es la violencia intencional e injustificada generada por otros seres humanos. Por eso, cuando las personas abominan del mal, lo hacen del que causa el ser humano. Frente a la devastación ciega de la naturaleza las personas suelen resignarse, pero no indignarse (Rojas Marcos, 2002).

## 1.2. EL DAÑO PSICOLÓGICO

La medicina y el derecho penal han prestado atención a las *lesiones físicas* de las víctimas, pero han hecho caso omiso, hasta fechas muy recientes, del *daño psicológico,* que es, en realidad, como una *herida invisible.* De hecho, el daño psicológico sólo está presente como tal en el Código Penal en el caso de la violencia familiar, de las sectas destructivas y del *mobbing* laboral.

La evaluación del daño psíquico sufrido en las víctimas es importante para planificar el tratamiento así como para tipificar los daños criminalmente, establecer una compensación adecuada o determinar la incapacidad laboral. Sin embargo, habitualmente se hace referencia a los daños somáticos y, de hecho, hay una baremación estandarizada de las lesiones corporales (en relación con los accidentes de coche o con las víctimas de un atentado), pero apenas se presta atención a la valoración de los daños psíquicos.

El daño psicológico cursa habitualmente en fases. En una primera etapa suele surgir una reacción de sobrecogimiento, con un cierto enturbiamiento de la conciencia y con un embotamiento global, caracterizado por lentitud, un abatimiento general, unos pensamientos de incredulidad y una pobreza de reacciones. La víctima se encuentra metida como en una *niebla intelectual* (Trujillo, 2002). En una segunda fase, a medida que la conciencia se hace más penetrante y se diluye el embotamiento producido por el estado de *shock,* se abren paso vivencias afectivas de un colorido más dramático: dolor, indignación, rabia, impotencia, culpa, miedo, que alternan con momentos de profundo abatimiento. Y, por último, hay una tendencia a revivir intensamente el suceso, bien de forma espontánea o bien en función de algún estímulo concreto asociado (como un timbre, un ruido o incluso un olor) o de algún estímulo más general (una película violenta, el aniversario del delito, el cumpleaños, la celebración de la Navidad, etc.) (tabla 1.2).

TABLA 1.2

**Fases habituales en el daño psicológico**

⇨ Reacción de sobrecogimiento.
⇨ Vivencias afectivas dramáticas:
- Dolor
- Indignación
- Ira
- Culpa
- Miedo

⇨ Tendencia a revivir intensamente el suceso.

En concreto, el daño psicológico se refiere, por un lado, a las *lesiones psíquicas* agudas producidas por un delito violento, que, en algunos casos, pueden remitir con el paso del tiempo, el apoyo social o un tratamiento psicológico adecuado; y, por otro, a las *secuelas emocionales*, que persisten en la persona de forma crónica como consecuencia del suceso sufrido y que interfieren negativamente en su vida cotidiana. En uno y otro caso el daño psíquico es la consecuencia de un suceso negativo que desborda la capacidad de afrontamiento y de adaptación de la víctima a la nueva situación (Pynoos, Sorenson y Steinberg, 1993) (figura 1.1).

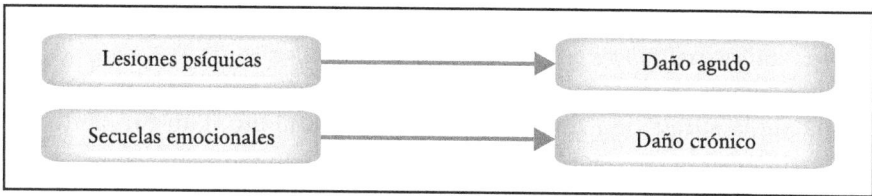

Figura 1.1. *Daño psicológico.*

### 1.2.1. Lesiones psíquicas

La lesión psíquica se refiere a una alteración clínica aguda que sufre una persona como consecuencia de haber experimentado un suceso violento y que la incapacita significativamente para hacer frente a los requerimientos de la vida ordinaria a nivel personal, laboral, familiar o social.

Este concepto de *lesión psíquica,* que es medible por medio de los instrumentos de evaluación adecuados, ha sustituido al de *daño moral,* que es una noción más imprecisa, subjetiva y que implica más una percepción de perjuicio a los bienes inmateriales del honor o de la libertad que el sufrimiento psíquico propiamente dicho (tabla 1.3).

Las lesiones psíquicas más frecuentes son las alteraciones adaptativas (con un estado de ánimo deprimido o ansioso), el trastorno de estrés postraumático o la descompensación de una personalidad anómala. Más en concreto, a un nivel cognitivo, la víctima puede sentirse confusa y tener dificultades para tomar decisiones, con una percepción profunda de indefensión (de estar a merced de todo tipo de peligros) y de incontrolabilidad (de carecer de control sobre su propia vida y su futuro); a nivel psicofisiológico, puede experimentar sobresaltos continuos y problemas para tener un sueño reparador; y, por último, a nivel de las conductas observables, puede mostrarse apática y con dificultades para retomar la vida cotidiana (Acierno, Kilpatrick y Resnick, 1999) (figura 1.2).

## Tabla 1.3

**Daño psíquico en víctimas de delitos violentos
(Esbec, 2000, modificado)**

- Sentimientos negativos: humillación, vergüenza, culpa o ira.
- Ansiedad.
- Preocupación constante por el trauma, con tendencia a revivir el suceso.
- Depresión.
- Pérdida progresiva de confianza personal como consecuencia de los sentimientos de indefensión y de desesperanza experimentados.
- Disminución de la autoestima.
- Pérdida del interés y de la concentración en actividades anteriormente gratificantes.
- Cambios en el sistema de valores, especialmente la confianza en los demás y la creencia en un mundo justo.
- Hostilidad, agresividad, abuso de alcohol y de drogas.
- Modificación de las relaciones (dependencia emocional, aislamiento).
- Aumento de la vulnerabilidad, con temor a vivir en un mundo peligroso, y pérdida de control sobre la propia vida.
- Cambio drástico en el estilo de vida, con miedo a acudir a los lugares de costumbre; necesidad apremiante de trasladarse de domicilio.
- Alteraciones en el ritmo y el contenido del sueño.
- Disfunción sexual.

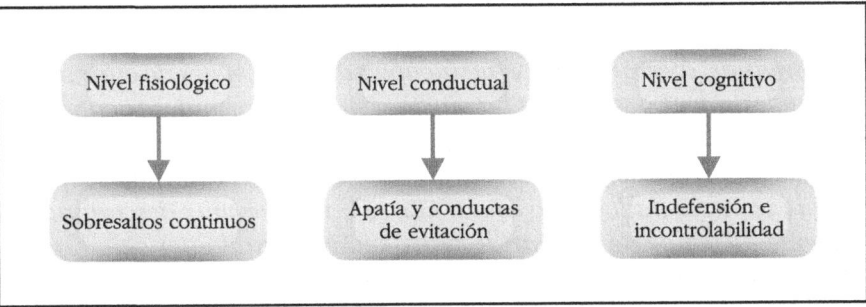

Figura 1.2. *Lesiones psíquicas.*

### 1.2.2. Secuelas emocionales

Las secuelas emocionales, a modo de *cicatrices psicológicas,* se refieren a la estabilización del daño psíquico, es decir, a una discapacidad permanente que no remite con el paso del tiempo ni con un tratamiento adecuado. Se trata, por tanto, de una alteración irreversible en el funcionamiento psicológico habitual o, dicho en términos legales más imprecisos conceptualmente, de un *menoscabo de la salud mental*.

Las secuelas psíquicas más frecuentes en las víctimas de sucesos violentos se refieren a la modificación permanente de la personalidad, según el apartado F62.0 de la *CIE-10* (Organización Mundial de la Salud, 1992). Es decir, a la aparición de rasgos de personalidad nuevos, estables e inadaptativos (por ejemplo, dependencia emocional, suspicacia, hostilidad, etc.) que se mantienen durante al menos 2 años y que llevan a un deterioro de las relaciones interpersonales y a una falta de rendimiento en la actividad laboral (Esbec, 2000).

Esta transformación de la personalidad puede ser un estado crónico o una secuela irreversible de un trastorno de estrés postraumático (F43.1) que puede surgir como consecuencia de haber sufrido un suceso violento (Echeburúa, Corral y Amor, 2000).

*Luisa, de 35 años, casada y sin hijos, es economista y es la responsable actual de una joyería, que es un negocio familiar, desde hace 10 años. Hace 3 años tres atracadores armados y encapuchados entraron violentamente en la joyería, arrojaron al suelo a Luisa, que estaba sola en ese momento, y la ataron y amordazaron mientras se hacían con el botín. Cuando la víctima hizo un intento por desasirse para evitar el dolor que experimentaba, uno de los atracadores le dio una patada, la apuntó con la pistola y la amenazó con matarla si volvía a moverse. Esta situación duró 2 horas. A raíz de este suceso Luisa estuvo de baja seis semanas, aterrorizada, y fue incapaz durante meses de estar sola en el establecimiento. Ahora ya ha vuelto a su vida normal: se ocupa de la joyería, sale a la calle con su marido, cenan los fines de semana con parejas de amigos, etc. Sin embargo, su marido y ella misma se quejan de que ya no es nada como antes. Ella se ha vuelto muy desconfiada de la gente, depende de su marido para acudir a cualquier sitio o tomar cualquier decisión (cuando antes ella era relativamente autónoma), está irritable con todo el mundo y duerme en un estado de duermevela, con una sensación de sueño no reparador*[1].

La dificultad de valoración de las secuelas emocionales estriba en la evaluación *post hoc,* en donde no siempre es fácil delimitar el daño psi-

---

[1] Como se ha señalado en la introducción, todos los datos de identificación y de localización en este caso, como en los demás reseñados en el texto, han sido modificados a efectos de garantizar el anonimato de las víctimas citadas.

cológico de la inestabilidad emocional previa de la víctima, así como en la necesidad de establecer un pronóstico diferido (curabilidad/incurabilidad).

## 1.3. CAUSAS DEL DAÑO PSICOLÓGICO

No es siempre fácil poner en conexión el daño psicológico sufrido *ahora* con el suceso violento padecido *anteriormente,* sobre todo cuando media un período temporal prolongado entre uno y otro. Sin embargo, el establecimiento de la relación de causalidad entre el delito violento y la lesión psíquica resulta esencial a efectos penales y de responsabilidad civil, según se desprende, por ejemplo, de la Ley de Asistencia a las Víctimas de Delitos Violentos y de Agresiones Sexuales (Ley 35/1995, de 11 de diciembre) o de la Ley de Asistencia a las Víctimas de Terrorismo (Real Decreto 1211/97, de 18 de julio).

La relación de causalidad puede no ser unívoca, sino que está enturbiada por la mediación de las concausas, que, a diferencia de las causas, son necesarias, pero no suficientes, para generar el daño psicológico. Las concausas pueden ser *preexistentes,* asociadas a un factor de vulnerabilidad en la víctima (como es el caso de una mujer adulta que ha sido violada recientemente y que sufrió un abuso sexual en la infancia), *simultáneas* (como es el caso de haber contraído el sida en el curso de una agresión sexual) o *posteriores* (como es el caso de haber sufrido el suicidio o la muerte violenta de un hijo y divorciarse posteriomente de la pareja), que suponen, en esta última variante, una complicación del cuadro clínico como resultado de una victimización múltiple (Esbec, 1994a, 2000).

## 1.4. TIPOS DE VÍCTIMAS

Un suceso traumático afecta directamente a la víctima, pero también a todo su entorno. Las relaciones sociales del sujeto ya no son las mismas ni son lo mismo. El cambio en los modos de pensar, sentir y actuar tiene una repercusión directa en las relaciones con los seres queridos.

### 1.4.1. Víctimas directas

Lo que genera habitualmente daño psicológico suele ser la amenaza a la propia vida o a la integridad psicológica, una lesión física grave y la percepción del daño como intencionado.

El daño generado suele ser mayor si las consecuencias del hecho delictivo son múltiples, como ocurre, por ejemplo, en el supuesto de una agresión sexual con robo, en el de un secuestro finalizado con el pago de un cuantioso rescate por parte de la familia de la víctima o en el caso de un superviviente de un atentado que ya no puede volver a ejercer su profesión.

### 1.4.2. Víctimas indirectas

El acontecimiento traumático puede compararse a una piedra arrojada en un estanque. Así, origina ondas que no sólo afectan a las víctimas propiamente dichas, sino también a aquellos que están cerca de ellas. Se trata de un efecto *onda* y de un efecto *contagio*.

La *onda* expansiva de un suceso traumático actúa en círculos concéntricos. En el primer círculo se encuentran las víctimas directas. El segundo círculo está constituido por los familiares, que tienen que afrontar el dolor de sus seres queridos y readaptarse a la nueva situación. Y puede haber un tercer círculo, correspondiente a los compañeros de trabajo, a los vecinos o, en general, a los miembros de la comunidad, que pueden quedar afectados por el temor y la indefensión ante acontecimientos futuros (Trujillo, 2002).

El efecto *contagio* está relacionado con la convivencia con la víctima. Un contacto cercano y prolongado con una persona que ha sufrido un trauma grave puede actuar como un estresor crónico en el círculo familiar, hasta el punto de que puede ser responsable de un deterioro físico y psíquico (Solomon, 2003). La afectación de las personas que están en estrecho contacto con la víctima y que pueden experimentar trastornos emocionales y ser víctimas secundarias del trauma se denomina *traumatización secundaria* (Sánchez, 2003).

Las víctimas indirectas son las personas que, sin estar directamente concernidas por el hecho traumático, sufren por las consecuencias del mismo, como cuando se produce la pérdida violenta de un ser querido o la exposición al sufrimiento de los demás, más aún si se trata de un ser querido o de una persona indefensa (Green, 1990). Es el caso, por ejemplo, de las madres que han sufrido el impacto brutal de la agresión sexual y asesinato de una hija, o el de los hijos que se ven obligados bruscamente a readaptarse a una nueva vida tras el asesinato de su padre en un atentado terrorista.

Más allá del sufrimiento de la *víctima directa,* queda alterada toda la estructura familiar. No son, por ello, infrecuentes las reacciones y secuelas emocionales que arrastran muchas personas —en su mayoría mujeres y niños— durante períodos prolongados, incluso a lo largo de toda su vida (Esbec, 1994b).

En la muerte violenta de un ser querido existen, en un primer momento, sentimientos de dolor, tristeza, impotencia o rabia; en un segundo momento, de dolor e impotencia; finalmente, de dolor y soledad, que no necesariamente mejoran con el transcurso del tiempo.

*Ángeles, ama de casa, de 55 años, ha experimentado hace 2 años la muerte de su hija Lourdes, de 18 años, agredida sexualmente y asesinada cerca de su barrio cuando volvía a su casa a la 1 de la noche de su trabajo como camarera en un restaurante. Ya no siente la rabia y los deseos de venganza contra el agresor, aún no detenido, de los primeros meses, pero no ha sido capaz de levantar cabeza desde entonces. Su relación de pareja se ha deteriorado. Tiene otra hija de 25 años, casada y sin hijos, pero vive en otra ciudad y sólo la ve unas cuantas veces al año. Siente un profundo dolor y soledad y se muestra incapaz de divertirse con nada ni de disfrutar de los pequeños acontecimientos de la vida cotidiana. Ella, que era muy religiosa, no ha encontrado consuelo en la religión y se ha distanciado de ella. Su estado de ánimo es de tristeza, de nostalgia por el pasado, e incluso de culpa si consigue distraerse con algo. Han cambiado de casa y se han ido a vivir a otro barrio porque no pueden soportar los recuerdos y las asociaciones, pero no consigue quitarse de la cabeza las imágenes de su hija muerta. Tiene accesos de llanto incontrolado y se ha aislado socialmente.*

En los casos en que la víctima no ha fallecido, el efecto cascada del trauma en sus familiares no recibe a veces la atención suficiente, porque la principal preocupación de los terapeutas y de los servicios sociales es ayudar a los supervivientes del suceso traumático.

## 1.5. VICTIMIZACIÓN SECUNDARIA

La victimización *primaria* deriva directamente del hecho violento; la *secundaria,* de la relación posterior establecida entre la víctima y el sistema jurídico-penal (policía o sistema judicial) o unos servicios sociales defectuosos. Es decir, el maltrato institucional puede contribuir a agravar el daño psicológico de la víctima o a cronificar las secuelas psicopatológicas.

En estas circunstancias la víctima experimenta una *doble herida: psíquica* (relacionada con el trauma vivido) y *social* (asociada a la incomprensión familiar o social experimentada o, a veces, al apoyo directo o indirecto al agresor).

Lo que puede generar victimización secundaria, sobre todo cuando se trata de agresiones sexuales, es la actuación de la policía o del sistema judicial (jueces, médicos forenses, fiscales y abogados) (Esbec, 1994a). En estos casos, las víctimas, que son habitualmente mujeres, se encuentran con un entorno constituido mayoritariamente por hombres. Por lo que se refiere a la policía, los agentes suelen estar interesados por los trámites burocráticos (toma de la declaración inmediata, cotejo de fotografías, etc.) y por el esclarecimiento de los hechos, sin atender al drama que vive la víctima y sin informarla adecuadamente, al menos en muchos casos, del estado de las investigaciones.

A su vez, los médicos forenses, preocupados por la búsqueda de las pruebas, no siempre han tenido la sensibilidad adecuada ante el estado psicológico de la víctima. En otras ocasiones, la propia prueba pericial, en donde se pone a prueba su salud mental o se cuestiona la credibilidad de su testimonio, puede ser una fuente de victimización secundaria.

En cuanto a los jueces, éstos se limitan a aplicar el ordenamiento jurídico, que no está pensado para proteger a las víctimas, sino para perseguir a los culpables. Cuando los jueces aplican el Código Penal, se mueven en el principio constitucional de la presunción de inocencia. Por ello, hay que poner en duda la declaración de la víctima. Eso y la aplicación del principio *in dubio pro reo,* al margen de que constituyen un reflejo del sistema de garantías procesales, resultan con frecuencia lesivos para la víctima.

Un aspecto fundamental en la victimización secundaria es la repetición de las declaraciones y de las exploraciones y la dilación existente en el sistema de justicia actual, así como la falta de información concreta sobre la situación procesal, que no tiene por qué resultar incompatible con el secreto de sumario. La incertidumbre de un proceso penal que nunca parece concluir, así como la reacción de la parte denunciada, que puede tildar de mentirosa a la víctima, injuriarla o incluso amenazarla, contribuyen a agravar la situación emocional de la víctima. Por último, en el juicio oral, celebrado mucho tiempo después del delito, la víctima se ve obligada a revivir el hecho en público, en donde se enfrenta a preguntas no siempre formuladas con delicadeza y donde se puede poner en duda su relato de los hechos. Incluso puede darse el caso, como ocurre a veces en las víctimas de terrorismo, de que el agresor encuentre justificación y apoyo a su conducta en algunos sectores de la población, lo que se puede poner de relieve incluso en la vista oral del juicio.

Otras fuentes de victimización secundaria son los medios de comunicación, que filtran la intimidad de la víctima al gran público y que, en ocasiones, buscan una *justificación* a lo ocurrido (en el caso de las víctimas de terrorismo ser un *delator* o *colaborador de la policía;* en el caso de las víctimas de delitos violentos ser un *drogadicto*, una *prostituta*, un *narcotraficante*, una *persona de vida licenciosa*, o limitar el problema a una *reyerta* o a un *ajuste de cuentas*). En el caso concreto del terrorismo, las noticias de nuevos atentados o el apoyo social a los terroristas (en forma de homenajes, por ejemplo) constituyen una fuente adicional de victimización.

*Andrés, de 28 años, casado y con una hija de 4 años, es un guardia civil destinado en el País Vasco desde hace 5 años. Ha sido superviviente de un atentado terrorista en el que fallecieron dos compañeros, y se encuentra de baja laboral desde hace 6 meses. Sus heridas fueron superficiales y curaron pronto, pero se encuentra desde entonces temeroso, inseguro, deprimido e incapaz de relacionarse socialmente. Sus jefes consideran que quiere beneficiarse de esta situación y que bastante suerte tuvo con haber sobrevivido al coche-bomba. No puede soportar que se le considere como un aprovechado o como un cobarde cuando ha tenido una trayectoria impecable en la Guardia Civil y es hijo de un antiguo miembro del mismo Cuerpo. Al margen de sus compañeros directos, nadie (jefes, padres de los compañeros de su hija, etc.) se ha interesado por su estado actual y, a veces, se siente como un apestado. Cuando ve en la calle un cartel solicitando la excarcelación de los presos o escucha alguna noticia relacionada con un nuevo atentado se le revuelven las tripas. Lo que más le duele es la indiferencia de una gran parte de la población ante el dolor de las víctimas.*

La victimización secundaria puede darse específicamente en las víctimas de terrorismo. Un pedófilo puede negar su delito o intentar justificarlo incluso, pero no reivindica el derecho a violar niños ni les echa a ellos la culpa de su conducta. En cambio, un terrorista puede justificar su conducta por móviles políticos, culpar a las víctimas por su profesión o por su militancia política y sentirse jaleado por parte del público en el juicio oral (Baca y Cabanas, 2003).

*Superar un trauma*

Desde otro punto de vista, quitar importancia a las quejas de la víctima, o considerar que debería recuperarse física o psicológicamente más rápido de lo que está haciéndolo, puede ser otra vía de victimización secundaria.

# 2. VULNERABILIDAD AL TRAUMA

Hay sucesos traumáticos, como las agresiones sexuales, los atentados terroristas o los delitos violentos, que, por desgracia, afectan a un grupo relativamente numeroso de personas. Algunas víctimas quedan marcadas de por vida y, presas del rencor, de la amargura o simplemente del desánimo, llevan una vida anodina y sin ilusión; otras, tras una reacción psicológica intensa, son capaces de hacer frente al dolor, de readaptarse parcialmente a la situación y de atender a sus necesidades inmediatas; y hay otras, por último, que sacan fuerzas de flaqueza del dolor, prestan atención a los aspectos positivos de la realidad, por pequeños que éstos sean, y son incluso capaces de embarcarse en proyectos de futuro ilusionantes.

Lo anteriormente expuesto es un reflejo de la variabilidad de las respuestas humanas. No hay una secuencia fija de respuestas específicas ante estímulos determinados. No hay más que observar de qué forma tan distinta reaccionan las víctimas ante un atentado terrorista o los adultos que han sufrido un abuso sexual en la infancia.

Por decirlo en otras palabras, la estructura del suceso traumático explica los daños provocados por el *primer golpe*. Pero es la significación que ese hecho tiene en la persona, así como el apoyo social recibido, lo que puede explicar los efectos más o menos devastadores del *segundo golpe,* que es el que realmente provoca el trauma.

## 2.1. FRECUENCIA DEL TRAUMA EN LA POBLACIÓN

Las víctimas afectadas por un trauma pueden suponer el 1% o el 2% de la población adulta. Son muchas más las que están o han estado expuestas a acontecimientos traumáticos, pero sólo es una minoría la que padece realmente el trauma. Ello va a depender del tipo de suceso traumático y de las características psicológicas de la víctima.

En concreto, el trauma puede estar presente en el 15%-20% de quienes sufren un accidente o una catástrofe, pero este porcentaje puede ser considerablemente más alto (hasta un 50%-70%) en quienes han experimentado un hecho violento, como es el caso de las víctimas de terrorismo, de violencia familiar o de agresiones sexuales (figura 2.1).

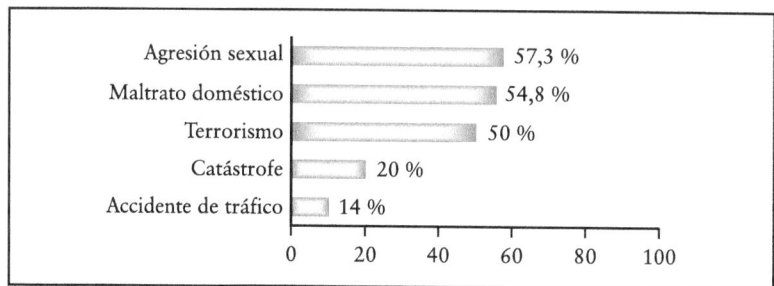

Figura 2.1. *Tasas de prevalencia del trauma en diferentes tipos de víctimas.*

Por lo que a las diferencias de sexo se refiere, el trauma se vive con más frecuencia y más gravedad en mujeres, sobre todo cuando sufren una agresión sexual o la muerte violenta de un hijo. En los hombres es más frecuente en el caso del terrorismo y, en menor grado, en los accidentes de coche o laborales.

Aun siendo muchos los seres humanos expuestos a un suceso traumático, son pocos los que *viven* después con el trauma. La clave es que muchas personas disponen de recursos incluso para hacer frente a las situaciones extremas. Así, por ejemplo, en Gran Bretaña, en la Segunda Guerra Mundial, la mayor parte de la población soportó los ataques aéreos alemanes sin un pánico masivo y sin un aumento significativo de los trastornos mentales. En concreto, según un estudio llevado a cabo con 8.000 escolares que estuvieron expuestos a bombardeos en Bristol, sólo el 4% de los niños tuvieron más tarde síntomas de ansiedad atribuibles a las incursiones aéreas. Estudios realizados en Alemania y Japón llegaron a resultados similares. Las incursiones aéreas causaron reacciones emocionales agudas como irritabilidad, una reacción de alerta y alteraciones del sueño en muchas personas, pero en la gran mayoría de los casos estos síntomas desaparecieron a las pocas semanas sin que quedasen secuelas permanentes (Agras, 1989).

En este sentido, el tiempo corre habitualmente a favor de las víctimas. Por ello, el trauma es mucho más frecuente en los supervivientes de un suceso traumático reciente que cuando éste ha tenido lugar hace ya algún tiempo (figura 2.2). No obstante, hay circunstancias que, por su especial gravedad o por la vulnerabilidad de la víctima, dejan una huella indeleble que va a marcar el resto de la vida de la persona. No es irrelevante, por ejemplo, que casi 2 de cada 3 víctimas no recientes de delitos particularmente violentos sigan sufriendo del trastorno de estrés postraumático meses o años después de haberlos experimentado.

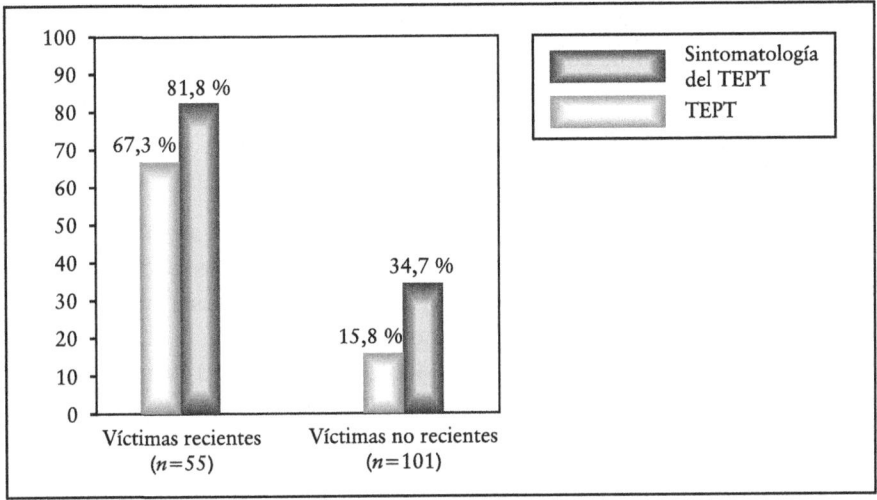

Figura 2.2. *Tasas de prevalencia del TEPT en víctimas recientes y no recientes.*

## 2.2. VÍCTIMAS DE RIESGO

Cualquier persona puede ser víctima de una conducta violenta, pero hay algunas personas que tienen una mayor probabilidad de sufrirla. Son las llamadas *víctimas de riesgo*.

A veces se confunden los *factores de riesgo,* que aluden a una mayor probabilidad para elegir a una víctima por parte del agresor, con la *vulnerabilidad personal,* que se refiere a la precariedad del equilibrio emocional o biológico de la víctima y que puede agravar el daño psicológico en el caso de que tenga lugar la agresión (Esbec, 2000).

Los agresores no suelen ser un modelo de heroicidad. Lo que habitualmente buscan es víctimas *fáciles*. Algunos factores de riesgo son *estables*, como pertenecer al sexo femenino, ser joven, ser inmigrante, vivir sola, haber sufrido una agresión anterior o padecer una deficiencia mental; otros, por el contrario, son *situacionales,* como haber consumido alcohol o drogas en exceso en lugares nocturnos, frecuentar entornos marginales o peligrosos o estar enamorada de un toxicómano o de un hombre violento. En estos últimos casos puede haber una imprudencia temeraria por parte de la víctima.

En suma, las *víctimas de riesgo* tienen una cierta predisposición a convertirse en víctimas de un delito porque constituyen una presa fácil para el agresor; las *víctimas vulnerables,* a su vez, tienen una mayor probabilidad de sufrir un intenso impacto emocional tras haber sido objeto de una conducta violenta (sean o no víctimas de riesgo) (Echeburúa, Corral y Amor, 2002).

## 2.3. FACTORES DE VULNERABILIDAD Y FACTORES DE PROTECCIÓN

Hay personas que son muy sensibles y, por ello, les afectan de forma especial los hechos que les ocurren, por insignificantes que éstos sean. Estas personas están predispuestas a tener una respuesta más exagerada e intensa que otras ante un mismo suceso negativo.

La mayor o menor repercusión psicológica de una conducta violenta en una persona depende de su *vulnerabilidad psicológica,* que se refiere a la precariedad del equilibrio emocional, y de su *vulnerabilidad biológica,* que surge de forma innata y que está relacionada con un menor umbral de activación psicofisiológica. Ambos tipos de vulnerabilidad pueden amplificar, a modo de caja de resonancia, el daño psicológico de la violencia en la víctima.

En algunas víctimas la baja autoestima y el desequilibrio emocional preexistente, sobre todo si va acompañado de una dependencia al alcohol y a las drogas y de aislamiento social, agravan el impacto psicológico de la violencia y actúan como moduladores entre el hecho violento y el daño psíquico (Avia y Vázquez, 1998). De hecho, ante acontecimientos traumáticos similares unas personas presentan un afrontamiento adaptativo y otras quedan profundamente traumatizadas (figura 2.3). En realidad, ocurre como en los terremotos: las viejas casas de madera o de adobe se desmoronan; sin embargo, en los edificios de cemento sólo se rompen los cristales.

Desde una perspectiva psicológica, un nivel bajo de inteligencia (sobre todo cuando hay un historial de fracaso escolar), una fragilidad emocional previa y una mala adaptación a los cambios, así como una sensación de fatalismo y una percepción de lo sucedido como algo extremadamente grave e irreversible, debilitan la resistencia a las frustraciones y contribuyen a generar una sensación de indefensión y de

*Vulnerabilidad al trauma*

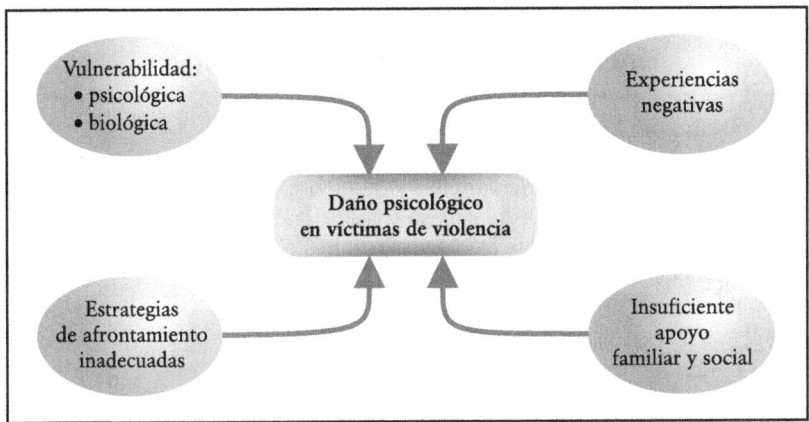

Figura 2.3. *Aspectos relacionados con la vulnerabilidad psicopatológica.*

desesperanza. Estas personas cuentan con muy poca confianza en los recursos psicológicos propios para hacerse con el control de la situación. La fragilidad emocional se acentúa cuando hay un historial como víctima de otros delitos violentos o de abuso, cuando hay un estrés acumulativo, cuando hay antecedentes psiquiátricos familiares y cuando hay un divorcio de los padres antes de la adolescencia de la víctima (Esbec, 2000; Finkelhor, 1999).

Pero los factores psicosociales desempeñan también un papel muy importante. Así, por ejemplo, un apoyo social *próximo* insuficiente, ligado a la depresión y al aislamiento, y la escasa implicación en relaciones sociales y en actividades lúdicas dificultan la recuperación del trauma. El principal antídoto contra la pena es poder compartirla. Como dice un proverbio sueco, la alegría compartida es doble alegría y la pena compartida es media pena. Pero también es importante la influencia del apoyo social *institucional,* es decir, del sistema judicial, de la policía o de los medios de comunicación.

En síntesis, el grado de daño psicológico (lesiones y secuelas) está mediado por la intensidad/duración del hecho y la percepción del suceso sufrido (significación del hecho y atribución de intencionalidad), el carácter inesperado del acontecimiento y el grado real de riesgo experimentado, las pérdidas sufridas, la mayor o menor vulnerabilidad de la víctima y la posible concurrencia de otros problemas actuales (a nivel familiar y laboral, por ejemplo) y pasados (historia de victimización), así como por el apoyo social existente y los recursos psicológicos de afrontamiento disponibles (tablas 2.1 y 2.2). Todo ello, junto con las consecuencias físicas,

### Tabla 2.1
**Estrategias de afrontamiento positivas**

- ⇨ Aceptación del hecho y resignación.
- ⇨ Experiencia compartida del dolor y de la pena.
- ⇨ Reorganización del sistema familiar y de la vida cotidiana.
- ⇨ Reinterpretación positiva del suceso (hasta donde ello es posible).
- ⇨ Establecimiento de nuevas metas y relaciones.
- ⇨ Búsqueda de apoyo social.
- ⇨ Implicación en grupos de autoayuda o en ONG.

### Tabla 2.2
**Estrategias de afrontamiento negativas**

- ⇨ Anclaje en los recuerdos y planteamiento de preguntas sin respuesta.
- ⇨ Sentimientos de culpa.
- ⇨ Emociones negativas de odio o de venganza.
- ⇨ Aislamiento social.
- ⇨ Implicación en procesos judiciales, sobre todo cuando la víctima se implica voluntariamente en ellos.
- ⇨ Consumo excesivo de alcohol o de drogas.
- ⇨ Abuso de fármacos.

psicológicas y sociales del suceso ocurrido, configura la mayor o menor resistencia al estrés de la víctima (Baca, Cabanas y Baca-García, 2003).

## 2.4. PERSONALIDADES RESISTENTES AL ESTRÉS

Como se puede observar en la vida cotidiana, hay personas que se muestran *resistentes* a la aparición de síntomas clínicos tras la experimentación de un suceso traumático. Ello no quiere decir que no sufran un dolor subclínico ni que no tengan recuerdos desagradables, sino que, a pesar de ello, son capaces de hacer frente a la vida cotidiana y pueden disfrutar de otras experiencias positivas (Avia y Vázquez, 1998; Seligman, 1999).

El psiquiatra Víctor Frankl dio una hermosa lección al mundo cuando, después de haber pasado por las peores condiciones imaginables (*muerto viviente* en el campo de exterminio de Auschwitz), fue capaz de llevar una vida llena de sentido durante muchos años. Asimismo, el director de cine

Roman Polansky, después de haber vivido en el gueto judío de Varsovia en la Segunda Guerra Mundial, ha sido un director de cine con gran éxito.

Las personalidades resistentes al estrés se caracterizan por el control emocional, la autoestima adecuada, unos criterios morales sólidos, un estilo de vida equilibrado, unas aficiones gratificantes, una vida social estimulante, un mundo interior rico y una actitud positiva ante la vida. Todo ello posibilita echar mano de los recursos disponibles para hacer frente de forma adecuada a los sucesos negativos vividos, superar las adversidades y aprender de las experiencias dolorosas, sin renunciar por ello a sus metas vitales. Este tipo de personalidad funciona como un amortiguador o como una vacuna protectora que tiende a debilitar la respuesta de estrés (tabla 2.3).

### Tabla 2.3
**Personalidades resistentes al estrés**

- Control de las emociones y valoración positiva de uno mismo.
- Estilo de vida equilibrado.
- Apoyo social y participación en actividades sociales.
- Implicación activa en el proyecto de vida (profesión, familia, actividades de voluntariado, etc.).
- Afrontamiento de las dificultades cotidianas.
- Aficiones gratificantes.
- Sentido del humor.
- Actitud positiva ante la vida.
- Aceptación de las limitaciones personales.
- Vida espiritual.

Con el estado de ánimo ocurre lo que sucede con el peso: que es bastante estable a lo largo de la vida. Por ello, las personas optimistas que sufren un suceso traumático tienden a mantener el estado de ánimo positivo más allá del dolor intenso, pero pasajero, que un acontecimiento de ese tipo pueda provocarles. Es decir, mantienen la capacidad personal de dar *sentido* a sus experiencias en el contexto de un proyecto vital previo.

No resulta siempre fácil predecir la reacción de un ser humano concreto ante un acontecimiento traumático. Conocer la respuesta dada por esa persona ante sucesos negativos vividos anteriormente ayuda a realizar esa predicción. De este modo, se puede averiguar si una persona es resistente al estrés o, en el extremo opuesto, si se derrumba emocionalmente con facilidad ante las contrariedades experimentadas.

*Rosa, de 50 años, decoradora de profesión, casada y con dos hijas de 25 y 23 años, ha sufrido hace 6 meses el drama del suicidio de su hija menor, Ana, anoréxica desde los 16 años y con episodios depresivos recurrentes. Rosa es una mujer estable emocionalmente, sociable, con un espíritu altruista y con unas profundas creencias religiosas. Huérfana desde los 12 años, ha tenido que sacar adelante a sus hermanos menores. Siempre ha sido optimista y luchadora para conseguir sus objetivos. La relación con Alberto, su marido, ha pasado por altibajos, muy en relación con la enfermedad de su hija, pero es estable y sólida. Cuando murió su hija Ana, pasó por una crisis muy fuerte y tuvo, sobre todo, problemas físicos (alteraciones gastrointestinales, dolores de cabeza, etc.). Sin embargo, tenía la conciencia tranquila de que había hecho todo lo posible para sacar a su hija adelante en el largo proceso de su enfermedad. La familia y los amigos estuvieron muy cerca de Rosa y de Alberto para ayudarles a salir del difícil trance. Alberto se ha volcado en el trabajo y en la Asociación de Vecinos del barrio, que es muy activa. Rosa ha encontrado un gran apoyo en su hija mayor y colabora activamente con la Asociación de Ayuda a los Trastornos de Alimentación. Ayudar a otras personas le proporciona una gran tranquilidad de espíritu. Se acuerda mucho de su hija fallecida, pero se esfuerza por evocar los recuerdos gratos y por pensar que a ella le gustaría ver salir adelante a sus padres.*

La capacidad de olvido desempeña, en ocasiones, una función adaptativa. De este modo, muchos sucesos negativos pueden llegar a desvanecerse espontáneamente.

## 2.5. EL TRAUMA EN LA INFANCIA

Un suceso traumático en la infancia provoca siempre, como no podía ser menos, una reacción emocional inmediata en el niño. En cierto modo, un trauma hace perder la inocencia de la infancia, así como toda la confianza y la capacidad de amar que brota de ésta. La intensidad de las consecuencias psicológicas va a depender de la figura del agresor, de la etapa evolutiva del niño, de las reacciones anteriores ante las pérdidas y separaciones sufridas y del comportamiento de las personas que están a su alrededor. Asimismo, los niños son más vulnerables si hay una desestructuración familiar.

En general, cuanto más joven es la persona afectada por un suceso traumático más graves son los síntomas sufridos, porque es menor la percepción de control sobre su vida. Los niños son especialmente vulnerables a la destrucción de su autoestima, que corre en paralelo con la humillación sentida.

Sin embargo, lo que pueda ocurrir en el futuro, es decir, la posible influencia de este hecho en las alteraciones psicopatológicas en la vida adulta es menos frecuente de lo que cabría esperar y, en todo caso, mucho más difícil de predecir.

### 2.5.1. Repercusiones emocionales en el niño

Por lo que al trauma en la infancia se refiere, una característica muy importante es que muchos niños no expresan sus pensamientos y emociones verbalmente, sino más bien con su comportamiento. El grado en que los niños pueden verbalizar sus pensamientos y afectos depende de su edad, de su grado de desarrollo, de sus características de personalidad y del tipo de relación familiar y social (Caballero, Mojarro y Rodríguez Sacristán, 1995).

En cuanto a la edad, los niños más pequeños tienden a mostrar su dolor de una forma más global que los adultos, con conductas de retraimiento y con una pérdida de los aprendizajes y hábitos adquiridos. También se puede manifestar una ansiedad de separación respecto a los seres queridos, lo que provoca una dependencia exagerada. La capacidad de expresión verbal va aumentando con el desarrollo y sólo a partir de los 8-9 años el niño es capaz de aportar una cronología fidedigna de los acontecimientos.

Los síntomas experimentados pueden ser muy variables (alteraciones del sueño, cambios en los hábitos de alimentación, miedos generalizados, culpa y vergüenza, sobresaltos, disminución de la autoestima, etc.) y reflejan, en último término, un grado intenso de malestar emocional y de dificultad de adaptación a la vida cotidiana. El trauma se puede expresar también en forma de manifestación de síntomas físicos (náuseas, molestias en el estómago, dolores de cabeza, etc.) o de comportamientos regresivos en cuanto al lenguaje, la autonomía personal o el control de esfínteres, así como de preocupación prematura por la muerte y de reacciones emocionales inesperadas. Otras veces los síntomas manifestados suponen una ampliación de rasgos preexistentes, como es el caso de los niños *nerviosos* que presentan síntomas de ansiedad o el de los niños *tristones* que muestran síntomas de depresión.

El trauma puede manifestarse de forma distinta en función del sexo.

En general, los niños tienen más dificultades para expresar sus emociones que las niñas. En las niñas tienden a predominar los síntomas ansiosos y depresivos; en los niños, por el contrario, son más frecuentes los trastornos de conducta. En uno y otro sexo la inadaptación escolar y las dificultades de socialización surgen habitualmente.

Ya al margen del sexo, la reacción emocional en el niño puede ser más intensa, lo que implica un nivel más amplio de desorganización de la conducta, pero menos duradera que en el adulto. Los niños sufren el trauma como los adultos, pero tienen más dificultades para asimilar lo ocurrido y para expresar sus emociones. Por ello, los niños tienden, más a menudo que los adultos, a culparse a sí mismos, directa o indirectamente, del suceso traumático.

A largo plazo, algunos niños albergan sentimientos de violencia y presentan una predisposición a comportamientos violentos y de venganza; otros, por el contrario, van a implicarse en conductas de riesgo que pueden poner en peligro su integridad física. Ello va a depender, en buena medida, de la reacción de los seres queridos. La traumatización de los padres y la ausencia de una atmósfera de apoyo y comunicación tienden a agravar el desarrollo psicológico del niño. En estos casos los niños han podido mamar desde sus primeros años la *leche negra* del odio destructivo.

La resistencia del niño a la situación traumática aumenta cuando recibe explicaciones claras por parte de sus padres y cuando se encuentra apoyado emocionalmente por ellos. El restablecimiento de la vida cotidiana (horario de comida y sueño, asistencia al colegio, reanudación de las aficiones, etc.) en una atmósfera de serenidad y de normalización contribuye a la recuperación psicológica del niño, que necesita recobrar la confianza, la sensación de autonomía y la capacidad de ejercer un cierto control sobre sí mismo y su medio.

Cuando el niño se hace adolescente puede haber una tendencia a adoptar cambios radicales de comportamiento y de estilo de vida, fruto de un deseo desmedido de independencia. Se trata, a veces, de actitudes escapistas como alejarse del hogar, consumir alcohol y drogas, ponerse en situaciones de riesgo, mostrar un interés extremo por buscar experiencias nuevas, etc.

En definitiva, la experiencia del estrés en el niño puede sensibilizarle y hacerle más vulnerable ante sucesos negativos posteriores o, por el contrario, ayudarle a desarrollar, a modo de vacuna, estilos de afrontamiento maduros para hacer frente a las contrariedades de la vida.

## 2.5.2. ¿Alteraciones psicopatológicas en la vida adulta?

Sin embargo, las repercusiones psicológicas en la vida adulta de un trauma en la infancia son difíciles de predecir. En primer lugar, no se dan en todos los casos sino, aproximadamente, en un 20% del total de las personas afectadas. Y en segundo lugar, en el caso de que ocurran, las alteraciones psicopatológicas concretas varían de unos casos a otros y no se pueden establecer tampoco en función del tipo específico de suceso traumático experimentado (abuso sexual, maltrato infantil, pérdida del padre por un acto terrorista, etc.). Los distintos tipos de victimización generan en la vida adulta, en el caso de hacerlo, unas alteraciones emocionales bastante inespecíficas.

Es decir, no se puede cartografiar la psicopatología de un adulto según el tipo de acontecimientos negativos sufridos en la infancia. Vincular, por ejemplo, la bulimia o el trastorno múltiple de la personalidad a haber sufrido abuso sexual en la infancia, como se ha sugerido en diversos estudios (cfr. Vanderlinden y Vandereycken, 1999), no se corresponde con la realidad de los hechos, más allá de la observación de ciertos casos clínicos aislados. Todo acontecimiento traumático genera en el niño una *cicatriz psicológica* que puede o no reabrirse en la vida adulta —y, además, de diversas maneras— según las circunstancias presentes en esa persona cuando ya es mayor (Echeburúa y Guerricaechevarría, 2000).

La mayor vulnerabilidad de un adulto víctima de un suceso traumático en la infancia a trastornos mentales va a depender del número de traumas previos, de la existencia de malos tratos en la infancia y de la presencia de trastornos de personalidad (obsesivo-compulsiva y evitativa especialmente), así como de la inestabilidad emocional previa (Vicente, Diéguez, De la Hera, Ochoa y Grau, 1995). Desde el punto de vista del trauma en sí mismo, lo que predice una peor evolución a largo plazo es la duración prolongada de la exposición a los estímulos traumáticos (es decir, la revictimización continuada), una alta intensidad de los síntomas experimentados en el niño y la presencia de una disociación peritraumática, es decir, de síntomas disociativos (amnesia psicógena especialmente) en las horas y días posteriores al suceso (Griffin, Resick y Mechanic, 1997).

No se puede negar que la victimización infantil constituye un factor de riesgo importante de desarrollo psicopatológico en la vida adulta. Pero, a pesar de ello, el impacto psicológico a largo plazo del suceso traumático puede ser pequeño (a menos que se trate de un abuso sexual grave con penetración) si la víctima no cuenta con otras adversidades, como el abandono emocional, el maltrato físico, el divorcio de los padres, una patología familiar grave, etc. Es más, los problemas de una víctima en la vida adulta (depresión, ansiedad, abuso de alcohol, etc.) surgen en un contexto de vulnerabilidad generado por el suceso traumático en la infancia, pero provocados directamente por circunstancias próximas en el tiempo (conflictos de pareja, aislamiento social, problemas en el trabajo, etc.). Si no se dan *ahora* estas circunstancias adversas, aun habiendo sufrido en la infancia un suceso traumático probablemente no aparecerán problemas psicopatológicos (Finkelhor, 1999).

Como se puede observar en la vida diaria, muchas de las víctimas de un suceso traumático antiguo continúan adelante y parecen disfrutar de la vida. Lo que hacen es transformar su tragedia en energía creadora y enriquecer su vida con actividades sociales útiles y gratificantes. Es decir, como figura en el título del reciente libro de Boris Cyrulnik (2002) *(Los patitos feos: una infancia infeliz no determina la vida)*, se puede navegar en medio de tormentas y llegar, pese a todo, a buen puerto.

# 3. TIPOS ESPECÍFICOS DE TRAUMAS

Toda vivencia traumática es una expresión del daño psicológico padecido por la víctima. Algunos de los síntomas experimentados son comunes en todos los casos, pero otros varían en función de las diferencias individuales y también en función del tipo de suceso vivido.

## 3.1. ASPECTOS NUCLEARES DEL TRAUMA

Cualquier trauma afecta profundamente a la confianza de la persona en sí misma y en los demás. La víctima puede quedarse sin elementos de referencia externos e internos. Los síntomas derivan de la vivencia súbita de indefensión y de pérdida de control, del temor por la propia vida y de la humillación de haber sido violentada en la intimidad. El trauma amenaza a tres supuestos básicos de la vida: *a)* el mundo es bueno; *b)* el mundo tiene significado, y, por último, *c)* el yo tiene un valor. Y la ruptura del sentimiento de seguridad y control supone un desmoronamiento de los postulados básicos de confianza necesarios para una vida cotidiana normal.

Las víctimas tienden a revivir intensamente, con mucha frecuencia y de forma involuntaria el suceso vivido, bien en forma de pesadillas bien en forma de recuerdos agobiantes y de sentimientos perturbadores que pueden activarse ante cualquier estímulo, por mínimo que sea (ruido inesperado, imagen súbita, conversación relacionada indirectamente con el tema, etc.). Todo ello viene a reflejar que las imágenes de lo ocurrido quedan grabadas a fuego en la memoria icónica del sujeto. El sistema de alarma psicobiológico se encuentra permanentemente sensibilizado frente a posibles señales ambientales de peligro. Es como si la memoria *se encasquillase* y no pudiera dar una salida normal a las experiencias vividas. Estos *flashback* son como pesadillas diurnas y suponen la evocación involuntaria de un recuerdo perturbador que acude *sin pedir permiso* y hace revivir la situación traumática del pasado. De este modo, la persona, por un espacio de tiempo que puede oscilar entre algunos segundos y unas cuantas horas, pierde total o parcialmente el contacto con la realidad actual (Echeburúa y Corral, 1995).

Hay una diferencia entre los pensamientos intrusivos y los *flashback*. Unos y otros pueden formar parte del trauma. Los pensamientos intrusivos constituyen *recuerdos* (eso sí, muy vívidos) recurrentes de lo que sucedió antes y durante el suceso traumático. Un *flashback*, por el contrario, supone además revivir el acontecimiento (personas, luces, sonidos, olores, etc.) como si estuviese ocurriendo *ahora mismo*. La intensidad de la vivencia y su carácter impredecible generan en la víctima una sensación de terror.

Además, las personas afectadas se encuentran permanentemente en un estado de alerta y sobresaltadas, presentan dificultades de concentración en las tareas cotidianas, se muestran irritables (casi como volcanes a punto de estallar) y tienen problemas para conciliar el sueño. Por ello, tienden a sentirse desbordadas por los acontecimientos cotidianos y a estar persuadidas de que ya nada está bajo su control. Un estado permanente de alerta lleva al agotamiento porque, además de estar alterado el sueño, todos los sentidos de la víctima están atentos sin descanso a los posibles peligros de la vida cotidiana.

Las conductas de evitación desempeñan un papel muy importante en las limitaciones experimentadas por las víctimas. Además de rehuir las situaciones y los lugares relacionados directa o indirectamente con el suceso (como salir a la calle, tratar con personas desconocidas, viajar, quedarse a solas en casa, etc.) y las lecturas o películas que puedan recordar el trauma, resulta aún más problemático para las personas afectadas que tiendan a evitar las conversaciones sobre lo ocurrido, incluso con las personas más allegadas, y hasta los pensamientos relacionados con el acontecimiento. Las víctimas tienden a no compartir con otras personas estos dolorosos recuerdos (como consecuencia de la actitud evitativa y del temor a la reexperimentación), sino que los sufren solas, temiendo haberse convertido en seres anormales o extraños. Esto último puede ser especialmente problemático. Si el superviviente de un suceso traumático se aísla y rechaza hablar y aun pensar sobre un acontecimiento que le ha resultado desbordante, entonces no se desahoga, no puede poner orden en el caos emocional, no reevalúa cognitivamente lo ocurrido y no recibe el plus de apoyo emocional por parte de los seres queridos.

Más allá de las dificultades directamente observables, un síntoma característico de las personas afectadas —y muy difícil de tratar— es la *anestesia emocional,* que, si bien contribuye a aliviar el dolor sufrido por la víctima, a largo plazo tiene consecuencias perjudiciales para ella. Las víctimas pueden, en algunos casos, describir lo ocurrido, pero manifiestan problemas de expresión emocional (tristeza, infelicidad, dolor, etc.), como si tuvieran las lágrimas congeladas detrás de los ojos pero sin poder hacerlas brotar. Este embotamiento afectivo dificulta las manifestaciones de ternura, lo que supone un obstáculo en las relaciones de intimidad. Ser sarcástico en una persona que antes no lo era puede ser también un reflejo de este embotamiento afectivo. Este bloqueo emocional es un caparazón, a modo de *membrana,* para protegerse de los recuerdos traumáticos. De hecho, si el embotamiento afectivo desaparece durante unos momentos (en una relación sexual o en un momento de confidencia, por ejemplo) puede surgir un ataque de pánico. Percatarse de la normalidad de la respuesta afectiva puede hacer a la víctima sentirse más vulnerable a los recuerdos traumáticos.

Por paradójico que pueda parecer, los síntomas experimentados por la víctima suponen un intento (eso sí, fallido) de adaptarse a la nueva situación. En concreto, la evitación y el embotamiento emocional intentan prevenir futuros daños que le podrían ocurrir a la persona afectada si se implicase de nuevo en una vida activa y recuperase la confianza en las personas. A su vez, el aislamiento y la falta de comunicación delatan la vergüenza experimentada por la víctima, el miedo a evocar pensamientos angustiantes en contacto con otras personas e incluso el temor a que se le tache de *raro,* pero constituyen también una forma de proteger y no abrumar con sus pensamientos a sus seres queridos (Herbert y Wetmore, 1999).

Las situaciones especialmente traumáticas, sobre todo aquellas en que la víctima se ha sentido degradada y humillada, tienen efectos devastadores sobre su autoestima. La víctima puede verse a sí misma como despreciable y, lo que es peor, sentirse dañada de forma irreversible. Es lo que ocurre a veces en los casos de terrorismo, de tortura o de violencia sexual.

En suma, la vivencia imprevisible de una *tormenta* u oleada de sentimientos negativos, la pérdida de la espontaneidad emocional y la tendencia al aislamiento social llegan a *congelar* la capacidad de disfrutar de la vida cotidiana y la implicación en proyectos de futuro. La conciencia del traumatizado minimiza el peligro antes del suceso traumático y lo maximiza después. Asimismo, muchas personas se niegan a aceptar las propias necesidades emocionales y llegan a avergonzarse de pensar lo que piensan y de sentir lo que sienten.

La consecuencia de todo ello es un deterioro de las relaciones interpersonales, la aparición de conductas impulsivas (cambio brusco del estilo de vida, automedicación, abuso de alcohol, etc.) e incluso una transformación persistente de la personalidad de la víctima, que se puede volver más dependiente emocionalmente, más desconfiada y más irritable. Todo ello supone un intento de control de un mundo exterior percibido como hostil. Al darse cuenta la víctima de que ya no es la que era y que los demás esperan una vuelta a su conducta anterior al trauma, se puede sentir con una pérdida de ilusión por el futuro, así como con un cuestionamiento del significado y valor de la vida. La víctima puede resistirse a disfrutar de las experiencias de la vida cotidiana (la familia, el ocio, el trabajo, la actividad física, la sexualidad, etc.) y a sentir placer u orgullo por los logros conseguidos.

La indecisión y la falta de seguridad pueden plasmarse a veces en un mayor número de errores y en una inadecuada realización de las actividades laborales. Esta conjunción del sentimiento de incapacidad con la disminución en el rendimiento puede conducir a una severa limitación de las actividades (Sánchez, 2003).

Las consecuencias negativas en el funcionamiento de la pareja o de la familia constituyen la *traumatización secundaria*. No es infrecuente, por ello, la ruptura de la pareja o, cuando menos, la alteración del sistema familiar. De este modo, como consecuencia de este efecto cascada del trauma, la víctima puede entrar en una espiral descendente que hace más y más difícil la recuperación (Rojas Marcos, 2002).

Hay veces en que el trauma puede manifestarse de una forma enmascarada. En estos casos la tríada fundamental del trauma (persistencia de imágenes perturbadoras, conductas de evitación y estado permanente de alarma) puede aparecer como un daño psicológico inespecífico, en forma, por ejemplo, de depresión, de frialdad afectiva, de consumo excesivo de alcohol o de drogas o de alteraciones psicosomáticas. Estas últimas, en forma de dolores de cabeza, colon irritable, etc., surgen con más frecuencia cuando el dolor experimentado no se expresa, algo así como si los órganos llorasen las lágrimas que los ojos se niegan a derramar (Trujillo, 2002).

Por último, el malestar emocional del trauma, sobre todo cuando persisten sentimientos de culpa por las conductas realizadas, puede manifestarse a veces en forma de conductas antisociales y violentas. Esto ocurre especialmente en hombres que han estado sometidos a situaciones límite, como cuando han vivido una guerra o han estado recluidos en un campo de concentración y se han visto implicados en situaciones de especial crueldad. La intensidad de las imágenes recurrentes es tan brutal que puede llevar a la víctima a beber alcohol, rechazar a la gente e incluso a agredirla. Las conductas violentas son, en estos casos, resultado de la inadaptación social, de la desconfianza respecto a la gente, de la soledad y del efecto del alcohol y de las drogas (Albuquerque, 1992).

*Antonio, de 24 años, es un ex soldado de Colombia que ha pedido la baja en el ejército y ha emigrado a España, donde vive actualmente con un hermano suyo casado con una española. Capturado en una refriega con la guerrilla de las FARC, ha estado detenido en plena selva colombiana durante 1 año. Siempre ha sido una persona impulsiva y a la que le ha gustado buscar emociones fuertes. La experiencia de la guerra (muertes, destrucción, violaciones, etc.) y del cautiverio le ha causado una gran conmoción. Según relata, ya no es el de antes. Al regresar a casa, y después al venir a España, comienza a tener sueños recurrentes de tipo angustioso (ruido de aviones sobrevolando, explosiones de bombas, cadáveres de niños y mujeres en el suelo, etc.). Le vienen constantemente a la cabeza las imágenes de la guerra. Le molesta cualquier ruido. Nunca ha sido muy sociable, pero ahora no aguanta a la gente y desconfía de todo el mundo. Tampoco soporta ver a la gente contenta. Sólo la bebida le calma durante un rato, pero enseguida se vuelve agresivo o da malas contestaciones a las personas que están a su alrededor. Ha estado implicado en varias peleas. A pesar de que su hermano tiene muchos contactos con personas colombianas, no quiere relacionarse con otras personas ni siquiera conocer chicas; sólo tiene relaciones sexuales con prostitutas. Ha tenido varios trabajos eventuales, pero se ha cansado rápidamente de todos ellos. Se encuentra deprimido y sin ninguna ilusión por el futuro.*

A veces, el papel de víctima, pese al sufrimiento que conlleva, puede otorgar una identidad que se mantiene al obtener ganancias secundarias. En ocasiones, este papel surge especialmente cuando hay limitaciones físicas, que obtienen una mayor comprensión social y del entorno cercano. En estos casos las secuelas físicas pueden desempeñar un papel importante en la readaptación al trauma, que será sana si se enfoca hacia el aprovechamiento de sus recursos para hacer frente a la vida cotidiana y será insana si se caracteriza exclusivamente por una actitud de victimismo y de cerrazón a la superación de sus limitaciones actuales (Sánchez, 2003).

## 3.2. TIPOS ESPECÍFICOS DE TRAUMAS

Los sucesos traumáticos pueden ser *naturales* (terremotos, inundaciones, etc.), *accidentales* (incendios, accidentes de coche, choques de trenes, etc.) o *intencionados* (agresión sexual, atentado terrorista, secuestro, tortura, muerte violenta de un familiar, etc.). Es en este último caso cuando el trauma resulta más grave y duradero.

Lo que agrava la vivencia traumática en el caso de los sucesos intencionados es la percepción de indefensión y la pérdida de confianza en el ser humano, así como la aparición de sentimientos de ira o de venganza. Al tratarse de un suceso que desborda las expectativas normales de un ser humano, las estrategias de afrontamiento para superar el estrés son más difíciles de poner en marcha en estas circunstancias.

### 3.2.1. Las agresiones sexuales en la vida adulta

No se puede entender el alcance psicológico de una agresión sexual sin tener en cuenta el componente de humillación y de violencia que comporta para la persona afectada. Las víctimas se sienten frecuentemente avergonzadas, sobre todo cuando los agresores sexuales son personas conocidas o cuando la violación tiene lugar en el ámbito de una relación de pareja (Pérez y Borrás, 1996).

El miedo a las represalias por parte del agresor, el componente de vergüenza y la desconfianza respecto al sistema judicial explican la inexistencia de denuncias en muchos casos. Por ello, hay una *cifra negra* de agresiones sexuales que no sale a la luz, sobre todo cuando los agresores son conocidos, y que puede suponer del 60% al 80% del total de los casos (Sánchez, 2000).

La ausencia (parcial) de denuncias en este ámbito es especialmente preocupante porque se le alienta al agresor en su conducta, se le crea una cierta sensación de impunidad y aumenta la probabilidad de ocurrencia de nuevas conductas de agresión en el futuro.

Las agresiones sexuales afectan fundamentalmente a mujeres. Los hombres son menos frecuentemente víctimas de una violación, pero cuando lo son, el impacto psicológico es muy grande y la tendencia a la ocultación de lo ocurrido es muy alta, en parte por la vergüenza experimentada y en parte por el temor a la incomprensión por parte de los demás.

*a)  Perfil de las víctimas de riesgo*

Las víctimas son frecuentemente chicas jóvenes, de 16 a 30 años especialmente. La vulnerabilidad de este grupo deriva del mayor atractivo físico de esta edad y de una mayor exposición a situaciones de riesgo (tipo de vida activo, viajes frecuentes, salidas nocturnas, búsqueda de nuevas experiencias, establecimiento de relaciones sociales amplias, etc.), así como de una percepción menor de los factores de riesgo, que se refleja en la facilidad con que se establecen relaciones espontáneas y, en último término, en la falta de desconfianza respecto al entorno.

Hay ciertas circunstancias ambientales, como residir en un internado, estar recluido en una prisión, vivir en un ambiente de aislamiento, etc., que facilitan la agresión sexual y garantizan, hasta cierto punto, una impunidad al agresor (Soria y Hernández, 1994).

Desde una perspectiva psicopatológica de las víctimas, hay ciertos trastornos mentales, como el abuso de alcohol y drogas y la deficiencia mental, que, al ser limitativos de la capacidad de consentimiento, pueden convertir a una persona más fácilmente en diana de una agresión sexual. Los trastornos de personalidad en las víctimas constituyen también un factor de riesgo. En concreto, los más problemáticos a este respecto son el *límite,* por su tendencia a la impulsividad, el *histriónico,* por su tendencia a llamar la atención, y el *dependiente,* por su escasa asertividad y su tendencia a plegarse en todo momento a los deseos de los demás.

*b)  Vulnerabilidad al trauma*

La aparición y, en su caso, la intensidad del trauma van a depender de diversas circunstancias. Algunas de ellas están vinculadas a la gravedad del hecho traumático en sí: la duración del acto, la existencia de penetración, la posibilidad de quedar embarazada o de contraer el sida, las heridas concomitantes, la presencia de armas, el miedo a ser asesinada, el ataque en grupo, la doble victimización (ser agredida sexualmente y robada al mismo tiempo), etc.

Otros factores están relacionados con el equilibrio psicológico de la víctima, con el estado de salud y con el grado de adaptación actual a la vida cotidiana. En concreto, las personas con baja autoestima y con problemas de ansiedad y de depresión (o de antecedentes temporales próximos por estos mismos problemas), con una historia anterior de victimización (maltrato infantil o abuso sexual en la niñez, por ejemplo) y con dificultades actuales de salud o de adaptación (estrés laboral intenso, mala relación de pareja, etc.) tienen una mayor tendencia a quedar traumatizadas tras una agresión sexual.

Por último, otras variables van a depender de la reacción del entorno. El tipo de apoyo familiar y social recibido, así como la actuación de la justicia, van a contribuir a *metabolizar* el impacto del suceso traumático o, por el contrario, a agravarlo (cfr. Redondo, 2002).

### c) *Consecuencias psicológicas de las agresiones sexuales*

La agresión sexual —ya sea con violencia física o simplemente con coacción— es vivida por la víctima como un atentado no contra su sexo, sino principalmente contra su integridad física y psicológica.

De hecho, es el grado de violencia física o moral ejercido lo que define la cantidad de sufrimiento físico y psíquico padecido por la víctima: la vivencia súbita de indefensión, la pérdida de control sobre el ambiente, el temor por la propia vida, el dolor físico, la decepción sufrida, la humillación de haber sido violentada en la intimidad, etc.

La respuesta inicial de la víctima ante una agresión sexual puede oscilar entre una *reacción de sobresalto* (defenderse por la fuerza, gritar, pedir auxilio, salir corriendo, distraer al agresor con el fin de disuadirlo, etc.) y una *reacción de sobrecogimiento* (permanecer inmóvil y paralizada, como un conejo en medio de la carretera por la noche ante los faros de un coche), que supone una respuesta primitiva automática de tipo disuasorio ante el agresor. No es fácil predecir cuál de ellas va a darse en un caso concreto, pero una y otra respuesta, aun siendo distintas e incluso opuestas, constituyen una forma de reacción adaptativa ante la percepción de un peligro inmediato.

En concreto, las principales consecuencias de las agresiones sexuales sobre el equilibrio emocional de la víctima son las siguientes (Echeburúa, Corral, Zubizarreta y Sarasua, 1995):

1. *A corto plazo:* quejas físicas, alteraciones del apetito, trastornos del sueño y pesadillas, desánimo, ansiedad y miedo generalizado y, muy frecuentemente, tendencia al aislamiento. Lo que predomina como resultado de todo ello es una conducta global desorganizada y un cierto grado de dificultad para retomar la vida cotidiana.
2. *A medio plazo:* depresión, pérdida de autoestima, dificultades en la relación social y disfunciones sexuales, así como temores diversos. Es decir, la víctima es ya capaz de retomar su vida habi-

tual, pero con una serie de limitaciones. El contenido de los miedos está estrechamente relacionado con los *estímulos ligados a la experiencia de la agresión* (por ejemplo, la noche, el portal, la visión de un hombre desnudo, etc.), con las *situaciones indicadoras de vulnerabilidad* (por ejemplo, la oscuridad, los hombres desconocidos, los viajes, el permanecer sin compañía, etc.) o con las *preocupaciones precipitadas directamente por la vivencia del suceso traumático* (hablar con la policía, declarar en un juicio, etc.). Los estímulos indicadores de vulnerabilidad son, probablemente, los más persistentes con el paso del tiempo, ya que las víctimas temen intensamente la repetición de una agresión que ha podido poner en peligro su vida.

3. *A largo plazo:* irritabilidad, desconfianza, alerta excesiva, embotamiento afectivo, disfunciones sexuales y capacidad disminuida para disfrutar de la vida, lo que dificulta el establecimiento de relaciones de pareja. La relación erótica, aun deseada, puede constituirse en una situación evocadora del trauma experimentado. También puede haber un bloqueo en la captación y en la expresión de sentimientos de ternura. Además, la víctima tiende a evitar situaciones potencialmente atractivas como viajar, salir de noche o relacionarse con amigos. Todo ello puede llevarle a problemas de adaptación en la vida cotidiana y a una pérdida en su calidad de vida. Aparentemente la víctima es la misma de siempre, pero la situación ya no es la misma.

La evolución de la víctima con el transcurso del tiempo no sigue siempre el mismo proceso. La intensidad inicial de los síntomas a los pocos días de la agresión permite predecir la gravedad del problema a largo plazo. Es decir, cuanto más intensa sea la reacción psicológica de la víctima en las primeras horas y días tras la agresión, mayor es la probabilidad de que se cronifique el problema. Por el contrario, la reincoporación temprana a la vida cotidiana y la recuperación de los hábitos laborales y sociales anteriores a la agresión sexual permiten predecir una recuperación más rápida.

*d) Sentimientos de culpa*

A diferencia de lo que ocurre en otros delitos violentos, los sentimientos de culpa aparecen con frecuencia en las víctimas de agresiones sexuales. La culpa puede estar referida a la conducta de la víctima *antes de la agresión* (por ejemplo, por no haber sido capaz de haber detectado con antelación la situación de riesgo), *durante la agresión* (en relación con lo que pudo haber hecho y sin embargo no hizo: haber gritado, haber sido más enérgica físicamente, etc.) y *después de la agresión* (por ejemplo, amargar la convivencia de las personas que están a su alrededor por su cambio de carácter).

La culpabilidad puede estar, al menos en parte, inducida socialmente. Al margen de que se ha producido una evolución social favorable al respecto, ha habido una tendencia a reprochar a las víctimas por su conducta provocadora o, cuando menos, imprudente (la forma de vestir, el estilo de vida, la promiscuidad sexual, las salidas nocturnas, etc.), como se refleja aún en algunas sentencias judiciales. Las actitudes convencionales de la sociedad han tendido a no reconocer las *agresiones sexuales sin sangre* como violaciones reales *(«una mujer no puede ser violada si no se deja»)*. De hecho, en la memoria colectiva todavía perduran las imágenes legendarias de Santa Inés, Santa Lucía, Santa Susana —más recientemente, María Goretti (1950)—, vírgenes y mártires santificadas por la Iglesia por dar su vida violentamente defendiendo su inocencia sexual (Rojas Marcos, 1995).

Las víctimas pueden también experimentar más sentimientos de culpa cuando los agresores sexuales son personas conocidas. En este caso el abuso de confianza sufrido y la decepción experimentada generan en la víctima, además de una desconfianza generalizada en el ser humano, preguntas reiteradas acerca de su propia conducta. Es decir, la víctima se pregunta cómo se pudo fiar de esta persona, si ella dio pie con su conducta, aunque sea indirectamente, a ese abuso de confianza, por qué no cortó a tiempo, etc.

*Candela, de 19 años, estudiante de Farmacia, es una chica sociable y equilibrada y estuvo en Hastings (sur de Inglaterra) hace un año durante el verano para estudiar un curso de inglés. Allí conoció a varios compañeros alemanes con quienes estableció una buena relación. Uno de ellos, en la fiesta nocturna de despedida, después de haber bebido unas cuantas cervezas, cuando paseaban por la playa antes de regresar a casa, la agredió sexualmente. Ella no se esperaba eso de un compañero y se quedó sobrecogida, sin saber cómo reaccionar. No se atrevió a denunciar el caso porque estaba en un país extranjero, porque se trataba de un compañero y porque regresaba a casa a los dos días. Ni siquiera se lo comentó al resto de los compañeros porque, según se imaginaba, podían no creerla. Al llegar a casa, empezó a darle vueltas a lo ocurrido y comenzó a reprocharse su conducta (haberse fiado de aquel chico, no haber reaccionado de una manera más enérgica durante la agresión, no haberle denunciado ni comentado a sus compañeros lo ocurrido, etc.). Ha transcurrido un año y ha normalizado ya su vida, pero aún presenta varias limitaciones: no quiere relacionarse con chicos desconocidos, rehúye conversaciones íntimas incluso con sus amigas, se niega a hacer un viaje atractivo, etc. Ya no se siente tan culpable, pero se reprocha con frecuencia por su imprudencia y se muestra desconfiada de la naturaleza humana. Tiene a veces también accesos de llanto incontrolado sin saber por qué.*

### 3.2.2. El abuso sexual en la infancia

El abuso sexual no es sino una forma más de victimización en la infancia. Al margen de algunas alteraciones específicas en las respuestas sexuales, las secuelas de este trauma son muy similares a las generadas por otro tipo de victimizaciones (maltrato físico, abandono emocional, etc.), que, además, pueden darse en algunos casos simultáneamente. Por ello, los efectos psicológicos producidos en el menor están referidos, como en los demás traumas, a la situación de desamparo en que se encuentra el niño (Finkelhor, 1999).

*a) Perfil de las víctimas de riesgo*

El abuso sexual en la infancia tiene lugar habitualmente en el ámbito de la familia o del entorno cercano al niño. Es decir, los abusadores suelen ser familiares (padres, padrastros, abuelos, tíos, hermanos mayores, etc.) o personas muy allegadas al niño como vecinos, profesores, entrenadores o monitores. Hay veces, sin embargo, en que los abusadores son personas desconocidas o adolescentes que se aprovechan de la inferioridad de los niños o niñas para llevar a cabo conductas sexuales (López, 1997).

Las víctimas son fundamentalmente niñas, y hay dos edades de máximo riesgo: 6-7 años y 10-12 años (en una edad cercana a la adolescencia). En cualquier caso, el abuso sexual no es sólo un problema de niñas. Al parecer, los chicos se avergüenzan más y son más reacios a revelar lo ocurrido que las chicas porque, al ser los agresores varones, se pone en cuestión más fácilmente su identidad sexual (Echeburúa y Guerricaechevarría, 2000).

A diferencia de lo que ocurre en la vida adulta, en donde la agresión sexual es habitualmente aislada, el abuso sexual en la infancia suele ser continuado. Esta característica lleva implícita la revictimización del niño, lo que implica un riesgo mayor de alteraciones psicopatológicas (Cantón y Cortés, 2001).

Las conductas sexuales implicadas pueden darse sin relación física, como en el caso del exhibicionismo, de la masturbación delante del niño o de la proyección de películas pornográficas, pero lo más frecuente es que conlleven algún tipo de contacto físico (tocamientos, masturbación, relaciones bucogenitales, etc.). Sin embargo, la penetración (anal o vaginal) no suele ser habitual, excepto en las edades próximas a la adolescencia (Lameiras, 2002).

Los abusadores no recurren generalmente a la violencia física. El grado de influencia sobre la víctima, así como su capacidad de seducción y el temor inducido al menor de poder ser objeto de distintos tipos de represalias, son suficientes para doblegar la voluntad de la víctima y para mantener el acto en secreto (Vázquez Mezquita, 1995).

Por lo que se refiere a las víctimas, son más frecuentes los abusos sexuales en niños deficientes mentales, carentes de afecto o que son objeto de maltrato físico o psicológico en el hogar. Este tipo de menores, a modo de *niños pararrayos,* constituye un caldo de cultivo adecuado para los abusos sexuales (Brenner, 1987).

En cuanto al perfil de la familia, el abuso sexual a los niños surge más frecuentemente cuando hay problemas de pareja, la mujer es víctima de maltrato y el agresor abusa del alcohol y recurre fácilmente a la violencia. En este contexto de falta de empatía y de amedrentamiento de la madre, que ha perdido su capacidad de escudo protector del niño, el abuso sexual se hace mucho más probable (Garrido, Stangeland y Redondo, 1999).

### b) *Consecuencias psicológicas del abuso sexual*

El abuso sexual, sobre todo cuando se da de forma reiterada y es llevado a cabo por personas vinculadas afectivamente al niño, supone una desestructuración de la conducta y de las emociones del menor y, en ocasiones, una interferencia grave en su desarrollo evolutivo. Una victimización continuada y/o la presencia de conductas de penetración (anal o vaginal) constituyen factores de agravamiento adicionales (Echeburúa y Guerricaechevarría, 1999).

Lo que de inmediato aparece en un niño objeto de abuso sexual es un cambio nítido en sus conductas y emociones. Un resumen de los síntomas más habituales, que, sin embargo, pueden variar de unos casos a otros, se halla recogido en la tabla 3.1. En ella se señalan las

## Tabla 3.1
**Principales consecuencias a corto plazo del abuso sexual en niños y adolescentes**

| TIPOS DE EFECTOS | SÍNTOMAS | PERÍODO EVOLUTIVO |
|---|---|---|
| Físicos | ⇨ Problemas de sueño (pesadillas). | Infancia y adolescencia. |
| | ⇨ Cambios en los hábitos de comida. | Infancia y adolescencia. |
| | ⇨ Pérdida del control de esfínteres. | Infancia. |
| Conductuales | ⇨ Consumo de drogas o alcohol. | Adolescencia. |
| | ⇨ Huidas del hogar. | Adolescencia. |
| | ⇨ Conductas autolesivas o suicidas. | Adolescencia. |
| | ⇨ Hiperactividad. | Infancia. |
| | ⇨ Bajo rendimiento académico. | Infancia y adolescencia. |
| Emocionales | ⇨ Miedo generalizado. | Infancia. |
| | ⇨ Hostilidad y agresividad. | Infancia y adolescencia. |
| | ⇨ Culpa y vergüenza. | Infancia y adolescencia. |
| | ⇨ Depresión. | Infancia y adolescencia. |
| | ⇨ Ansiedad. | Infancia y adolescencia. |
| | ⇨ Baja autoestima y sentimientos de estigmatización. | Infancia y adolescencia. |
| | ⇨ Rechazo del propio cuerpo. | Infancia y adolescencia. |
| | ⇨ Desconfianza y rencor hacia los adultos. | Infancia y adolescencia. |
| | ⇨ Trastorno de estrés postraumático. | Infancia y adolescencia. |
| Sexuales | ⇨ Conocimiento sexual precoz o inapropiado para su edad. | Infancia y adolescencia. |
| | ⇨ Masturbación compulsiva. | Infancia y adolescencia. |
| | ⇨ Excesiva curiosidad sexual. | Infancia y adolescencia. |
| | ⇨ Conductas exhibicionistas. | Infancia. |
| | ⇨ Problemas de identidad sexual. | Adolescencia. |
| Sociales | ⇨ Déficit en habilidades sociales. | Infancia. |
| | ⇨ Retraimiento social. | Infancia y adolescencia. |
| | ⇨ Conductas antisociales. | Adolescencia. |

FUENTE: Echeburúa y Guerricaechevarría, 2000.

secuelas más comunes, así como el período evolutivo en que aparecen.

El alcance de las consecuencias psicológicas va a depender del grado del sentimiento de culpa y de la victimización del niño por parte de los padres, así como de las estrategias de afrontamiento de que disponga la víctima. En general, las niñas tienden a presentar reacciones ansioso-depresivas; los niños, fracaso escolar y dificultades inespecíficas de socialización. En uno y otro caso hay un déficit de autoestima importante; de hecho, en los casos más graves se pueden llegar a sentir estigmatizados para siempre. Además, los niños tienen una mayor probabilidad de exteriorizar problemas de comportamiento, como, por ejemplo, agresiones sexuales y conductas violentas en general (Bonner, 1999).

Respecto a la edad, los niños muy pequeños (en la etapa preescolar), al contar con un repertorio limitado de recursos psicológicos, pueden mostrar estrategias de negación y de disociación (en forma de *olvidos* respecto a lo sucedido). En los niños un poco mayores (en la fase de escolarización) son más frecuentes los sentimientos de culpa y de vergüenza ante el suceso. El abuso sexual adquiere una especial gravedad en la adolescencia porque el padre puede intentar el coito, existe un riesgo real de embarazo y la adolescente toma conciencia del alcance de la relación incestuosa. No son por ello infrecuentes en este período conductas graves como huidas de casa, consumo abusivo de alcohol y drogas e incluso intentos de suicidio (Noguerol, 1997).

Las reacciones a más largo plazo son menos frecuentes y más variables y resultan más desdibujadas que las secuelas iniciales. Sin embargo, la victimización infantil constituye un factor de riesgo importante de desarrollo psicopatológico en la vida adulta. Aun teniendo en cuenta este carácter más impredecible, en la tabla 3.2 se presenta un resumen de los principales efectos negativos en la vida adulta del abuso sexual en la infancia.

No hay en la vida adulta un único síndrome específico ligado a la experiencia de abusos sexuales en la infancia y adolescencia. Los únicos fenómenos observados con mayor regularidad son las alteraciones en la esfera sexual —inhibición erótica, disfunciones sexuales y menor capacidad de disfrute, especialmente—, la depresión y el trastorno de estrés postraumático, así como un control inadecuado de la ira (en el caso de los varones, volcada al exterior en forma de violencia; en el de las mujeres, canalizada en forma de conductas autodestructivas). En algunas ocasiones, se ha detectado a más largo plazo (cuando las víctimas se convierten en padres) una actitud obsesiva e hipervigilante res-

## Tabla 3.2
**Principales secuelas psicológicas en víctimas adultas de abuso sexual en la infancia**

| TIPOS DE SECUELAS | SÍNTOMAS |
|---|---|
| Físicas | ➪ Dolores crónicos generales.<br>➪ Hipocondría y trastornos de somatización.<br>➪ Alteraciones del sueño (pesadillas).<br>➪ Problemas gastrointestinales.<br>➪ Desórdenes alimenticios, especialmente bulimia. |
| Conductuales | ➪ Intentos de suicidio.<br>➪ Consumo de drogas y/o alcohol.<br>➪ Trastorno disociativo de identidad (personalidad múltiple). |
| Emocionales | ➪ Depresión.<br>➪ Ansiedad.<br>➪ Baja autoestima.<br>➪ Estrés postraumático.<br>➪ Trastornos de personalidad.<br>➪ Desconfianza y miedo de los hombres.<br>➪ Dificultad para expresar o recibir sentimientos de ternura y de intimidad. |
| Sexuales | ➪ Fobias o aversiones sexuales.<br>➪ Falta de satisfacción sexual.<br>➪ Alteraciones en la motivación sexual.<br>➪ Trastornos de la activación sexual y del orgasmo.<br>➪ Creencia de ser valorada por los demás únicamente por el sexo. |
| Sociales | ➪ Déficit en habilidades sociales.<br>➪ Retraimiento social.<br>➪ Conductas antisociales. |

Fuente: Echeburúa y Guerricaechevarría, 2000.

pecto a los hijos o, por el contrario, la adopción de conductas de abuso o, cuando menos, de consentimiento. No deja de ser significativo que un 25% de los niños varones abusados sexualmente se conviertan ellos mismos en abusadores cuando llegan a ser adultos (Redondo, 2002).

En las víctimas adultas de abuso sexual en la infancia el problema puede surgir cuando estas personas establecen una relación de pareja y tienen dificultades para expresar sentimientos de intimidad y ternura, así como para implicarse en conductas sexuales. No es infrecuente en estos casos la aparición de una *amnesia disociativa*. Se trata de una amnesia selectiva que está caracterizada porque, sin daño cerebral que la justifique y sin la posibilidad de atribuirla a las leyes naturales del olvido, aparecen grandes dificultades para rememorar el abuso sexual sufrido en la infancia. La amnesia psicógena, que es un síntoma del trastorno de estrés postraumático y que dificulta el tratamiento, responde a la tendencia natural del ser humano a olvidar lo desagradable y a la vergüenza experimentada por lo ocurrido, sobre todo cuando el abuso sexual ha tenido lugar en el seno de la familia.

*Irene, de 21 años, es estudiante de Arquitectura. Cuando era una niña, entre los 6 y los 10 años, fue objeto de abusos sexuales por parte de su abuelo materno, que, al enviudar y ser poco autónomo, fue a vivir a casa de sus padres. Irene, de pequeña, era una niña muy enfermiza y, por ello, había muchas temporadas que estaba en casa a solas con su abuelo porque sus padres estaban trabajando y sus dos hermanos se encontraban en la escuela. Su abuelo aprovechó esas circunstancia de soledad de Irene para aprovecharse sexualmente de ella por medio de toqueteos, besos, abrazos, caricias, que a Irene le parecían algo raro, pero que no acertaba a comprender del todo. Cuando la niña se fue haciendo mayor, hacia los 10 años, evitaba estar a solas con el abuelo, se percató del alcance de lo ocurrido y cortó con esta situación, pero no se atrevió a contar lo sucedido a su madre porque le daba vergüenza y su madre le tenía mucho cariño al abuelo. Irene se sentía nerviosa y triste por lo sucedido y sentía asco por todo lo relacionado con el sexo, por lo que desarrolló un sentido excesivo del pudor. Sin embargo, al ser una niña buena estudiante, deportista y muy sociable, estaba bien integrada y llevaba una vida normal.*

*Pero hace 1 año ha comenzado a salir con un chico compañero suyo de estudios. Se encuentra enamorada de él, pero es incapaz, aun teniendo ganas, de establecer cualquier contacto erótico con él. Al ser muy sociable, le gusta hablar de todos los temas con él, pero se siente mal y se bloquea cuando se abordan temas de una cierta intimidad (la familia, las creencias religiosas, la vida de pareja, los proyectos de futuro, etc.). Irene tiene buena memoria, pero el recuerdo de los abusos del abuelo, ya fallecido, está completamente desdibujado. Cuando ve en la tele algún programa relacionado con este tema o con algo relacionado, se pone muy nerviosa y cambia de canal. Él es muy paciente, pero se percata de la anormalidad de la situación.*

Asimismo, puede haber una impulsividad descontrolada en la vida adulta como consecuencia de un abuso sexual grave en la infancia o en la adolescencia temprana. Esta alteración puede reflejarse en alteraciones bulímicas o de otra índole (cleptomanía, ludopatía, etc.). En estos casos, la patología alimentaria puede funcionar como un mecanismo de supervivencia para escapar del daño emocional del trauma abrumador. Las conductas bulímicas pueden bloquear la conciencia de la experiencia traumática y hasta inducir un estado de anestesia emocional que permite evitar recuerdos o sentimientos relacionados con ella (Vanderlinden y Vandereycken, 1999).

c) *Factores mediadores de los efectos del abuso sexual en la infancia*

Un 70% de las víctimas de agresiones sexuales en la infancia presenta un cuadro clínico a corto plazo, pero este porcentaje disminuye hasta un 30% si se toman en consideración las repercusiones a largo plazo. Al no ser despreciable el número de personas que no quedan afectadas, especialmente a largo plazo, conviene determinar tanto los factores que resultan amortiguadores del impacto del abuso sexual en el desarrollo emocional posterior y contribuyen a *metabolizarlo,* como aquellos que propician una mayor vulnerabilidad psicológica y favorecen el desarrollo de consecuencias psicopatológicas. Todo ello queda reflejado esquemáticamente en la figura 3.1.

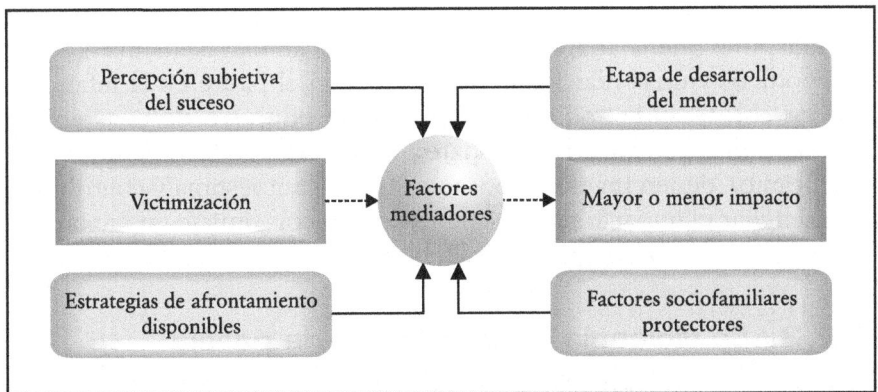

Figura 3.1. *Factores medidores del impacto psicológico de la victimización sexual en la infancia.*

La *percepción subjetiva del suceso* se refiere a la valoración cognitiva que hace el niño de lo ocurrido. De este modo, si el abuso es reiterado y si es obra, además, de una persona conocida y supone, por ello, una traición a la confianza del menor, la decepción y el sentimiento de rabia y de vergüenza serán de mayor alcance.

La *edad* del niño puede ser una variable significativa, pero que no siempre resulta fácil de valorar. En general, los niños más pequeños son más vulnerables y cuentan con un mayor riesgo de padecer síntomas disociativos, pero tienen, sin embargo, la ventaja de no percatarse del alcance del abuso. A su vez, una mayor edad viene acompañada de una mayor disponibilidad de recursos, pero, en el aspecto negativo, entraña una mayor conciencia de la víctima de lo ocurrido. Asimismo aumenta la probabilidad de que se lleve a cabo la penetración o de que se empleen la violencia física o las amenazas por parte del agresor, lo que complica la evolución del cuadro clínico (Cantón y Cortés, 1996).

La mayor o menor intensidad del *apoyo familiar y social* es una clave fundamental para determinar la reacción del menor. En concreto, la reacción del entorno próximo al niño ante la revelación del abuso es un punto crítico. La sensación de ser creído en su testimonio y de sentirse protegido contribuye a recuperar la normalidad del niño. Por el contrario, poner en duda el relato del menor por parte de los seres queridos ensombrece su proceso de recuperación. Así, la evolución del niño no es ajena a las implicaciones de la revelación del abuso: deterioro de la relación de pareja, salida del agresor o de la víctima del hogar, intervención de los servicios sociales, implicación en un proceso judicial, etc.

Por último, las estrategias de afrontamiento disponibles por el menor desempeñan un papel importante. Si se trata, por ejemplo, de una niña abusada, una buena adaptación escolar (en el ámbito académico, social o deportivo) y unas relaciones adecuadas con el padre en la infancia o con los chicos en la adolescencia, así como el apoyo de unas amigas íntimas y, más adelante, de una pareja apropiada (incluso de un trabajo gratificante), tienen un efecto positivo sobre la autoestima y contribuyen a amortiguar el impacto de la victimización al constituirse en factores de protección (Echeburúa y Guerricaechevarría, 2000; Finkelhor, 1999).

### 3.2.3. La violencia en la relación de pareja

Por extraño que pueda parecer, el hogar —lugar, en principio, de cariño, de compañía mutua y de satisfacción de las necesidades básicas para el ser humano— puede ser un sitio de riesgo para las conductas violentas. La familia es una institución cerrada y, por ello, puede constituir un caldo de cultivo apropiado para las agresiones repetidas y prolongadas. En estas circunstancias, las víctimas pueden sentirse incapaces de escapar del control de los agresores al estar sujetas a ellos por la fuerza física, la dependencia emocional, el aislamiento social o distintos tipos de vínculos económicos, legales o sociales (Gottman y Jacobson, 2001).

No es fácil responder a la pregunta de por qué los hombres se comportan de forma violenta precisamente en el hogar. Las conductas de maltrato son resultado de un estado emocional intenso —la ira—, que interactúa con unas actitudes de hostilidad y de prepotencia, un repertorio de conductas pobre (déficit de habilidades de comunicación y de solución de problemas) y unos factores precipitantes (situaciones de estrés, consumo abusivo de alcohol, celos, etc.) (figura 3.2). Asimismo, la percepción de vulnerabilidad de la víctima y la consideración del hogar como un lugar cerrado a las influencias externas (policía, sistema judicial, etc.) desempeñan un papel importante en la conducta violenta del agresor (Echeburúa y Corral, 1998).

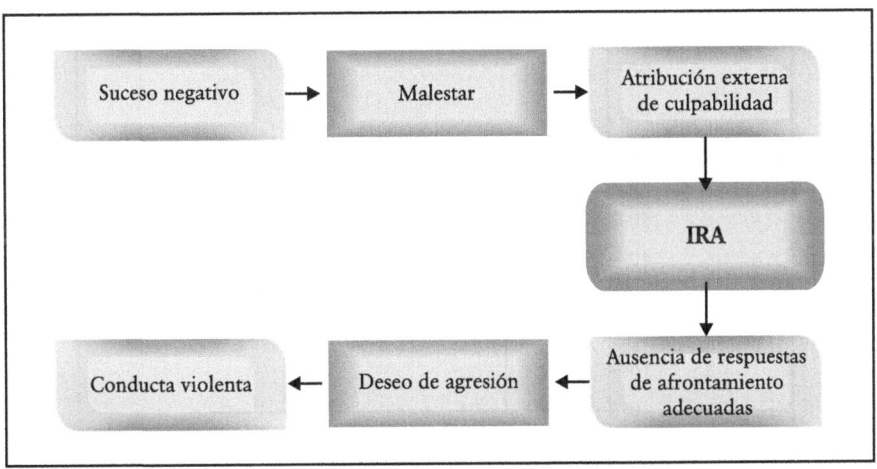

Figura 3.2. *Secuencia del comportamiento violento.*

Es decir, la violencia en la pareja es el reflejo de una situación de abuso de poder en que la persona más fuerte y con más recursos —habitualmente el hombre— trata de controlar a su pareja, a la que percibe vulnerable e indefensa, y de desahogar en ella sus frustraciones cotidianas (Corsi, 1995).

*a) La violencia en la pareja: una patología de la convivencia*

Más allá de un *maltrato físico* y de un *maltrato sexual*, fácilmente identificables, existe un *maltrato psicológico* más sutil y más oculto, que genera unas consecuencias muy negativas para la salud y el bienestar emocional de la mujer y que se manifiesta de diversas formas: desvalorizaciones continuas (en forma de críticas corrosivas y humillaciones); posturas y gestos amenazantes; imposición de conductas degradantes; intentos de restricción (control de las amistades, limitación del dinero, restricción de las salidas de casa, etc.); conductas destructivas (referidas a objetos de valor económico o afectivo o incluso al maltrato de animales domésticos); y, por último, culpabilización a ella de las conductas violentas de él (Sarasua y Zubizarreta, 2000).

Por paradójico que pueda parecer, el daño psicológico producido a la víctima es tan grave en el caso del maltrato psicológico como en el del físico. Las repercusiones sobre la autoestima de las humillaciones reiteradas son tan destructivas como la vejación del maltrato físico (figura 3.3).

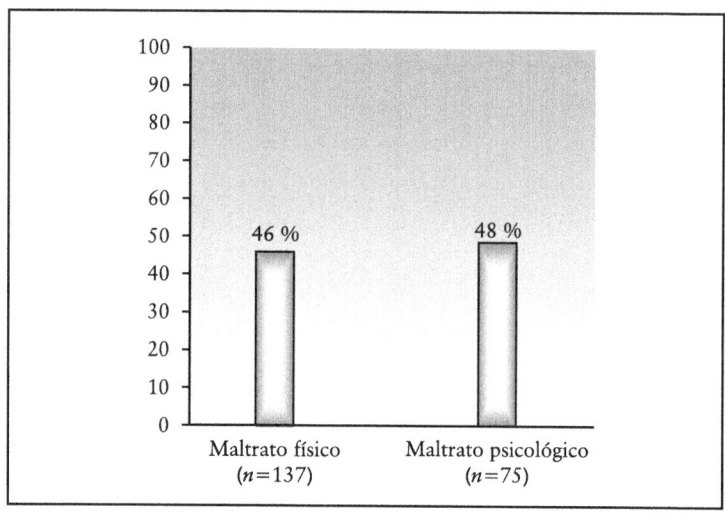

Figura 3.3. *Tasas de prevalencia del trastorno de estrés postraumático en víctimas de maltrato doméstico físico y psicológico.*

Una vez que ha surgido el primer episodio de maltrato, y a pesar de las muestras de arrepentimiento del agresor, la probabilidad de nuevos episodios —y por motivos cada vez más insignificantes— es mucho mayor. Rotas las inhibiciones relacionadas con el respeto a la otra persona, la utilización de la violencia como estrategia de control de la conducta se hace cada vez más frecuente. El sufrimiento de la mujer, lejos de constituirse en un revulsivo de la violencia y en suscitar una empatía afectiva, se constituye en un disparador de la agresión (Dutton y Golant, 1997).

Las denuncias de violencia en la pareja por parte de la mujer son escasas —no superan el 10% o el 30% de todos los casos existentes— y, además, tardías (habitualmente, años después de sufrir el maltrato). Tampoco se busca ayuda externa (atención terapéutica, pisos de acogida, etc.) de forma generalizada. Las causas que frenan este proceso de ruptura de una situación intolerable pueden ser atribuidas a diversas razones: económicas (la dependencia del marido); sociales (la opinión de los demás); familiares (la protección de los hijos); físicas (el agotamiento); psicológicas (la baja autoestima, la vergüenza, el miedo, la resistencia a reconocer el fracaso de la relación, la dependencia emocional, etc.); psicopatológicas (la depresión, que limita la capacidad de iniciativa), y el temor al futuro (precariedad económica, falta de apoyo familiar y social, problemas de vivienda, porvenir incierto de los hijos, etc.). No es por ello casual que muchas mujeres permanezcan durante un tiempo prolongado en una situación de maltrato y que la denuncia o el recurso a los servicios asistenciales coincidan con algún momento crítico en el seno de la familia (por ejemplo, la separación o la extensión de la violencia a los hijos, lo que ocurre en casi la mitad de los casos) (Labrador, Rincón, De Luis y Fernández, 2004; Lorente, 2001).

Por último, el mantenimiento o la ruptura de la relación de pareja por parte de la mujer dependen de la edad, el nivel cultural, la existencia de trabajo extradoméstico y el apoyo social, así como de las creencias religiosas y de las expectativas previas en relación con la pareja (González y Santana, 2001).

### b) *Consecuencias físicas y psicológicas del maltrato en la mujer*

La situación de violencia familiar se configura como un estrés crónico para la mujer maltratada. Así, es frecuente la excreción de niveles altos de cortisol, que trae consigo consecuencias negativas para la salud como dolores de cabeza, problemas gastrointestinales (por ejemplo, colon irritable), caída en las defensas del sistema inmunitario, una sensación de fatiga crónica y un mayor riesgo de padecer enfermedades cardiovasculares. La actuación del cortisol y de la aldosterona surge, sobre todo, cuando la persona no dispone de estrategias o conductas de afrontamiento para hacer frente a los estímulos generadores de estrés, es decir, cuando no tiene otro remedio que soportar la situación de malestar. En concreto, el estrés crónico, al suprimir la respuesta inmunológica en proporción directa a la intensidad del estresor, puede debilitar el sistema inmunitario y hacerlo más vulnerable ante las infecciones.

Una situación de estrés crónico facilita, a su vez, la automedicación y la dependencia de analgésicos y ansiolíticos, que suponen un intento —fallido a la larga— de hacer frente al malestar generado por el maltrato. En definitiva, hay una pérdida de vida saludable que es achacable a la violencia habitual (Villavicencio y Sebastián, 1999).

A nivel psicológico, las consecuencias del maltrato crónico pueden resultar devastadoras para la estabilidad emocional de la víctima. En general, no se trata de limitaciones de la personalidad de la mujer maltratada, sino de la reacción psicológica a la violencia crónica. En concreto, los síntomas más significativos son los siguientes (Echeburúa y Corral, 1998; Sarasua y Zubizarreta, 2000):

1. *Sensación de amenaza incontrolable a la vida y a la seguridad personal.* La violencia repetida e intermitente, entremezclada con períodos de arrepentimiento y de ternura, suscita en la mujer una ansiedad extrema y unas respuestas de alerta y de sobresalto permanentes.
2. *Aislamiento social y ocultación de lo ocurrido (por la vergüenza social percibida).* Esta situación lleva a una mayor dependencia del agresor, quien, a su vez, experimenta un aumento del dominio a medida que se percata de la mayor soledad de la víctima.
3. *Sentimientos de culpa por las conductas que ella realizó para evitar la violencia (mentir, encubrir al agresor, tener contactos sexuales a su pesar, maltratar o no proteger adecuadamente a los hijos, etc.).* Cerca de la mitad de las mujeres se culpan a sí mismas por lo ocurrido pensando erróneamente, como consecuencia de un estereotipo social, que quizá «*ellas se lo han buscado*». Los sentimientos de culpa, a su vez, facilitan la dependencia emocional de la mujer respecto al hombre agresor.

    La culpabilidad se puede vivenciar de dos maneras distintas:

    — *Culpabilidad derivada del comportamiento.* En este caso lo que la hace sentirse culpable es el tipo de conductas llevadas a cabo: no quedarse callada, no acceder a las peticiones del marido, etc.

— *Culpabilidad derivada del temperamento.* En este caso se siente culpable por su *forma de ser:* ser estúpida, inculta, poco atractiva, provocadora, etc. Este caso es menos frecuente, pero suscita peores consecuencias psicológicas, sobre todo depresión, y cuenta con menos apoyo social, que no es buscado por la víctima.

Ahora bien, las mujeres que disculpan a los hombres violentos tienden únicamente a hacerlo mientras dura la relación. Una vez liberadas de las presiones sociales, son, por lo general, capaces de ver quién es el verdadero culpable.

4. *Depresión y sentimiento de baja autoestima.* Los síntomas de depresión, como la apatía, la pérdida de la esperanza y la sensación de culpabilidad, contribuyen a hacer aún más difícil la decisión de marcharse o, cuando menos, de buscar una solución. A las mujeres que se culpan a sí mismas de los abusos les cuesta mucho más acudir a un centro asistencial, a la policía o a un abogado en busca de ayuda.

Con frecuencia las víctimas se engañan a sí mismas convenciéndose de que las cosas no están tan mal y de que pueden evitar nuevos abusos si lo intentan. De hecho, en más del 50% de los casos denunciados el maltrato se mantenía desde hacía más de 10 años.

*Luis y Esther, de 35 y 32 años respectivamente, viven juntos desde hace 10 años y están casados desde hace 6. Tienen una hija de 4 años, que ha nacido con una deficiencia sensorial y que requiere mucha atención. La relación entre ellos se ha distanciado desde el nacimiento de la niña. Él se encuentra celoso, piensa que ella ya no se ocupa de él como al principio de la relación y que Esther se ha abandonado físicamente porque ha engordado, ya no se maquilla como antes, no va tan a menudo a la peluquería, etc. Luis ha comenzado a insultar a Esther con frecuencia. Al principio era una cosa esporádica, fruto de una situación de nerviosismo, pero ahora es ya algo habitual y ni siquiera muestra arrepentimiento por ello. Las primeras broncas, aisladas, tenían que ver con la educación de la niña o con algún problema en el trabajo. Ahora son continuas y por cualquier pretexto. Jamás le ha puesto Luis la mano encima a Esther, pero la desvaloriza continuamente y le reprocha que no sabe educar a la niña, que es una fracasada y que ha perdido todo el encanto como mujer. Ya no quiere salir con ella, busca cualquier pretex-*

*to laboral para estar fuera de casa y no se recata en alardear delante de su mujer de sus aventuras sexuales extraconyugales.*

*Esther creía que él iba a cambiar si ella se mostraba paciente y que no se trataba propiamente de un caso de violencia porque jamás la había pegado. Pero ahora, después de varios años de esta situación, se encuentra deprimida, sin ilusión, con ganas de llorar. No se atreve a contar a nadie lo que le ocurre y sabe ya que la situación no va a cambiar. Lo que le ha sacado de quicio a Esther y le ha movido a pedir ayuda es que Luis ha empezado a gritarle a la niña y a reprocharle sus limitaciones.*

Todos estos síntomas están relacionados con las agresiones sufridas o con el temor a experimentar otras nuevas. Aunque la mujer se separe, es a menudo difícil evitar el contacto con el maltratador, especialmente cuando hay niños implicados. Por ello, y aun con la ruptura de la convivencia, los síntomas no se reducen si persiste el miedo en la víctima a ser objeto de nuevas vejaciones. Por lo que al daño físico se refiere, el momento de máximo riesgo para la mujer, incluso para su propia vida, puede ser el momento de la separación, cuando el agresor se percata de que la pérdida es ya algo inevitable (Cerezo, 2000; Garrido, 2001, 2003).

Al contrario de lo que todavía algunas personas creen —*«muchas mujeres son masoquistas por naturaleza»* o experimentan una *«necesidad de sufrir»*—, las mujeres que han tenido una relación violenta tienden a no repetir ese tipo de relaciones con otras parejas. Los síntomas experimentados, lejos de ser un reflejo de las limitaciones de la personalidad, son más bien secuelas del abuso o consecuencias de una situación prolongada de vejaciones y violencia en la intimidad del hogar.

En suma, hay un perfil psicopatológico de tipo ansioso-depresivo, caracterizado por la desesperanza, el abandono y el aislamiento social. Todo ello lleva a una profunda inadaptación a la vida diaria y a una interferencia grave en el funcionamiento cotidiano. Es más, el malestar emocional resulta de mayor intensidad en aquellas víctimas que han sufrido más años de violencia, que en la infancia también sufrieron maltrato y que no han denunciado su victimización (Torres y Espada, 1996).

Por último, hay relaciones de pareja que, sin estar caracterizadas por una violencia explícita, resultan una losa y son destructivas para sus componentes. Se trata de relaciones del pasado que son heridas sin cerrar y que están entorpeciendo el presente. A veces uno descubre amargamente en una relación de pareja que ya no queda nada. La separación será más o menos dolorosa según el tiempo que haya durado la unión y si se han tenido hijos o no. Superar emocionalmente una separación supone huir de la venganza y de la culpa y no utilizar a los hijos. Después de una relación traumática de pareja, una mujer puede, según su edad, sus circunstancias y su estado de ánimo, volver a rehacer su vida afectiva o, simplemente, llenar ese hueco con los hijos, el trabajo o el apoyo de la familia.

c) *Consecuencias psicológicas del maltrato a la mujer en los hijos*

En los hogares donde hay mujeres maltratadas puede haber también niños maltratados, al menos en un 30%-40% de los casos. Su menor fortaleza física y la subyugación al hombre —históricamente aceptada— convierte a niños y mujeres en un objetivo más fácil para las conductas violentas.

Pero incluso aunque no haya un maltrato *directo* contra los hijos, la convivencia de éstos en una atmósfera de miedo y de incertidumbre con un padre agresor y una madre maltratada es devastadora para su desarrollo psicológico armónico. Un niño necesita crecer en un entorno de tranquilidad y de apoyo con la presencia de unos adultos protectores, que garanticen al niño un estado de ánimo estable y unos hábitos de vida regulares. Sin embargo, en este contexto de violencia conyugal el niño puede alejarse emocional y hasta físicamente del padre y establecer unas relaciones insanas con la madre, bien porque ésta le haga dependiente emocionalmente de ella para satisfacer sus propias necesidades afectivas o bien porque no esté en condiciones psicológicas de proporcionarle el cariño necesario (Edleson y Eisikovits, 1998).

Los niños crecidos en el seno de una relación de pareja violenta tienden a mostrar alteraciones de conducta; las niñas, problemas ansioso-depresivos y de inseguridad. En uno y otro sexo el fracaso escolar y las dificultades de socialización son frecuentes. Cuando se llega a la adolescencia, suele haber una emancipación emocional de los padres, que en los chicos adopta la forma de vinculación a pandillas, que ofrecen el calor emocional ausente en casa, y de consumo de alcohol y drogas; en las chicas, por el contrario, se manifiesta en forma de retraimiento social y de baja autoestima.

La violencia en el hogar es destructiva para la víctima y para el agresor y tiende a generar, si bien no en todos los casos, niños agresivos que pueden serlo también de mayores. De hecho, los adultos violentos suelen crecer con más frecuencia en los hogares patológicos azotados por el abuso, las discordias continuas y los malos tratos que en los nuevos modelos familiares, como parejas divorciadas, hogares monoparentales, etc. Desde esta perspectiva, la falta de un modelo paterno adecuado propicia la adquisición de una baja autoestima en el niño y dificulta su capacidad para aprender a modular la intensidad de los impulsos agresivos (Rojas Marcos, 1995).

Un caso particularmente dramático es el de los supervivientes de parricidios, es decir, de los hijos que han visto cómo su padre asesinaba a su madre. En estas circunstancias los flecos de un profundo trauma psicológico se asoman por debajo del dolor, por resultar extraordinariamente difícil integrar emocionalmente una realidad de este tipo. Algunos adolescentes llegan a cambiar su apellido por el de la madre, para intentar borrar las huellas del padre y para considerar a éste simplemente como el asesino de su madre. Al truncarse sus expectativas básicas y su autoestima, experimentan un miedo intenso y llegan a sentir mucho odio, con dificultades adicionales para un desarrollo equilibrado de su personalidad, para el establecimiento de relaciones sociales adecuadas y para el aprendizaje de estrategias adaptativas de solución de problemas.

En resumen, la violencia contra la mujer corre el riesgo de ser transmitida de forma vicaria a los hijos, lo que implica, al menos parcialmente, una transmisión cultural de los patrones de conducta aprendidos. Los niños pueden aprender a ser violentos para salirse con la suya y las niñas a soportar la violencia como forma de evitar males mayores (Echeburúa y Corral, 1998).

No obstante, aun siendo relevante la violencia en la infancia como factor predictor de la victimización futura en el caso de las niñas y de violencia futura en el caso de los niños, los antecedentes inmediatos de la vida adulta (adaptación a la vida cotidiana, calidad de la relación de pareja, estrés, autoestima, habilidades de comunicación y de solución de problemas, etc.) desempeñan un papel más importante que los antecedentes de maltrato en la infancia (Echeburúa, Amor y Fernández-Montalvo, 2002).

### 3.2.4. La muerte violenta de un hijo

La muerte de una persona cercana es siempre una experiencia amarga. Pero la pérdida de un hijo joven puede ser el factor más estresante en la vida de un ser humano, especialmente si se produce de forma imprevista y violenta, como ocurre en el caso de un asesinato o de un suicidio. En concreto, hay una diferencia notable entre el duelo y la aflicción por la muerte de un joven y el dolor experimentado por el fallecimiento de una persona anciana que ha visto completada su vida. La muerte de un hijo es un hecho antinatural, una inversión del ciclo biológico normal, que plantea a los padres el dilema del escaso control que hay sobre la vida y que el destino no es igual para todos. Es más, alrededor de un 20% de los padres que pierden a un hijo no llegan a superarlo nunca (Echeburúa y Corral, 2001).

El dolor de los padres es mucho más intenso cuando ha habido una doble victimización (por ejemplo, en el caso de una joven violada y asesinada), cuando el agresor no ha sido detenido, cuando de algún modo se atribuye lo ocurrido al estilo de vida de la víctima (a una vida *licenciosa*, por ejemplo), cuando no ha aparecido el cuerpo de la víctima o cuando, como ocurre habitualmente en el caso de un suicidio, los padres pueden sentirse responsables de lo sucedido.

Los padres se plantean con frecuencia por qué no son ellos, con una vida más o menos colmada, los que han fallecido, en lugar de su hijo, que tenía toda una vida por delante. En estos casos existe el riesgo de que surjan intentos o, al menos, ideas de suicidio, especialmente a los meses de haberse consumado la muerte del ser querido, y que suponen el deseo de reunirse con la persona fallecida.

*a) Reacciones psicológicas ante la muerte de un ser querido*

El pesar por la pérdida se manifiesta en forma de síntomas somáticos (pérdida de apetito, insomnio, síntomas hipocondríacos, etc.) y psicológicos (pena y dolor, fundamentalmente). La tristeza —y la ansiedad en segundo lugar— constituyen los sentimientos más comunes tras la muerte de un ser querido, como si a una persona se le hubiese aniquilado una parte de sí misma y se le disipasen las perspectivas y esperanzas de futuro. La persona que no pierde temporalmente el apetito y el sueño ni tiene dificultad para concentrarse en el trabajo y retomar la vida *normal* después de la muerte de un ser querido realmente puede considerarse muy extraña. En los ancianos las reacciones del duelo duran aún más tiempo como consecuencia de las dificultades de adaptación, de los problemas de salud, de la soledad y del temor al futuro.

A veces pueden aparecer también sentimientos de culpa por no haber realizado todo lo posible para evitar el fallecimiento o por no haber hecho al difunto lo suficientemente feliz en vida. La muerte de un hijo puede hacer a los padres sentirse culpables y fracasados. En estas circunstancias hay una mayor vulnerabilidad a las enfermedades físicas y a los trastornos mentales (Clayton, 1985). Así, por ejemplo, se hacen más frecuentes las consultas al médico, hay un aumento del consumo de alcohol y de tabaco y se produce un incremento del índice de mortalidad. Más en concreto, la mortalidad de las viudas recientes es *2 veces* mayor que la de las de las mujeres casadas de la misma edad, pero la mortalidad de los viudos recientes es *4 veces* mayor que la de los hombres casados de la misma edad, en parte por la incidencia del suicidio y en parte por el abandono de sí mismos.

Las reacciones psicológicas del duelo varían en intensidad y contenido a medida que transcurre el tiempo. Las fases habituales del duelo, en todo caso variables de unas personas a otras, están expuestas en la tabla 3.3 y el esquema representativo en la figura 3.4.

### TABLA 3.3
### Fases del duelo

| FASES | MOMENTO | SÍNTOMAS |
|---|---|---|
| *Shock* o parálisis. | Inmediato a la muerte. | ⇨ Embotamiento afectivo.<br>⇨ Apatía.<br>⇨ Agitación. |
| Dolor y alivio. | Dos primeras semanas. | ⇨ Aceptación de la muerte.<br>⇨ Pena y dolor.<br>⇨ Resignación. |
| Resentimiento. | Dos semanas a cuatro meses. | ⇨ Depresión.<br>⇨ Ansiedad.<br>⇨ Irritabilidad.<br>⇨ Inseguridad. |
| Recuerdo. | Tres a doce meses. | ⇨ Reminiscencias del fallecido.<br>⇨ Pena. |

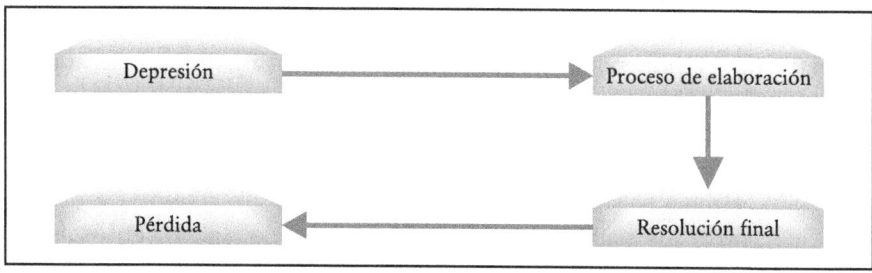

Figura 3.4. *Esquema del duelo.*

Las primeras reacciones no marcan necesariamente la evolución del duelo. Hay personas que al principio tienen una respuesta emocional ligera y en las que, sin embargo, más tarde el duelo se cronifica, lo que suele ocurrir en un 10%-20% del total de los casos. Hay otras, en cambio, que se expresan con un sufrimiento intenso inicial, para luego ir superando el duelo más fácilmente.

Muchas personas se vuelcan en los padres y hermanos el día del funeral y del entierro, pero después se alejan porque no saben qué decirles y les recuerdan que la muerte existe y que es imprevisible. Este alejamiento es más habitual cuando la causa de la muerte está relacionada con la violencia o con el suicidio. Los allegados a la familia no saben cómo comportarse adecuadamente en estas circunstancias y se encuentran incómodos.

Las estrategias de afrontamiento utilizadas por los padres en estos momentos pueden ser muy variables.

*Un padre superviviente del asesinato en un atraco de un niño de 12 años, que perdió la vida junto a una chica de 20 años, logró volver al trabajo y llevar una vida normal. Pero, cada tarde, al regresar a casa, cerraba los ojos y apretaba el jersey del pequeño entre sus manos: sólo su olor era capaz de calmar transitoriamente la ansiedad de los recuerdos.*

*La madre de la otra víctima quitó los muebles, tiró la ropa, quemó las fotos, etc. Era otra manera de tratar de espantar el dolor.*

La mayor o menor intensidad de estos síntomas depende de la personalidad de la víctima, de la intensidad del lazo que le unía al fallecido y de las circunstancias de la pérdida (sobre todo cuando la muerte ha sido prematura, inesperada o trágica). No obstante, hay muchas diferencias de unas personas a otras en la forma de vivir el duelo. Hay quienes están afectadas profundamente durante años y sólo con dificultad consiguen llevar un tipo de vida normal pero muy limitado. Otras sufren intensamente pero durante un período corto de tiempo. Y, por último, hay quienes consiguen superar sus pérdidas casi de inmediato y reanudan su vida en condiciones de normalidad (Bonanno y Kaltman, 2001).

Si una persona se abandona en el dolor, acaba convirtiendo al hijo perdido en un verdugo. Superar la pérdida exige muchas veces pasar por tres fases: la catarsis, en la que se expresa el dolor; la fase existencial, en la que los padres se preguntan por qué les ha pasado a ellos; y, finalmente, la asunción del hecho como algo irreversible (Morganett, 1995).

No obstante, queda alterada toda la estructura familiar, especialmente la relación de pareja. No se puede abordar el tema con naturalidad. Cada cual crea su coraza. Cuando la víctima es la hija y ha sido violada y asesinada, hay padres que se avergüenzan de ser hombres y llegan a mostrar dificultades para tener relaciones con su mujer e incluso para manifestar sentimientos de ternura al resto de sus hijas.

La reacción de los hijos supervivientes puede ser más variable. Algunos pueden mostrarse agresivos, con un profundo resentimiento; otros, por el contrario, se comportan de una forma apática, con un estado de ánimo deprimido y con una baja autoestima.

El paso del tiempo es un factor de suma importancia. Hay que tener en cuenta que la vida no es una enfermedad. Las personas tienden a reorganizar paulatinamente su vida y a implicarse en actividades más o menos gratificantes sin sentir por ello un sentimiento de culpa. Perder un hijo no otorga más derechos, sino más responsabilidades. En realidad, hay otros hijos y familiares a los que atender y que también sufren la pérdida. El reto es salir todos juntos adelante.

### b) El duelo patológico

Lo que diferencia la tristeza patológica de la tristeza normal es la intensidad del dolor, la duración de la reacción (más allá de 1 año) y la aparición de síntomas que no tienen las personas normales (por ejemplo, alucinaciones, ideas delirantes, conductas de evitación persistentes o pensamientos suicidas), así como una percepción distorsionada de la realidad (por ejemplo, la sensación de no recibir la atención debida por parte de los demás, a pesar de la evidencia contraria). Todo ello interfiere negativamente en la reanudación de la vida cotidiana: la persona se muestra incapaz de proseguir con su vida (Lee, 1995).

El recuerdo del dolor se vuelve espontáneo y automático, cuando no obsesivo y omnipresente, como un fuego que lo devora todo. Son estos recuerdos como *parásitos* de la mente. Para las víctimas lo verdaderamente laborioso es el olvido. Lo que se echa en falta es esa sensación impalpable de familiaridad anteriormente vivida, que, por ser tan natural, siempre pasaba desapercibida.

Las manifestaciones clínicas del duelo patológico se manifiestan psicológica y físicamente. A nivel psicológico, los padres pueden reprocharse no haber hecho lo suficiente para evitar lo ocurrido y considerarse indignos, mostrarse irritados contra la policía o los jueces, aislarse socialmente, descuidarse en el aspecto físico o tender al consumo excesivo de alcohol o de psicofármacos. Y a nivel físico, a veces pueden presentar problemas de salud, como somatizaciones diversas (alteraciones del sueño y del apetito, mareos, dolores musculares, estreñimiento, cefaleas, etc.), que les hacen consultar con mucha mayor frecuencia de lo habitual al médico de familia. En general, el apetito tiende a recuperarse antes que la readquisición de un sueño reparador (Hinton, 1974).

No obstante, en las fases iniciales del duelo pueden predominar las molestias físicas; sin embargo, con el transcurso de los meses estos síntomas pueden decaer y hacerse más visibles los síntomas psicológicos (desesperanza, desvalorización, ira, deseos de morir, etc.) (Clayton, 1985).

A veces el malestar sufrido se puede mostrar de una forma más sutil. Es el caso de las personas que se vuelcan en actividades frenéticas (laborales o de otro tipo) más allá de lo razonable para no tener que pensar en lo sucedido, y que acaban por llevarles a un nivel de agotamiento.

Por otra parte, la muerte violenta de un hijo supone un desafío a la estabilidad de la pareja. El estrés que causa la pérdida de un hijo (el *fantasma de la habitación vacía*) es tan intenso que puede llegar incluso a provocar reproches mutuos. A menudo, un miembro de la pareja sufre más que otro y eso genera acusaciones, culpabilidad y rabia.

En general, las reacciones de carácter grave ante una pérdida tienen lugar frecuentemente entre las mujeres, sobre todo cuando cuentan con una red muy limitada de apoyo familiar y social, experimentan otros problemas concurrentes (dificultades laborales, problemas en la educación de los otros hijos, etc.) y tienen una experiencia negativa de pérdidas (muerte de padres o hermanos) anteriores, bien porque son recientes o bien porque son abundantes. Asimismo, las personas con una falta de salud física son las que tienden a caer más fácilmente enfermas durante el duelo (Clayton, 1985).

Pero el factor de mayor riesgo es la inestabilidad emocional previa de los padres. En concreto, las personas con antecedentes de depresión o de trastornos de ansiedad, con estilos de afrontamiento inadecuados o con características problemáticas de personalidad (dependientes emocionalmente, obsesivas, acomplejadas, etc.) corren un mayor riesgo de derrumbarse emocionalmente y de sufrir un duelo patológico en el caso del fallecimiento de un hijo en circunstancias trágicas (Hinton, 1974).

c) *Hijos muertos e hijos desaparecidos*

La sensación de desgarro ante una pérdida es mayor cuando al ser querido (el hijo en este caso) se le da por *desaparecido* que cuando ha *muerto* inequívocamente. En este último caso se puede identificar la fecha del fallecimiento, se le puede ver por última vez, se le puede decir el último adiós en un funeral y en un entierro con el acompañamiento de los familiares y amigos y hasta se le puede visitar en el cementerio, lo que induce más fácilmente a la resignación. Todo ello facilita la elaboración del duelo y la proyección de la vida hacia el futuro, al margen de la posible existencia de un profundo pesar, con el recuerdo de los momentos gratos de la persona fallecida.

Por el contrario, ante una persona *desaparecida,* como ocurrió, por ejemplo, con el 60% de los muertos en el atentado del 11 de septiembre de 2001 a las Torres Gemelas en Nueva York, las estrategias de afrontamiento normales resultan habitualmente insuficientes. Es preferible tener delante a un cadáver que a un fantasma.

Todavía resulta más grave cuando no se sabe siquiera si la persona desaparecida ha fallecido realmente. La incertidumbre de lo ocurrido mantiene en vilo a los familiares, que se atormentan con el paradero del hijo ausente (especialmente chicas adolescentes), alientan la vana esperanza —tanto más vana cuanto más se dilata el tiempo— de su regreso o devolución y están dispuestos a todo con tal de encontrarlo, vivo o muerto. La búsqueda constituye el centro de su vida. Esta actitud dificulta la aceptación de la situación y convierte al familiar en un esclavo de su pasado. No se puede construir un futuro sin cerrar definitivamente el pasado, por doloroso que sea éste. De este modo, el duelo se convierte en un calvario interminable (Rojas Marcos, 2002).

A ello se suma la negación del hecho traumático. Así, muchos padres pueden resistirse a aceptar la muerte del hijo y llevar a cabo conductas coherentes con ello, como guardar y planchar la ropa de la persona fallecida o no cerrar por la noche la puerta de casa con pestillo *porque puede volver en cualquier momento.*

Un caso paradigmático de este hecho puede verse en las pérdidas sufridas por la familia Martini durante la dictadura militar argentina de Videla en 1976.

*Jorge, de 47 años, arquitecto de profesión, y Claudia, maestra, son una familia de clase media-alta de Buenos Aires, muy religiosa y de ideas políticas conservadoras. Tienen 3 hijos: Raúl, de 21 años, estudiante de Derecho; Juan Domingo, de 20 años, alumno de Arquitectura; y Eva, de 19 años, estudiante de Medicina. Sus hijos mayores tienen ideas izquierdistas y están comprometidos con actividades pacíficas de oposición a la dictadura militar. Al término de una manifestación, Raúl cae muerto por disparos de la policía. La familia queda sumida en una depresión, pero los padres, gracias a su equilibrio emocional, su religiosidad y el apoyo social recibido por parte de sus amigos, consiguen recuperarse paulatinamente y reemprender su vida normal.*

*A los 9 meses, en un período de agitación estudiantil en la Escuela de Arquitectura, desaparece Juan Domingo, sin que se tengan noticias de él pese a las reiteradas e intensas gestiones realizadas por la familia ante la policía y el ejército. El apoyo social recibido es muy alto, pero la madre manifiesta un trastorno de estrés postraumático del que no logra recuperarse. Un año después, a pesar de los meses transcurridos, no se resigna a pensar que su hijo ha sido asesinado y tiene pensamientos recurrentes, incluso alucinaciones, en relación con el regreso del hijo desaparecido, rechazando de plano cualquier insinuación de su marido e hija referida a la posibilidad de que haya muerto. No acepta que pueda celebrarse un funeral por el alma de su hijo. Es más, deja la habitación de Juan Domingo preparada y con la cama hecha, incluso con la guitarra en su sitio, para cuando llegue a casa.*

*Los padres son capaces de hablar con tristeza, pero con sosiego, de su hijo Raúl y de los momentos alegres vividos con él, pero se sienten atenazados por la angustia cuando surge el nombre de Juan Domingo. La madre ha abandonado el trabajo de maestra e invierte todo el tiempo disponible en reuniones con otras madres de desaparecidos y en gestiones para poder dar con el paradero de su hijo ausente.*

Al dolor por la pérdida se unen en estos casos la angustia, la rabia y la desesperanza ante algo que resulta increíble. Es más, el apoyo social e institucional de las primeras semanas puede acabar por esfumarse a medida que transcurre el tiempo. Hay padres que se ven obligados a cambiar de hogar y de barrio, sobre todo cuando el asesinato ha sido cerca de casa, o incluso de ciudad porque no pueden soportar los recuerdos ni la visión de personas o lugares asociados al hijo muerto.

### d) El suicidio de un hijo

El suicidio de un hijo añade al dolor de la pérdida un aumento de los sentimientos de culpa. Los reproches acerca de lo que se pudo hacer y no se hizo o de lo que se hizo mal contribuyen a agravar el sufrimiento de los padres. Además de su carácter trágico y sobrecogedor, deja a los padres con un sabor más amargo de fracaso que el de la muerte natural.

El suicidio entre jóvenes y adolescentes, aun siendo menos frecuente que en la población adulta, tiende a aumentar. En los países occidentales es la tercera causa de muerte entre los jóvenes de 15 a 25 años, sólo superada por los accidentes y el cáncer. Los trastornos mentales —en particular la depresión, el consumo de drogas y la anorexia— son, en buena parte, responsables de este hecho. Asimismo son factores de riesgo la disgregación de la familia, la carencia de afecto, la ausencia de estrategias de afrontamiento efectivas, la persecución de ideales inalcanzables (la perfección física en la mujer o el éxito total en el hombre), el estilo de vida sin valores éticos y la inestabilidad emocional, sobre todo cuando viene acompañada de una baja autoestima y una escasa tolerancia a las frustraciones. En este contexto el detonante que lleva al suicidio puede ser el deseo de expiar una culpa o la necesidad de escapar de una humillación (Bobes, González y Saiz, 1997).

*Sentirse* culpable es frecuente en el caso del suicidio consumado de un hijo, pero ello no equivale a *ser* culpable. El sentimiento no es necesariamente una prueba de realidad. Al margen de los errores cometidos por los padres, el suicidio es una conducta muy compleja que responde a muchos factores de los que ellos no pueden considerarse responsables. El dolor intenso es comprensible, pero hay que diferenciarlo de la responsabilidad de una conducta que resulta, en buena medida, imprevisible y de naturaleza no bien conocida (Worden, 1998).

*e) Superación del duelo*

Adoptar estrategias de afrontamiento sanas, junto con el transcurso del tiempo, es fundamental para hacer frente adecuadamente a la situación creada. En concreto, las fases para superar el duelo por un hijo perdido suponen aceptar la realidad de la pérdida y de la irreversibilidad de la muerte *(«mi hijo ha fallecido y debo aceptar el hecho, por doloroso que sea»)*, experimentar los sentimientos negativos asociados a este suceso (ansiedad, desconsuelo, etc.) y dar expresión al dolor producido por la pérdida, arreglárselas en la vida sin este ser querido y *recolocar* (no *sustituir*) los recuerdos, reinterpretándolos de forma positiva y llegando incluso a evocarlos de forma placentera (Pérez Trenado, 1999).

La experiencia compartida del dolor y de la pena es un paso importante para la superación del duelo. El dolor se puede expresar verbalmente o incluso por carta o en forma de diario. En realidad, el principal antídoto contra la pena es poder compartirla, pero hay veces en que la persona afectada no quiere mostrar el dolor emocional a las otras personas para no angustiarlas. Otro paso es establecer nuevas relaciones y metas en la vida, lo cual no es siempre fácil por el temor a nuevas pérdidas. En ocasiones, la resignación y el consuelo religioso, así como el apoyo emocional de otros seres queridos (otros hijos, familiares, amigos, etc.), contribuyen a acelerar este proceso de superación (Lee, 1995; Rando, 1993). Superar el duelo supone, en cierto modo, cicatrizar la herida.

Por el contrario, el duelo no se supera adecuadamente cuando los padres niegan el hecho (en forma, por ejemplo, de tener visiones de los seres desaparecidos, de poner la mesa para la persona fallecida, de no desalojar la habitación ni el armario del difunto, etc.), siguen anclados a los recuerdos (dando vueltas una y otra vez a lo sucedido, sin poder apartar de la mente la pérdida acontecida o las circunstancias en las que se produjo), realimentan el dolor (acudiendo continuamente al cementerio o recreándose en las fotos del hijo perdido), mantienen sentimientos de culpa (por ejemplo, por haber dejado salir a su hija o por no haber ido a buscarla) o de ira (especialmente cuando la persona fallecida ha sufrido injustamente) respecto a las circunstancias de la muerte o se plantean preguntas sin respuesta posible.

Asimismo, alentar sentimientos de odio o de venganza, estar implicado en procesos judiciales, beber alcohol en exceso o refugiarse excesivamente en el trabajo, sin afrontar el dolor con otras personas, constituyen señales de una superación inadecuada del duelo.

En definitiva, pensar sin culpa y sin resentimiento sobre la pérdida, expresar los sentimientos sobre ésta, hacerse cargo de la nueva realidad asumiéndola intelectual y emocionalmente y proyectar la vida hacia el futuro, con el cambio de rutinas, con el cuidado de la salud y de la imagen de uno mismo y con la posible implicación en proyectos y relaciones ilusionantes, es una forma adecuada de superar el duelo (Lee, 1995; Morganett, 1995).

No es fácil establecer un límite temporal para la superación del duelo, pero tiende a situarse en torno a los doce meses del fallecimiento. En general, el tiempo corre a favor de los padres. Cada persona tiene una fuerza potencial mucho mayor de lo que habitualmente se piensa. La superación auténtica se da cuando la persona recupera el interés por la vida, experimenta satisfacciones en la vida cotidiana y es capaz de pensar en el fallecido sin sentirse abrumado por el recuerdo, prestando atención a las vivencias positivas compartidas y dejándose llevar por un recuerdo sereno (Latiegui, 1999).

## 3.2.5. El terrorismo, los secuestros y la tortura

El terrorismo, los secuestros (sean éstos de índole política o con una finalidad exclusivamente económica), las amenazas graves y la tortura participan de un elemento común: la provocación de una profunda sensación de injusticia y de indefensión en la víctima y la inducción de un sentimiento de rabia o de odio contra el agresor.

El impacto psicológico en la víctima de este tipo de violencia es mucho más acentuado que las consecuencias físicas. Por ello, la probabilidad de sufrir un trastorno mental en este tipo de víctimas es de 2 a 3 veces mayor que en el resto de la población. Una parte considerable de las personas afectadas no vuelve a trabajar o lo hace con un grado de rendimiento mucho menor (cfr. Baca y Cabanas, 2003).

*a) Víctimas de terrorismo*

Un atentado terrorista genera en los supervivientes (o incluso en sus familiares o compañeros), así como en los familiares de los asesinados, una quiebra del sentimiento de seguridad, una sensación de indefensión y una pérdida del rol personal o social previo, sobre todo cuando hay heridas o secuelas, que producen habitualmente problemas de readaptación a la vida cotidiana.

Las reacciones psicológicas son muy similares en los supervivientes de un atentado terrorista y en los familiares de las víctimas asesinadas. Por ello, en este capítulo se aborda este punto de una forma indistinta, excepto en aquellos apartados en que se hacen unas referencias específicas a uno u otro tipo de víctimas.

Ante un impacto psicológico considerable, como un atentado terrorista, los primeros momentos se caracterizan por una sensación de derrumbe emocional y por la aparición de una reacción de incredulidad y de sobrecogimiento, en la que la víctima puede no saber cómo reaccionar. A ello ayuda un cierto enturbiamiento de la conciencia, que puede variar desde una mera sensación de extrañeza hasta un embotamiento general, con una pobreza de reacciones y con una sensación de abatimiento global.

A medida que pasan las horas y los primeros días, cuando la conciencia se hace más penetrante y se diluye el embotamiento producido por el estado de *shock,* se puede sentir una sensación de ahogo o de muerte inminente y se abren paso vivencias afectivas de un colorido más violento y dramático: dolor, indignación, rabia, odio, impotencia, culpa, miedo, que alternan con momentos de profundo abatimiento (Navarrete, 1998).

Por paradójico que resulte, los sentimientos de culpa desempeñan un papel muy importante en estas circunstancias. La culpa puede tener un componente *interno*, cuando la víctima se atribuye parte de la responsabilidad de lo ocurrido (*«si hubiera extremado las medidas de autoprotección»*, *«si no hubiera tenido esta profesión»*, *«si no hubiera estado allí»*, *«si hubiera solicitado el traslado cuando me lo sugirieron»*, etc.), o un componente *externo*, cuando, por ejemplo, se le reprocha a una persona desde ciertos sectores de la sociedad ser *confidente de la policía* o, en el caso de jueces, policías o políticos de ciertos partidos, formar parte de los *enemigos del pueblo,* o ser la víctima, más allá de su condición de ser humano, una mera resultante de la *fatalidad* política de un conflicto irresuelto.

Las víctimas tienden a revivir con frecuencia intensamente el suceso sufrido, bien de forma espontánea o bien asociado a algunos estímulos relacionados con el acontecimiento (el aniversario, un ruido inesperado, un lugar parecido al del atentado, un olor característico, las personas con un aspecto sospechoso, etc.), y a vivir en un estado de alerta. En general, se puede producir un agravamiento de los síntomas —una *recaída emocional*— cada vez que hay un nuevo atentado (que desencadena automáticamente una onda de pánico y ansiedad en el entorno de la víctima y deshace los frágiles diques de contención levantados por los supervivientes), cuando aparecen imágenes morbosas o noticias relacionadas con este tipo de sucesos o cuando se llevan a cabo homenajes a los terroristas o se ensalzan o justifican, de algún modo, sus conductas (Trujillo, 2002).

Lo que ocurre a largo plazo puede ser variable. Pero a veces se producen, como secuelas psicológicas, cambios de la personalidad, entre los que predominan una mayor pasividad, una tendencia a la introversión, una mayor dependencia emocional, una actitud victimista y una mayor irritabilidad, o síntomas residuales como el sobresalto ante ruidos ambientales inesperados o el intenso temor a personas o lugares desconocidos. Todo ello complica la relación familiar y social. En concreto, la víctima puede estar ensimismada, mostrarse incapaz de expresar sus sentimientos, estar anclada en el pasado, como si el tiempo y el espacio se hubiesen congelado, volverse desconfiada y prestar poca atención a las necesidades de los miembros del grupo familiar (pareja e hijos especialmente). La víctima puede notar que la vida sigue y fluye a su alrededor, mientras que parece haberse detenido para ella. La sensación de catástrofe, es decir, la actitud derrotista y pasiva ante los acontecimientos habituales, puede constituir un freno para implicarse en proyectos futuros y recuperar el disfrute de las actividades cotidianas (Baca, Cabanas y Baca-García, 2002).

La ambivalencia de los sentimientos experimentados puede hacer a la víctima sentirse culpable. Es el caso, por ejemplo, del superviviente de un atentado con muertos que está triste e indignado por lo ocurrido (preguntándose si hizo todo lo posible por sus compañeros), pero que, al mismo tiempo, se siente alegre y afortunado por no haber sido él el fallecido (Pérez, García y Sainz, 2002).

En otras ocasiones la aparición de problemas médicos o psicológicos está vinculada al daño psicológico sufrido. En concreto, en los hombres hay una mayor tendencia al abuso de alcohol; en las mujeres, por el contrario, son frecuentes las quejas físicas, como dolores de cabeza, alteraciones gastrointestinales, problemas de insomnio, etc., que conllevan un mayor número de consultas médicas y un mayor consumo de analgésicos y de ansiolíticos. En uno y otro caso se trata de diferentes estrategias para hacer frente al malestar emocional experimentado (Baca y Cabanas, 1997).

Cuando hay heridas físicas como consecuencia del atentado terrorista, el daño psicológico adicional es mayor que si no hay lesiones físicas. Sin embargo, los heridos graves, por paradójico que resulte, tienen con frecuencia un mejor pronóstico psicológico que los más leves, porque a las personas gravemente afectadas se las considera más fácilmente como víctimas y cuentan, por ello, con un mayor grado de apoyo social y familiar.

La gravedad del trauma está relacionada con la magnitud del atentado y, sobre todo, con las limitaciones actuales experimentadas (invalidez, necesidad de abandonar la profesión, restricciones económicas, fallecimiento de un ser querido, etc.) y las modificaciones en el estilo de vida (cambio de residencia, presencia de escoltas, etc.), así como con una posible revictimización, como ocurre, por ejemplo, cuando una persona objeto de un atentado ha sufrido anteriormente coacciones, presiones para el *impuesto revolucionario* o pintadas amenazantes. En general, las víctimas *aleatorias* (es decir, la población civil) cuentan con una menor preparación psicológica para afrontar el trauma que las pertenecientes a los sectores de riesgo más específicos (policías, militares, etc.).

No se puede soslayar la importancia del entorno en la evolución psicológica de las víctimas. De este modo, los daños psíquicos se pueden agravar en unos casos como consecuencia del proceso judicial (demora de la vista oral, actitud de los terroristas en el juicio, etc.) y, en otros, a causa de la incomprensión social o de la falta de apoyo oficial de las instituciones —muy frecuente hasta fechas muy recientes—. Todo ello puede constituirse en una fuente de victimización secundaria (Cuesta, 2000).

Un caso especial es el constituido por las personas amenazadas en función de su profesión o de sus ideas políticas. En general, se da un mayor reconocimiento social a las víctimas de atentado o de secuestro que a las víctimas de amenaza. A nivel psicopatológico, en las primeras es más habitual el trastorno de estrés postraumático; en las segundas, por el contrario, los síntomas de ansiedad, la depresión, el abuso de alcohol y los problemas de pareja son más frecuentes y constituyen una expresión del sufrimiento íntimo. La persona amenazada no sabe hasta qué punto puede convertirse en víctima de atentado, por lo que la amenaza se convierte en un factor continuo de estrés (la *incertidumbre* del amenazado). El estado de alerta continuado y el temor a que ocurra algo negativo pueden minar la capacidad de resistencia de las personas. Los síntomas de ansiedad pueden transformarse en una depresión, con un profundo abatimiento, cuando la tensión es prolongada en el tiempo y no se ve salida a ella porque la situación política permanece en una situación estacionaria o porque no le es posible a la víctima desplazarse a vivir a otra zona geográfica.

*Alfredo, de 40 años, casado y sin hijos, es fiscal y ejerce en un juzgado del País Vasco. Por razón de su profesión se ve obligado a llevar escolta desde hace 2 años. Él no ha recibido nunca ninguna amenaza directa, pero pertenece a un cuerpo que se considera de riesgo. Al ser sus padres mayores y estar enfermos, no quiere solicitar un cambio de destino. Desde que está con escolta ha cambiado su estilo de vida. Él es una persona sociable y amante de la calle, pero ahora prefiere permanecer en casa porque le resulta incómodo ir siempre escoltado y, sobre todo, porque no quiere comprometer a otras personas con su presencia. Además, algunos conocidos de antes han dejado de llamarle para salir juntos u organizar excursiones. En los últimos meses se encuentra nervioso, irritable, con el ánimo decaído y sin ilusión por el futuro. Lo que más le preocupa es que se ha vuelto muy desconfiado de todo el mundo (vecinos, compañeros del juzgado, etc.) y está excesivamente sensibilizado con todos los temas relacionados con la política y con el terrorismo. Incluso, siendo una persona conversadora y habitualmente tolerante, se ha vuelto dogmático e intransigente en sus ideas. Bebe mucho más alcohol de lo que en él era normal, a solas en casa, y se dedica a leer compulsivamente novelas de aventuras en los ratos libres. La relación con su mujer se ha deteriorado, pero, aun así, es su única tabla de salvación. Se siente a menudo culpable por su comportamiento con su mujer y con sus compañeros porque, al fin y al cabo, él no ha sido víctima de ningún atentado. Él no se atreve a contar a nadie la pérdida de su calidad de vida, pero tampoco nadie se interesa por su estado emocional. Por eso lleva el sufrimiento en silencio.*

Por lo que a las *víctimas indirectas* se refiere, el daño psicológico experimentado es comparable al de las víctimas directas, excepto que éstas hayan sufrido también lesiones físicas. En el caso del terrorismo, la gravedad psicopatológica de la víctima indirecta es mayor cuando la víctima directa sobrevive al atentado pero queda gravemente incapacitada y requiere grandes cuidados que cuando ésta fallece. También se agrava la situación cuando hay humillaciones sociales hacia los familiares de las víctimas como pintadas insultantes, cartas amenazantes o llamadas telefónicas anónimas vejatorias, o cuando los supervivientes se quedan en una situación económica precaria o con niños muy pequeños a los que educar y sacar adelante. Si no hay un apoyo social inequívoco, estas víctimas pueden tener dificultades para superar el trauma porque puede serles muy difícil llegar a la convicción de que el sacrificio de sus seres queridos no ha sido en vano (Baca y Cabanas, 2003).

### b) Víctimas de secuestro

Todo secuestro representa una tortura, al menos una tortura psíquica. Los lugares de reclusión (las denominadas, a veces, *cárceles del pueblo*) suponen, a nivel físico, un aislamiento total de la víctima, comportan unas condiciones negativas de frío y humedad, impiden cualquier ejercicio físico, imposibilitan una higiene adecuada y vienen acompañados de una alimentación monótona y muy mal elaborada. A nivel psíquico, la víctima, al verse recluida en una soledad forzada, no contar con ventanas ni con reloj ni con prensa, experimenta una desorientación espacial, una pérdida de la noción del tiempo y, en ocasiones, alucinaciones auditivas y visuales, lo que intensifica el temor a la muerte o a volverse loco. La falta de estímulos distractores y la ruptura de la vida sociofamiliar y de ocio contribuyen a agravar esta situación.

La privación de libertad produce soledad e incomunicación. El cautiverio es una situación de desamparo en la que el sujeto se encuentra a merced de fuerzas que escapan a su control. Por ello, lo que resulta predominante en la víctima es la percepción de amenaza, que aparece referida a cuatro planos: amenaza a la propia vida, amenaza a la integridad física y a la salud, amenaza a la seguridad emocional y amenaza a la autoimagen y al sistema de valores. También la privación del contacto con la familia y con los amigos desempeña un papel muy importante en este desamparo.

La evolución psicológica de una víctima durante el secuestro puede atravesar diversas fases. Hay una reacción inicial de conmoción emocional, de pánico ante el temor a la muerte y de perplejidad (*«¿por qué a mí?»*), así como de rabia y de odio contra los secuestradores. La indefensión sufrida por la víctima puede llevarle, a medida que transcurren los días, a una aceptación resignada del cautiverio, que es una forma de amortiguación de la experiencia dolorosa. No obstante, la imposibilidad de predecir la duración y el resultado del secuestro, la ausencia de medios de defensa y la inquietud por los familiares suponen una situación de estrés intensa. A veces se intenta superar esta situación gracias a la autodisciplina por medio del mantenimiento de los recuerdos de la familia, de la realización de tareas monótonas de aprendizaje o incluso de la planificación de futuros proyectos.

Por lo que se refiere a la relación con los secuestradores, puede ser muy variable, oscilando habitualmente desde el rencor y el desprecio hasta la indiferencia. No obstante, el cautiverio crea una gran ansiedad y un gran desgaste emocional, lo que genera una situación de dependencia y puede llevar a un intento de la víctima de establecer relaciones interpersonales, del tipo que sean, con los secuestradores. La actitud de éstos puede ser muy agresiva y hostil, adoptar un carácter paternalista (como si se hubieran visto obligados contra sus propios deseos a realizar este acto de violencia) o ser muy variable, en función de las personas implicadas o de las circunstancias cambiantes del secuestro (presión de la policía, pago del rescate, etc.). La mezcla de estas estrategias tiende a quebrar las estrategias de afrontamiento del secuestrado, generando sentimientos de culpa y de desconcierto en la víctima e incluso el temor a ser liberado por la policía, por el riesgo que puede tener para su propia vida. De este modo, puede darse el caso paradójico de que proyecten el miedo hacia sus libertadores.

Un caso de sobreadaptación —muy poco frecuente, por lo demás— es el denominado *síndrome de Estocolmo*. Se trata de una cierta simpatía que el secuestrado puede sentir, en mayor o menor grado, por sus captores, y que puede surgir cuando el lenguaje —el regulador superior del comportamiento humano— le sirve a la víctima, que puede sentirse en ocasiones presa del pánico, para liberarse parcialmente de las circunstancias difíciles y degradantes (impotencia, aislamiento, dependencia total de los captores) en las que se encuentra. De esta forma, el sujeto puede llegar a *cooperar* e incluso a sentirse agradecido a sus carceleros por haber mejorado su suerte. En los casos más extremos de secuestros muy prolongados por parte de grupos terroristas, las víctimas pueden llegar, como por ósmosis, a captar y a identificarse con los postulados de los secuestradores.

Las reacciones psicológicas tras la liberación pueden ser muy variables en función de la salud, de la capacidad de adaptación y de la estabilidad emocional previa de la víctima, así como de la duración del secuestro, las condiciones del lugar de la reclusión y del trato dado por los captores. En los secuestros prolongados, y al margen de otras variables, al malestar emocional del cautiverio se unen los efectos físicos de la inactividad forzada, como la osteoporosis, la pérdida de masa muscular, la pérdida de visión y el deterioro del sistema inmunológico al tener que soportar un estrés intenso y mantenido, o el agravamiento de enfermedades crónicas. Por ello, la euforia y la excitación por el reencuentro con la libertad no pueden ocultar la necesidad de reacomodación a la vida cotidiana y a la familia, que adquiere un papel especialmente importante en el caso de los secuestros largos.

Las secuelas psicológicas más habituales están relacionadas con alucinaciones, depresión, ansiedad extrema, pesadillas y reviviscencia de lo ocurrido, insomnio, amnesia psicógena, temor a los espacios cerrados e incapacidad para disfrutar de los pequeños placeres de la vida. Las víctimas pueden experimentar cambios en su personalidad y volverse desconfiadas, irritables, reconcentradas y con una dificultad para expresar emociones (Meluk, 1998).

Ahora bien, sobrevivir psicológicamente a un secuestro es posible. El daño que deja es grave pero no necesariamente irreversible. Sólo se conocen los límites de uno mismo cuando se pone a prueba en situaciones extremas. El pronóstico es mejor cuando se trata de personas jóvenes y equilibradas emocionalmente, que están bien cohesionadas familiar y socialmente, y cuando el secuestro se ha resuelto por intervención de la policía. Por el contrario, cuando el secuestro ha sido prolongado y el trato especialmente cruel, cuando se trata de personas mayores, delicadas de salud o poco equilibradas y sus familiares se han visto obligados a pagar un cuantioso rescate por su liberación y la situación económica de la víctima se vuelve precaria, las secuelas psicológicas son más graves, en forma de depresión o de fobias (a salir a la calle, a viajar en coche, etc.). En estos casos pueden surgir de forma reiterada autoverbalizaciones negativas: *«¿para qué seguir viviendo si lo perdí todo?»* o *«si ya no puedo realizar mis proyectos, ¿para qué trabajé toda mi vida?»*.

No hablar mal de los secuestradores no es siempre un síntoma del *síndrome de Estocolmo*, sino un reflejo del miedo real a volver a padecer el calvario sufrido, sobre todo cuando los Estados se muestran incapaces de proteger a los ciudadanos para que no sean víctimas de un secuestro, o del deseo de proteger a sus familiares, especialmente cuando aún quedan pagos *pendientes* a los secuestradores.

A diferencia de los atentados terroristas, en donde las víctimas tienden a revivir intensamente lo ocurrido, en los supervivientes de secuestros predominan las amnesias disociativas (olvidos selectivos referidos a los acontecimientos vividos). La situación de alerta excesiva y la irritabilidad, sin embargo, son comunes a uno y otro tipo de sucesos.

*Agustín, empresario, de 60 años, casado y con tres hijos ya mayores, fue secuestrado hace 10 años por ETA y retenido en una «cárcel del pueblo» durante 4 meses. El lugar del secuestro era frío, húmedo y con unas condiciones de alimentación muy deficientes. Los secuestradores apenas intercambiaban palabras con él, pero se mostraban hurańos e intransigentes respecto al cobro del rescate. El cautiverio le agudizó la osteoporosis y le descompensó una diabetes crónica. La desorientación espaciotemporal, así como el temor a una irrupción brusca de la policía, le crearon alucinaciones auditivas y un estado de alarma permanente. La prolongación del cautiverio y la intransigencia fanática de los secuestradores, con amenazas directas y con el precedente del asesinato de algún empresario los años anteriores, le crearon una intensa ansiedad ante la muerte.*

*El secuestro acabó finalmente con el pago de un rescate por parte de la familia, pero el último pago terminó de hacerse cuando Agustín estaba ya en libertad. Al tratarse de una empresa familiar, su situación financiera quedó resentida por el pago del rescate y fue a menos. Agustín se mostró poco colaborador con la policía por temor a una nueva actuación contra él de los secuestradores y no quiso vincularse tampoco con ninguna asociación de víctimas del terrorismo.*

*Al cabo de unas semanas de la liberación se recuperó de los problemas físicos, pero la diabetes se le ha agravado de una forma ya irrever-*

*sible. Al cabo de 1 mes volvió a trabajar, con un rendimiento muy por debajo del que era habitual en él. Desde entonces se encuentra asustado, muestra conductas claustrofóbicas (respecto a los cines, las tiendas, los ascensores, etc.), rehúye el contacto con otras personas y limita su relación a la vida familiar. Consigue dormir de un tirón, pero con una sensación de sueño no reparador. Jamás habla del secuestro con nadie, evita pensar sobre ello y tiene dificultades para expresar sus emociones. Se siente culpable por el destino que los terroristas hayan podido dar al dinero del rescate. Al ser relativamente mayor en el momento del secuestro no se ha recuperado del todo. Su familia dice que el Agustín actual es una caricatura del que era antes.*

c) Víctimas de tortura

La tortura supone provocar en la víctima un sufrimiento físico o mental que es infligido de forma deliberada y sistemática con el objetivo de humillarla, de destruir su identidad personal, de reducir a la persona a una situación de desvalimiento o de obtener algún tipo de información. El dolor físico se ha utilizado en la tortura para inducir el derrumbamiento moral de la víctima. Desde la perspectiva del torturador, no hay mayor poder sobre otra persona que el de causarle dolor, sobre todo si a eso se une una sed de venganza.

Los métodos de tortura física más utilizados son los golpes, la suspensión, la utilización de descargas eléctricas en zonas corporales vulnerables, las quemaduras y la violación o la manipulación de los órganos genitales. Retenidas en condiciones inhumanas, casi todas las víctimas han sido privadas de sueño, comida, agua y luz. Los métodos actuales de tortura tienden a no dejar lesiones físicas visibles. Así, suelen darse golpes *bien dados* (que no dejan hematomas) o utilizarse técnicas de asfixia, como la bolsa o la inmersión en agua en una bañera. En otras ocasiones se obliga a la víctima a realizar actividades físicas hasta el agotamiento o a adoptar posturas antifisiológicas durante largos períodos de tiempo (Jacobsen y Smidt-Nielsen, 1997).

Desnudar a la víctima supone una forma peculiar de tortura, ya que la indefensión del hombre o la mujer desnudos frente a sus torturadores es muy acusada y se facilitan así las bromas soeces y el insulto. De este modo, se suma a la tortura física la tortura psicológica.

En concreto, la tortura sexual (estimulación eléctrica aplicada a los órganos genitales, violación, introducción de objetos en el recto o en la vagina, etc.) y el acoso sexual contribuyen a deteriorar la autoestima de la víctima, a generar sentimientos de vergüenza y de pérdida de la dignidad y a interferir negativamente en el funcionamiento sexual adecuado posterior. Es más, como la víctima, avergonzada, suele guardar a veces silencio sobre la agresión sexual sufrida cuando está ya libre, a su pareja le puede resultar difícil comprender el problema o entender las reacciones de la víctima.

Actualmente hay métodos de tortura psíquica que son muy traumatizantes y que constituyen una agresión muy fuerte contra la integridad de la persona. Entre ellos se encuentran la incomunicación prolongada de la víctima (a nivel físico en celdas de castigo, y a nivel psíquico siendo encapuchados o estando con los ojos vendados), la obligación de presenciar la tortura de otras personas (por ejemplo, de compañeros suyos o incluso de miembros de su familia), las humillaciones y amenazas de toda índole (de tortura física, de extender la represalia a sus seres queridos, etc.), la privación del sueño o los simulacros de ejecución. La ausencia de lesiones físicas objetivas no excluye la práctica de la tortura, como la ausencia de lesiones físicas en una víctima de violación no excluye que la violación haya ocurrido (Gurr y Quiroga, 2001).

Las secuelas psíquicas más frecuentes dejadas por la tortura son el trastorno de estrés postraumático, que se manifiesta en los problemas de insomnio y de pesadillas reiteradas, las alteraciones ansioso-depresivas, la persistencia de dolores físicos y otros síntomas somáticos, la irritabilidad, la fatiga crónica y una sensación subjetiva de identidad alterada, con un sistema de valores modificado. A veces pueden surgir también sentimientos de culpa por haber sobrevivido (cuando otros, especialmente familiares o amigos, han fallecido), por no haber evitado la detención, por haber delatado a otros compañeros o por no haberse comportado de otra manera durante la tortura (*cfr.* Basoglu, 1992).

La depresión, incluso con ideas y conductas de suicidio, puede estar a veces más relacionada con las privaciones experimentadas (cambio de ciudad o de país, pérdida de la familia, precariedad económica, etc.) que con la tortura en sí misma.

Por el contrario, la militancia política activa, la percepción de injusticia y el apoyo del grupo de militantes pueden contribuir a amortiguar el impacto psicológico de la tortura.

*Ernesto, de 55 años, abogado, fue detenido y torturado por la policía secreta franquista cuando era delegado de clase de la Facultad de Derecho en la Universidad de Madrid en 1974. La tortura, consistente en golpes, quemaduras de cigarrillos e inmersión en agua, tenía como objetivo humillarlo y obtener información acerca del resto de los componentes del sindicato estudiantil. En uno de los interrogatorios lo tuvieron desnudo e hicieron bromas acerca de sus atributos sexuales. Al no conseguir su objetivo y no poder probar los hechos que le recriminaban en su vida clandestina, la policía no tuvo más remedio que dejarlo en libertad.*

*Ernesto recuerda con horror esa situación y tiene desde entonces síntomas de colon irritable. Sin embargo, la tortura no ha dejado secuelas psicológicas en él, ni siquiera en los meses siguientes a la liberación. Sentirse con capacidad de resistencia ante la policía en esas condiciones inhumanas, sin delatar a sus compañeros, y percatarse de la degradación del sistema contribuyeron a aumentar más su autoestima, a confirmarle en sus ideas de oposición al régimen y a sentir el apoyo de sus compañeros. Desde entonces Ernesto ha sido siempre un hombre sensible a las injusticias y comprometido con los movimientos ciudadanos de defensa de los derechos humanos.*

La tendencia al aislamiento tiende a agravar el problema. Al haber perdido su autoestima y su confianza en otras personas, las víctimas suelen volverse retraídas y desconfiadas, incluso paranoicas, con la sensación de que ya no son *lo que eran antes* (identidad alterada). De este modo, se puede producir un cambio duradero de la personalidad (Basoglu y Paker, 1995).

El estrés de los supervivientes, derivado del miedo a la muerte y de la privación prolongada del contacto con la familia, puede manifestarse también en forma de alteraciones psicosomáticas, tales como la hipertensión, los dolores crónicos, el colon irritable y las cefaleas tensionales, o en forma de abuso de alcohol o drogas, que supone un intento erróneo de olvidar los recuerdos traumáticos, de regular los afectos y de controlar la ansiedad.

En algunos casos, sobre todo cuando ha habido tortura física basada en golpes en la cabeza, asfixia y malnutrición prolongada, puede haber un traumatismo físico que dé origen a diversos grados de deterioro cerebral, responsable, a su vez, de deficiencias en el nivel de conciencia, orientación, atención, concentración, memoria y funcionamiento motor (Gurr y Quiroga, 2001).

No es infrecuente en las víctimas de tortura una profunda desmoralización y un gran pesimismo, tanto respecto a su capacidad de recuperación como en relación con la naturaleza del mundo y de las personas y con el significado mismo del sufrimiento y de la vida. Hay una alteración del sistema de valores que va más allá de unas secuelas psicológicas concretas. El perfil psicopatológico se agrava cuando las víctimas de tortura solicitan asilo político en otro país y, además de sufrir la presencia de barreras culturales y lingüísticas, están expuestas a un largo período de incertidumbre.

En resumen, la tortura genera el trauma con una gran frecuencia. El perfil psicopatológico, a diferencia de otros sucesos traumáticos, está caracterizado fundamentalmente por la depresión y por la persistencia de síntomas somáticos, especialmente el dolor.

### 3.2.6. Las catástrofes y los accidentes

A diferencia de los sucesos traumáticos comentados en los apartados anteriores, el daño causado a las víctimas por las catástrofes y los accidentes no es intencionado. Por ello, la repercusión psicológica de estos acontecimientos sobre las víctimas suele ser menos intensa, sobre todo a largo plazo. De este modo, mientras las víctimas de un delito violento pueden estar afectadas por el trastorno de estrés postraumático hasta en un 50%-70% del total de los casos, esta tasa se reduce hasta el 15%-20% cuando se trata de víctimas de catástrofes o de accidentes.

*a) Las catástrofes naturales*

Una catástrofe es un suceso negativo natural o accidental de gran intensidad que ocurre repentina e inesperadamente, sin posibilidad de evitarlo, y que implica la pérdida de la vida, de las propiedades o de la forma de sustento de los miembros de una comunidad. En un sentido estricto, las catástrofes pueden ser *geológicas* (terremotos, erupciones volcánicas, etc.), *climáticas* (lluvias torrenciales o inundaciones) o *accidentales* (incendios, mareas negras, vertidos de líquidos, etc.) (Martín Beristáin, 1999) (figura 3.5).

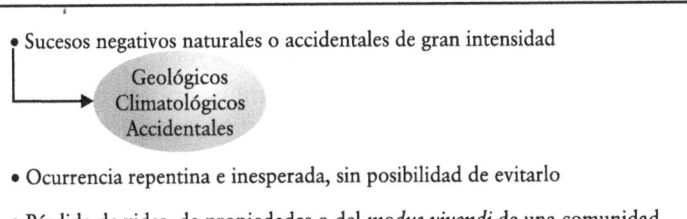

Figura 3.5. *Definición de catástrofe.*

Las catástrofes son acontecimientos fortuitos, y no hay, por tanto, una responsabilidad directa del suceso. Sin embargo, en la medida en que la víctima perciba que ha habido una dejación de responsabilidad por parte de las autoridades (falta de medidas preventivas) o de otras personas (como por ejemplo en el caso de las construcciones de mala calidad o de la manipulación imprudente de material inflamable) o que la respuesta al suceso una vez ya ocurrido sea insuficiente, las repercusiones psicológicas serán más intensas.

Los delitos violentos afectan a personas concretas y tienen, habitualmente, una dimensión estrictamente individual. Por el contrario, las catástrofes tienden a afectar a varias personas simultáneamente, incluso a una comunidad entera (como en el caso de un terremoto o de las lluvias torrenciales). Por ello, los fenómenos de contagio emocional pueden agravar la estabilidad psíquica de las víctimas a corto plazo.

Las víctimas afectadas pueden experimentar conductas de dolor muy diversas. En realidad, una crisis refleja el desequilibrio existente entre la situación vivida por el sujeto y sus propios recursos o capacidades para afrontarla adecuadamente. Las reacciones de sobresalto iniciales son respuestas adaptativas para intentar hacer frente a una estimulación anormal y buscar soluciones de urgencia. Una respuesta duradera de sobrecogimiento, por el contrario, paraliza a la víctima y tiene peor pronóstico.

Por muy aparatosa que sea la respuesta inicial al dolor por la pérdida de seres queridos o de la desaparición del hogar (llanto incontrolado, gritos de lamento, quejas diversas, etc.), se trata, en general, de reacciones *normales* ante situaciones *anormales.*

Las respuestas psicológicas pueden ser muy intensas a corto plazo, en forma de conductas ansiosas, crisis de llanto, depresión, ira, aislamiento social, etc., pero tienden a remitir con el transcurso del tiempo. Puede haber incluso un cuestionamiento de la fe religiosa y una alteración del sistema de creencias y valores como resultado de una visión más negativa del mundo, de sí mismo y de los demás. En estos casos la víctima se centra excesivamente en el problema planteado y en sí misma *(«¿por qué me ha sucedido a mí?», «¿qué he hecho yo para ser merecedor de esa situación?»)* o se plantea preguntas sin respuesta, lo que dificulta la adopción de medidas presentes y de futuro. Todo ello se agrava si hay una falta o escasez de ayudas sociales (cfr. San Juan, 2001).

No hay, sin embargo, una relación lineal entre la intensidad del suceso o la cantidad de las pérdidas y la respuesta de estrés. Más bien lo que resulta predictivo de la cronificación de los síntomas son, por una parte, las alteraciones psicopatológicas previas (depresión, trastornos de ansiedad, etc.) y una historia familiar de trastornos psiquiátricos; y, por otra, un grado de apoyo familiar y social insuficiente (*cfr.* De Nicolás, Artetxe, Jáuregui y López, 2000).

Aunque no sea lo habitual, la cronificación de los síntomas puede reflejarse en una serie de conductas inadaptativas, como la aparición o agravamiento de alteraciones psicosomáticas (cefaleas, problemas gastrointestinales, etc.), un aumento de la tasa de divorcios, un consumo abusivo de alcohol o de fármacos, un incremento del número de consultas a los médicos de familia y, en definitiva, una pérdida de la capacidad de disfrute en las actividades cotidianas. La víctima en estos casos puede experimentar sentimientos de vacío o de desamparo ante el futuro y tener la firme convicción de que *ya nada será igual* en adelante (Robles y Medina, 2002).

### b) Los accidentes

Cuando le toca a uno mismo o a un familiar, un accidente de tráfico deja de ser un dato más de una estadística para convertirse en un rostro humano. Los accidentes de todo tipo (especialmente los de tráfico) son muy frecuentes y afectan fundamentalmente a personas jóvenes. El daño psicológico no suele ser tan grave como en otro tipo de sucesos traumáticos (excepto en las personas afectadas por secuelas físicas incapacitantes), pero, sin embargo, puede afectar al 25%-30% de los sujetos que han sufrido accidentes de importancia.

Las secuelas psicológicas de un accidente de tráfico pueden implicar dolores de cabeza, depresión y, especialmente, trastornos de ansiedad (fobia a los coches y trastorno de estrés postraumático). Respecto a este último cuadro clínico, el perfil más habitual es el denominado subsíndrome del trastorno de estrés postraumático, caracterizado en estos casos por síntomas de reexperimentación (pesadillas y recuerdos intrusivos) y de alarma, pero con un número de síntomas de evitación y de embotamiento afectivo menor que en otros sucesos traumáticos (Hickling y Blanchard, 1999).

A veces pueden aparecer depresiones e intensos sentimientos de culpa, sobre todo en conductores implicados en un accidente en el que ha muerto un familiar o una persona próxima o en conductores de transporte público en que, por una negligencia o descuido, han fallecido numerosos pasajeros. Las reacciones de culpa son expresadas generalmente como autorreproches por no haber sabido evitar la situación de riesgo o no haberla previsto de antemano (Baca, 2003).

Lo que permite predecir el padecimiento de síntomas psicopatológicos en personas accidentadas son los antecedentes de depresión clínica, el sentirse culpable por lo ocurrido, el miedo intenso a morir en el accidente, el alcance de las heridas sufridas y el estar implicado en reclamaciones judiciales. Por otra parte, de una forma más específica, un estilo de afrontamiento evitador u obsesivo es el principal predictor de síntomas postraumáticos intrusivos (Hickling y Blanchard, 1999).

*Ángeles, de 25 años, estudiante de Comunicación Audiovisual, se sacó el carné de conducir a los 18 años, pero no ha conducido nunca porque no le gustan demasiado los coches y porque vive en el centro de la ciudad. Es una chica muy perfeccionista y muy metódica en sus hábitos. Al regreso de una cena de fin de curso, hace doce meses, sufrió un grave accidente de coche en donde falleció un compañero suyo de clase, el piloto, y ella quedó gravemente herida, con las costillas rotas y con contusiones en diversas partes del cuerpo.*

*Ella no recuerda con precisión los detalles del accidente, pero sí sabe que otro coche invadió su carril y les embistió de frente. Ángeles se ha recuperado físicamente del accidente casi por completo, pero le ha quedado una ligera cojera en la pierna izquierda. Puede volver a montarse en un coche de nuevo, pero va aterrada, se sobresalta con todos los estímulos de la carretera y amarga al conductor con sus comentarios. Por ello, evita montarse en coche y procura ir a pie o en transporte público. Tiene aún pesadillas frecuentes en relación con el accidente, se acuerda mucho de su amigo fallecido y se sobresalta los lunes o a la vuelta de vacaciones, cuando en los noticiarios de la TV dan el parte de los fallecidos en accidente. Todavía no se ha celebrado la vista oral del juicio y está preocupada porque las compañías aseguradoras no se han puesto de acuerdo sobre el alcance de las indemnizaciones.*

En resumen, los accidentes de tráfico constituyen el estímulo traumático más habitual, pero las víctimas afectadas por secuelas psicológicas a largo plazo son relativamente poco frecuentes si se las compara con otro tipo de sucesos traumáticos, y presentan asimismo un perfil psicopatológico ligeramente distinto.

## 3.3. TRAUMATIZACIÓN VICARIA

La traumatización vicaria alude al impacto del trauma en las personas que se ocupan de ayudar a las víctimas, sobre todo cuando esta tarea es exclusiva o, al menos, predominante en los terapeutas. Este hecho deriva del impacto emocional y de las secuelas psicológicas de enfrentarse a los hechos y experiencias traumáticas de los pacientes.

El trauma puede ser contagioso. Tratar exclusivamente a víctimas de este tipo supone para el terapeuta hacerse cargo de experiencias que, en muchas ocasiones, están fuera del alcance de una vida normal y que pueden llegar a cuestionar el sistema de valores del propio terapeuta, al verse obligado a abordar el lado más siniestro de la vida.

En el caso de los psicólogos clínicos o del personal asistencial, la traumatización vicaria es el resultado de tratar de una forma empática y comprometida a víctimas de traumas durante un período prolongado. Padecerla en cierto grado no supone, en modo alguno, un signo de debilidad (Saakvitne y Pearlman, 1996).

Los síntomas iniciales de la traumatización vicaria se pueden instalar de una forma progresiva y difusa (tabla 3.4). El terapeuta puede no darse cuenta inicialmente de ello, pero, poco a poco, le cuesta desconectar del trabajo e incluso le cuesta divertirse como lo hacía antes. Todo le parece demasiado frívolo en relación con lo que escucha en su trabajo diario. El terapeuta puede volverse cada vez más escéptico respecto a las motivaciones de los demás y más pesimista sobre la condición humana (Vanderlinden y Vandereycken, 1999).

*Isabel, psicóloga clínica, de 30 años, soltera, trabaja en un Centro de Salud Mental desde hace 5 años. Es una persona competente profesionalmente, le gusta su trabajo y es valorada muy positivamente por sus compañeros del Centro. Vive con sus padres, tiene muchos amigos y le gustan especialmente el montañismo y los viajes. Integrada en un equipo terapéutico, su función en el Centro es tratar a todo tipo de pacientes, pero especialmente a los que presentan problemas de ansiedad y de depresión. Ha comenzado desde hace 1 año a colaborar por las tardes como voluntaria en una Asociación de Víctimas del Terrorismo tratando a supervivientes o a los familiares de los fallecidos.*

*Desde hace unos meses, sus padres y, sobre todo, sus amigos la han empezado a notar rara, en concreto más taciturna y pensativa y menos comunicativa de lo que es habitual en ella. Isabel no lo reconocía al principio, pero se ha dado cuenta de que tienen razón. A ella misma le ha sorprendido no poder quitarse de la cabeza algunos casos de terrorismo que está tratando en la Asociación. Ella nunca había tenido problemas hasta entonces para desconectar de su vida profesional y atender a su vida personal. Ahora, sin embargo, empieza a ser distinto. Tiene sueños relacionados con los casos que está tratando, está pendien-*

## Tabla 3.4
**Signos y síntomas de la traumatización vicaria en terapeutas**

### CAMBIOS FÍSICOS Y PSÍQUICOS

- ⇨ Agotamiento físico.
- ⇨ Dolores de cabeza y molestias gastrointestinales.
- ⇨ Pesadillas y disminución de la calidad del sueño.
- ⇨ Imágenes intrusivas.

### CAMBIOS PERSONALES

- ⇨ Tristeza y escepticismo sobre el futuro.
- ⇨ Autocríticas frecuentes sobre la calidad del trabajo terapéutico.
- ⇨ Dificultades para establecer límites entre la vida profesional y la vida personal.
- ⇨ Sentimiento de culpa por llevar una vida frívola.
- ⇨ Cuestionamiento de los valores personales (filosóficos o religiosos).
- ⇨ Aumento de la sensación de peligro.
- ⇨ Dificultades de concentración.

### CAMBIOS SOCIALES

- ⇨ Dificultad para expresar y sentir emociones.
- ⇨ Sensación de incomprensión por parte de los demás.
- ⇨ Alejamiento de los amigos.
- ⇨ Pérdida de confianza en los demás.
- ⇨ Irritabilidad.

*te continuamente de las noticias relacionadas con el terrorismo, le apetece menos salir a la calle, está más cansada de lo habitual y está irritable con sus amigos porque piensa que sólo van a lo suyo y que no son suficientemente solidarios con las personas que sufren. A Isabel, que siempre ha sido una persona muy abierta y segura de sí misma, le cuesta ahora expresar sus sentimientos y empieza a tener dudas acerca de su capacidad profesional. Se muestra escéptica sobre la política y sobre el funcionamiento de la justicia, así como sobre la solución de los problemas del terrorismo, y no se muestra esperanzada ante el futuro. Ha comenzado también a desconfiar de las demás personas y a comportarse con un humor sarcástico que no era habitual en ella. Poco a poco ha empezado a dedicar más horas a la Asociación y a no volcarse tanto en los casos del Centro. Ya no quiere viajar tanto porque le parece frívolo y cree que debe dedicarse en cuerpo y alma a la Asociación.*

Los terapeutas deben ser personas equilibradas emocionalmente, trabajar en equipo y no limitar la actividad profesional a este tipo de pacientes. A nivel preventivo, los terapeutas deben definir objetivos terapéuticos realistas, marcar un sistema de supervisión o de discusión de casos con otros colegas y establecer un equilibrio entre la vida personal y la vida profesional, evitando la sobreidentificación con los pacientes (Vanderlinden y Vandereycken, 1999).

# 4. LOS SENTIMIENTOS DE CULPA

Las emociones en el ser humano, incluso las negativas, desempeñan normalmente una función adaptativa. En realidad, la emoción constituye una respuesta afectiva transitoria de la persona y la predispone a realizar una acción congruente con ella. El *miedo*, por ejemplo, aparece cuando el organismo percibe un peligro y se activa con el objetivo de mejorar el rendimiento ante una tarea que exige un especial cuidado (realizar un examen, hablar en público, huir, etc.). La *tristeza,* por poner otro ejemplo, que surge cuando se experimenta algún tipo de pérdida afectiva facilita la compasión y el apoyo de las personas que rodean al sujeto afectado. A su vez, la *ira* tiene un valor energizante y permite adoptar una conducta de ataque o de defensa cuando una persona percibe la existencia de una amenaza. Y, por último, la *culpa* permite el reconocimiento de algo que se ha hecho mal y facilita los intentos de reparación (tabla 4.1).

**Tabla 4.1**

**Función de las emociones**

| EMOCIONES | FUNCIONES |
|---|---|
| Ansiedad | ⇨ Evitar el peligro. |
| Tristeza | ⇨ Solicitar ayuda. |
| Ira | ⇨ Defenderse.<br>⇨ Atacar. |
| Culpa | ⇨ Hacer consciente al sujeto de que ha hecho algo malo.<br>⇨ Facilitar los intentos de reparación. |

El problema se plantea cuando estas emociones, en principio positivas, se experimentan sin un motivo funcional, irracionalmente, e influyen negativamente en el bienestar personal. Entonces pierden su carácter regulador y se pueden convertir en conductas patológicas que alteran sustancialmente la vida cotidiana de la persona afectada.

## 4.1. LA CULPA Y SUS MANIFESTACIONES PSICOLÓGICAS

Más allá del Código Penal (circunscrito a un reducido número de conductas punibles), lo que controla realmente el comportamiento humano e impide la transgresión de las normas válidas de convivencia es la conciencia moral, que es un código no escrito y abarca todo el repertorio de conductas de la persona, dotándola del sentido de responsabilidad. La vulneración de un principio ético genera una sensación de malestar emocional profundo: el sentimiento de culpa o de vergüenza por lo realizado. De este modo, la función reguladora de la culpa, a modo de sistema de alarma interno que suple la necesidad de otros controles externos, consiste en la evitación de las situaciones que la generan o en las conductas de reparación, cuando se reconoce haber hecho algo mal, para eludir el remordimiento experimentado y restablecer el equilibrio en las relaciones sociales (Castilla del Pino, 1968; Kubany, 1998).

La culpa es un afecto doloroso que surge de la creencia o sensación de haber transgredido las normas éticas personales o sociales, sobre todo cuando de la conducta (u omisión) de una persona ha derivado un daño a otra (Etxebarría, 2000). Es decir, el sufrimiento que la culpa engendra —como el dolor o la perturbación que un cuerpo extraño suscita en el organismo— tiene el sentido de evitar su aparición o de provocar su disolución.

Las conductas generadoras de culpa pueden ser muy variadas. En unos casos hacen referencia a elementos externos como la actividad laboral, el manejo inadecuado del dinero o de las compras o el descontrol en la dieta; en otros, a elementos más internos como la actuación como padres, la fidelidad con la pareja o las conductas de *traición* con amigos o compañeros de trabajo. La culpa remite muy frecuentemente a hechos del pasado —incluso del pasado lejano (*«no fui la buena hija que ella se merecía»*)— y aparece más fácilmente cuando las metas trazadas por el sujeto son excesivamente altas o cuando la persona es muy exigente consigo misma.

Son tres los elementos principales de los que consta la culpa (Pérez Domínguez, Martín-Santos, Bulbena y Berrios, 2000): *a*) el acto causal (real o imaginario); *b*) la percepción y autovaloración negativa de tal acto por parte del sujeto (la mala conciencia), y *c*) la emoción negativa derivada de la culpa propiamente dicha (el remordimiento).

La *culpa* y la *vergüenza* son dos emociones relacionadas pero distintas. La *culpa* alude a una conducta concreta; la *vergüenza*, por el contrario, implica una autodescalificación global y es una emoción más devastadora y dolorosa que la primera. Esta distinción presenta implicaciones clínicas. En concreto, la *vergüenza* (por ejemplo, *«soy mala persona»*), en la medida en que el centro de atención es uno mismo como totalidad, es un obstáculo en el camino hacia el cambio; la *culpa* (por ejemplo, *«he hecho algo malo»*), en cambio, en la medida en que el foco de atención es algo concreto y está referido frecuentemente a los demás, lo facilita (tabla 4.2).

TABLA 4.2

Distinciones entre la vergüenza y la culpa

| VERGÜENZA | CULPA |
|---|---|
| Autodescalificación global. | Autocrítica de una conducta concreta. |
| Emoción devastadora. | Emoción menos devastadora. |
| Preocupación prioritaria: malestar emocional. | Preocupación prioritaria: dolor por el daño hecho. |
| Aislamiento social. | Facilitación de la empatía. |
| Depresión como consecuencia. | Intentos de reparación. |

En los sentimientos de vergüenza aparecen más frecuentemente las conductas de evitación. Los sentimientos de culpa y de rabia, en cambio, facilitan la reexperimentación del suceso traumático sufrido.

## 4.2. DESARROLLO DEL SENTIMIENTO DE CULPA

La aparición del sentimiento de culpa está vinculada al desarrollo de la conciencia moral. La mayor o menor intensidad de las respuestas emocionales de culpa deriva de las diferencias individuales y de las pautas educativas. Las personas introvertidas y con rasgos obsesivos tienden a vivir la culpa con más intensidad. Los estilos educativos centrados en el castigo físico provocan respuestas agresivas; por el contrario, los castigos psicológicos (por ejemplo, *«ya no te quiero»*, *«no ves cómo sufrimos»*, *«así correspondes a los sacrificios hechos por ti»*, etc.) suscitan sentimientos de culpa intensos.

El sentimiento de culpa es sano cuando evoluciona del miedo al castigo o al malestar personal (por ejemplo, *«me encuentro hecho polvo»*) hacia el remordimiento por haber causado daño (por ejemplo, *«siento lo mucho que está sufriendo»*), lo que incita a la rectificación y a la reparación. Se trata de una culpa sana cuando el sujeto siente pesar y arrepentimiento por las transgresiones cometidas y plantea subsanarlas para, de ese modo, *lavar* las culpas (Zabalegui, 1997).

## 4.3. LA CULPA ANORMAL

Ciertos estilos educativos, sobre todo los relacionados con un código moral o religioso estricto, pueden ser un factor de riesgo para la vivencia generalizada de sentimientos de culpa. Hay niños en los que la culpa es una respuesta emocional sobreaprendida. Lejos de limitarse la vivencia de la culpa a la responsabilidad de sus conductas negativas, el niño termina por hacerse responsable de todo lo malo que ocurre a su alrededor. Y, como consecuencia de ello, el niño se vuelve extremadamente perfeccionista y autoexigente y su autoestima acaba socavada. Por ello, en el caso de que el niño sea víctima ahora o más adelante de un suceso traumático, la probabilidad de experimentar sentimientos de culpa anómalos es mucho más acentuada. Es más, la culpa tiende a emerger de forma automática siempre que le ocurra algo malo a la víctima.

Hay una tendencia natural a buscar el significado de las cosas. Pero *sentirse* culpable no significa necesariamente *ser* culpable. Cuando el sentimiento de culpa (subjetivo) no se corresponde con una conducta objetivamente mala se habla de una culpa anormal. En estas circunstancias hay una distorsión de la conciencia de la situación. El sentimiento de culpa excesivo o inapropiado está muy vinculado a la depresión, como síntoma propio de un episodio depresivo, y al trastorno obsesivo de la personalidad, caracterizado por un nivel alto de exigencia y de perfeccionismo. En estos casos, sobre todo en la depresión, el aspecto emocional —el sentimiento—, en función de las ideas sobrevaloradas o incluso delirantes, aparece disociado e incluso independiente del acto negativo. Los sentimientos de culpa e indignidad son muy intensos, basados en incidentes triviales o culpas leves del pasado, que ahora el deprimido convierte en una montaña de indignidad y daño (por ejemplo, *«soy un monstruo»*, *«yo no valgo para nada»*, *«he sembrado el daño a mi alrededor», «tengo la culpa de la muerte de...»,* etc.). Es decir, la persona *se siente* culpable sin *haber hecho* algo objetivamente malo o incluso sin saber por qué (Castilla del Pino, 2000).

Esta culpa anómala, referida a conductas que están más allá del control de la persona, es destructiva e impide al sujeto experimentar alegría por las conductas que realiza de manera correcta y, en último término, disfrutar de la vida. La culpa es una emoción compleja que está relacionada frecuentemente con los secretos, es decir, con las parcelas de la realidad que una persona se niega a admitir, incluso a sí misma, por suponerle un fuerte grado de humillación. El dolor puede combatirse con analgésicos, pero la culpa no (Harder, 1995).

Los sentimientos de culpa en la depresión vienen acompañados frecuentemente de *ideas de desprecio* hacia uno mismo, sobre todo cuando la persona tiene rasgos de una *personalidad obsesiva*. En la depresión está más presente la vergüenza que la culpa. Es más, la culpa funciona como un autocastigo por los errores cometidos en el pasado. En estos casos el profundo malestar experimentado, la percepción de irreparabilidad del daño efectuado y el deseo de expiar una culpa pueden llevar al paciente al suicidio. De hecho, cuando la culpa y el trauma están relacionados, las víctimas corren el riesgo de estar deprimidas y de mostrar una ideación suicida (Kubany, 1998).

Una forma anómala —y paradójica— de culpa es cuando ésta se experimenta por parte de los supervivientes de un suceso traumático, lo que ocurre, con cierta frecuencia, en las víctimas de agresiones sexuales y de violencia familiar. La atribución interna de culpa en este último caso deriva de no haber adoptado medidas preventivas (por ejemplo, *«no haber sido suficientemente precavida», «no haber conocido adecuadamente a su pareja antes del matrimonio»*, etc.), de no haber actuado apropiadamente cuando ha surgido el problema (por ejemplo, *«no haber denunciado de inmediato al agresor», «no haber actuado más contundentemente»*, etc.) o, lo que es más grave, de no haber hecho todo lo posible para salvar la relación de pareja. En estos casos desempeña un papel importante la interiorización de las normas sociales, que tienden a atribuir una parte de la culpa (o al menos de la responsabilidad) de lo ocurrido a la víctima.

En el caso concreto de la violencia familiar, los sentimientos de culpa pueden estar relacionados con el estado de ánimo deprimido y con la baja autoestima, así como con las conductas que la víctima ha realizado para evitar el agravamiento de la violencia: mentir, encubrir al agresor, tener contactos sexuales a su pesar, consentir el maltrato a los hijos por temor, etc. De hecho, casi la mitad de las víctimas se atribuyen a sí mismas la culpa, al menos parcialmente, de lo que les ocurre, pensando erróneamente, como consecuencia de un estereotipo social, que quizás *«ellas se lo han buscado»* (Echeburúa y Corral, 1998).

En las mujeres traumatizadas por una relación de pareja violenta resulta más grave la culpa referida a la *forma de ser* (por ejemplo, *«soy un desastre»*, *«no valgo para nada»*, etc.) que la culpa relacionada con un *comportamiento concreto* (por ejemplo, *«debería haberme callado en esa discusión»*, *«tengo que cuidar más mi aspecto físico»*, etc.). Un acto culpable puede ser reparado, pero la culpabilidad intrínseca de la persona no. Este último caso es menos frecuente pero, sin embargo, suscita peores consecuencias psicológicas, sobre todo depresión, y genera menos apoyo social, que no es buscado por la víctima. A modo de ejemplo, un desarrollo de estos tipos diferentes de culpa referidos a las mujeres maltratadas figura expuesto en la tabla 4.3 (Echeburúa y Corral, 1998).

Cuando se trata de niños que han sido objeto de malos tratos o de abuso sexual, la culpa puede ser inducida por los propios maltratadores. Es el caso de los niños a los que los padres responsabilizan de lo ocurrido por *comportarse mal* o por *ser provocadores*. Cuando estos reproches se repiten con frecuencia, el niño puede llegar a interiorizar que él es el responsable de las malas conductas de los demás y, lo que es más grave, de su propia desgracia.

Es también frecuente la aparición de la culpa cuando en el trauma sufrido por la víctima hay alguna persona fallecida. En un intento de dar sentido a lo que no lo tiene, la persona puede sentirse responsable, en cierto grado, de la muerte de esa persona, bien porque actuó de forma imprudente (por ejemplo, en un accidente de coche), o bien porque no hizo todo lo que pudo para evitarla (por ejemplo, en el caso del suicidio de un hijo). De este modo, disfrutar de la vida cotidiana, relacionarse con otras personas, tomarse unos días de vacaciones, etc., pueden percibirse por parte de la víctima como una traición al recuerdo de la persona fallecida.

Es decir, la confusión generada por un suceso traumático facilita la aparición de los sentimientos de culpa y la asunción de una responsabilidad propia en lo ocurrido. Sin embargo, vivir marcado por el remordimiento y cargar con el peso de la culpa pasada supone un sufrimiento inoperante y una tortura constante y puede llegar a generar una inhibición conductual, a veces expresada en forma de indecisión ante actuaciones futuras.

## TABLA 4.3
**Sentimientos de culpa en mujeres maltratadas en el hogar**

### ATRIBUCIONES A SU PERSONALIDAD

⇨ Considerarse estúpidas.
⇨ Verse poco atractivas.
⇨ Sentirse sin valía o inferiores a las demás.

### ATRIBUCIONES A SU CONDUCTA

⇨ Creerse provocadoras de la violencia sufrida.
⇨ Mantener sentimientos ambivalentes hacia su pareja.
⇨ Haber cedido a los «chantajes» o a las amenazas del agresor.
⇨ Haber tenido contactos sexuales a su pesar.
⇨ Ocultar su problema —o encubrir al maltratador— ante otras personas (familiares, amigas, etc.) o ante diversos profesionales (médico, asistente social, abogado, etc.).
⇨ Haber denunciado al maltratador.
⇨ Sentirse responsable de las medidas legales tomadas contra el agresor.
⇨ Haberse casado «voluntariamente» con el agresor en contra de los consejos de algunos familiares o amigos.
⇨ Sentirse responsables del maltrato causado por su marido a los hijos.

### ATRIBUCIONES A LA TRANSGRESIÓN DE NORMAS AUTOIMPUESTAS

⇨ Considerarse responsable de haber «roto» a la familia o de que los hijos carezcan de recursos por la separación de la pareja.
⇨ Pensar que los problemas del hogar no deben salir al exterior.
⇨ Haber destruido el «principio» de que la pareja debe permanecer unida, de que casarse es para siempre o de que el «amor debe ser eterno».

FUENTE: Echeburúa y Corral, 1998.

**PARTE SEGUNDA**

# ¿Qué se puede hacer para superar un trauma?

# 5. EVALUACIÓN DEL DAÑO PSICOLÓGICO

El objetivo de la evaluación psicológica en la víctima de un suceso traumático es valorar el tipo de daño psicológico existente para orientar a la persona afectada hacia el tratamiento adecuado, así como para determinar las secuelas presentes a efectos de la reparación del daño causado.

## 5.1. EVALUACIÓN CLÍNICA

Los sucesos traumáticos pueden generar una patología psíquica muy diversa, pero suelen producir con mucha frecuencia un trastorno de estrés postraumático, así como otros cuadros clínicos relacionados (depresión, problemas psicosomáticos, abuso de alcohol, etc.). El resultado de todo ello es un malestar emocional y una inadaptación a la vida cotidiana que hay que valorar en cada caso.

Los acontecimientos más graves —las agresiones sexuales, los secuestros, la muerte violenta de un ser querido, etc.— dejan frecuentemente huellas devastadoras y secuelas imborrables, a modo de *cicatrices psicológicas,* y hacen a las personas más vulnerables a los trastornos mentales y a las enfermedades psicosomáticas (Echeburúa y Guerricaechevarría, 1999).

A diferencia de otras reacciones psicológicas negativas ante pérdidas de diverso tipo —revés económico, desengaño amoroso, pérdida de un ser querido, etc.—, los traumas no siempre remiten espontáneamente con el transcurso del tiempo y tienden muchas veces a cronificarse.

En suma, lo que se trata de evaluar es el grado de malestar generado por el acontecimiento traumático así como los estresores actuales y el grado de inadaptación consecutivo al suceso vivido.

### 5.1.1. Frecuencia del daño

Tal como ya se ha expuesto en el capítulo 2, los delitos violentos (agresiones sexuales, terrorismo, violencia familiar, suicidio, etc.) producen alteraciones emocionales significativas con mucha mayor frecuencia que los sucesos catastróficos o accidentales. De este modo, el 15%-20% de los supervivientes de un accidente o de una catástrofe y el 60%-70% de las víctimas de agresiones sexuales o de terrorismo van a sufrir los efectos del trauma en su vida cotidiana ordinaria. Y en igualdad de circunstancias, las víctimas recientes van a sentirse mucho más afectadas que aquellas a las que la lejanía del suceso ha facilitado, hasta cierto punto, la cicatrización de la herida. No deja de ser llamativo que, a pesar de ello, casi dos tercios de las víctimas no recientes, que han estado expuestas al suceso traumático hace ya muchos meses e incluso años, padezcan un malestar emocional relevante. En concreto, son las conductas de evitación las que tienden más fácilmente a cronificarse.

Sin embargo, hay personas que se muestran muy resistentes al trauma y cuyo malestar emocional no es clínicamente significativo. Otras, por el contrario, sobre todo cuando han experimentado una victimización anterior, son muy sensibles al suceso traumático y pueden mostrar una profunda huella del trauma incluso años después de haber sufrido el suceso.

Por ello, y en función de estas diferencias en el daño psicológico según sea el tipo de suceso, la mayor o menor cercanía del acontecimiento y el grado de vulnerabilidad de la víctima, se requiere siempre una evaluación individualizada.

### 5.1.2. Gravedad de los síntomas

La evaluación del daño psicológico en una víctima de un suceso traumático requiere un análisis cuidadoso de la victimización sufrida, que no se corresponde necesariamente con un cuadro clínico concreto. No obstante, el malestar emocional se suele expresar habitualmente en forma del trastorno de estrés postraumático o por medio de síntomas de ansiedad y de depresión. En uno y otro caso la autoestima de la víctima y su adaptación a la vida cotidiana suelen quedar profundamente alteradas.

Al referirse el daño psicológico a diferentes ámbitos de la persona, el protocolo de evaluación utilizado debe ser amplio y variado, sin ser repetitivo ni excesivamente prolijo, para poder elaborar un perfil individualizado del daño psicológico sufrido y contar con la colaboración de la víctima. Los instrumentos de medida más adecuados para la evaluación de todos estos síntomas figuran expuestos en la tabla 5.1.

## Tabla 5.1
### Instrumentos de evaluación del daño psicológico

| SÍNTOMAS | INSTRUMENTOS | PUNTOS DE CORTE |
|---|---|---|
| Síntomas psicopatológicos generales. | ⇨ *Cuestionario de 90 síntomas (SCL-90-R).* | 63 (GSI). |
| Estrés postraumático. | ⇨ *Escala de gravedad de síntomas del trastorno de estrés postraumático (EGS).* | 15. |
| Ansiedad. | ⇨ *Inventario de ansiedad estado-rasgo (STAI).* | 31 (mujeres). 28 (hombres). |
| Depresión. | ⇨ *Inventario de depresión (BDI).* ⇨ *Escala de valoración de la depresión (HRS).* | 18. 18. |
| Autoestima. | ⇨ *Escala de autoestima (EAE).* | 29. |
| Inadaptación. | ⇨ *Escala de inadaptación (EI).* | 12. |

*a) Pruebas generales*

El *cuestionario de 90 síntomas según el DSM-III-R (SCL-90-R)* (Derogatis, 1977; versión española de TEA, 2002) consta de 90 ítems, que se agrupan en torno a 10 escalas de psicopatología general: somatización, obsesión-compulsión, sensibilidad interpersonal, depresión, ansiedad, hostilidad, ansiedad fóbica, ideación paranoide, psicoticismo y una escala adicional. También cuenta con 3 medidas globales: el GSI (sufrimiento global del sujeto), el PSDI (intensidad sintomática) y el PST (número de síntomas). Se considera un caso psiquiátrico cuando el sujeto obtiene una puntuación GSI mayor o igual a una puntuación T de 63.

*b) Pruebas específicas*

*Escala de gravedad de síntomas del trastorno de estrés postraumático (EGS)* (Echeburúa, Corral, Amor, Zubizarreta y Sarasua, 1997)

Esta escala es una entrevista estructurada que sirve para evaluar la gravedad e intensidad de los síntomas de este cuadro clínico —según los criterios diagnósticos del *DSM-IV-TR* (*American Psychiatric Association*, 2000)— en víctimas de diferentes sucesos traumáticos. Esta escala, estructurada en un formato de tipo Likert de 0 a 3 según la frecuencia e intensidad de los síntomas, consta de 17 ítems, de los que 5 hacen referencia a los síntomas de *reexperimentación,* 7 a los de *evitación* y 5 a los de *hiperactivación*. El rango de las puntuaciones es de 0 a 51 en la escala global; de 0 a 15 en la subescala de reexperimentación; de 0 a 21 en la de evitación, y de 0 a 15 en la de activación.

La eficacia diagnóstica de la escala es muy alta si se establece un punto de corte global de 15 y unos puntos de corte parciales de 5, 6 y 4 en las subescalas de reexperimentación, evitación e hiperactivación, respectivamente.

*Inventario de ansiedad estado-rasgo (STAI)* (Spielberger, Gorsuch y Lushene, 1970) (versión española de TEA, 1982)

Este inventario es un instrumento de autoevaluación que consta de 20 ítems relacionados con la ansiedad-rasgo y de otros 20 relacionados con la ansiedad-estado. El rango de las puntuaciones es de 0 a 60 en cada escala. El punto de corte en el *STAI-Estado* (correspondiente al percentil 75) es de 31 para la población femenina y de 28 para la población masculina.

*Inventario de depresión (BDI)* (Beck, Rush, Shaw y Emery, 1979) (versión española de Vázquez y Sanz, 1997)

Es un instrumento de autoevaluación que consta de 21 ítems (rango: 0-63 puntos) y mide la intensidad de los síntomas depresivos. El punto de corte más utilizado para discriminar entre la población sana y la población aquejada de sintomatología depresiva es 18. En sus ítems se da más importancia a los componentes cognitivos de la depresión que a los conductuales y somáticos.

*Escala de valoración de la depresión (HRS)* (Hamilton, 1960) (versión española de Conde y Franch, 1984)

Es una escala heteroaplicada que consta de 21 ítems (rango: 0-62 puntos) y que cuantifica la sintomatología depresiva de los pacientes, especialmente las alteraciones somáticas y conductuales. Suele ser empleada de forma complementaria al *Inventario de depresión de Beck*. El punto de corte establecido para esta escala es de 18 puntos.

*Escala de autoestima (EAE)* (Rosenberg, 1965)

Es un instrumento de autoevaluación que consta de 10 ítems (rango: 10-40 puntos) y que mide el grado de satisfacción que una persona tiene consigo misma. La mitad de los ítems están planteados de forma afirmativa y la otra mitad de forma negativa, con el objetivo de controlar la aquiescencia. Cuanto mayor es la puntuación, mayor es el grado de autoestima. El punto de corte en la población adulta es de 29. La versión española de esta escala se puede encontrar en Echeburúa y Corral (1998).

*Escala de inadaptación (EI)* (Echeburúa, Corral y Fernández-Montalvo, 2000)

Es un instrumento de autoevaluación que consta de 6 ítems (rango: 0-30 puntos) y mide el grado en que el suceso traumático afecta a la adaptación global, así como a diferentes áreas de la vida cotidiana: trabajo, vida social, tiempo libre, relación de pareja y relación familiar. El punto de corte establecido es de 12 en la escala total y de 2 en cada uno de los ítems. Cuanto mayor es la puntuación, mayor es la inadaptación.

## 5.2. DICTÁMENES PERICIALES

El objetivo de los dictámenes periciales en las víctimas de los delitos violentos es valorar el daño psicológico existente, así como determinar la validez del testimonio (especialmente en los casos de agresiones sexuales).

Respecto a la evaluación del daño psicológico, el informe forense tiene como objetivo, en unos casos, probar la existencia de un delito; en otros, reparar el daño causado a la víctima. En los dictámenes periciales el enfoque general de la exploración psicológica de la víctima debe centrarse en los siguientes puntos:

*a)* Línea de adaptación anterior al delito violento, tanto a nivel social y laboral como familiar y emocional.
*b)* Línea actual de adaptación.
*c)* Reacción readaptativa tras el suceso: afrontamiento del suceso y resultados del afrontamiento.
*d)* Nexo de causalidad entre la inadaptación actual y el delito sufrido.
*e)* Pronóstico en relación con el futuro, que puede depender del tiempo transcurrido desde la agresión, del funcionamiento actual

respecto a la situación anterior al delito y del tipo y cantidad de recursos sociales y personales con que cuenta la víctima.

En el caso de un mal funcionamiento psicológico previo hay que tener en cuenta dos puntos: *a)* qué aspectos del problema actual son atribuibles a la situación previa a la victimización, y *b)* qué perfiles de la victimización han sido potenciados por la situación de previctimización o de personalidad previa.

La utilización de fuentes de información distintas de la víctima (testigos, compañeros, familiares, etc.) y de métodos de evaluación diversos (entrevistas y cuestionarios) permite al evaluador enriquecer su perspectiva y evitar ser cuestionado por basarse sólo en lo que el sujeto dice.

Por lo que se refiere a la validez del testimonio, en la práctica forense se suele solicitar cuando la víctima ha sufrido una agresión sexual. La credibilidad del testimonio no debe quedar empañada por la crítica —directa o encubierta— al estilo de vida de la víctima. Lo que interesa del testimonio es que sea *creíble* (cuando los afectos, cogniciones y conductas del sujeto son comprensibles y derivables de la narración de la víctima) y *válido* (cuando el recuerdo es una representación adecuada y la identificación es correcta) (Echeburúa y Guerricaechevarría, 2000).

Lo que confiere validez a un testimonio es la verosimilitud de lo narrado, especialmente cuando hay además algún tipo de corroboraciones objetivas, la reiteración en el discurso (sin ambigüedades ni contradicciones básicas) y la congruencia entre el lenguaje verbal y las emociones expresadas, así como la ausencia de variación en la descripción de los hechos y la falta de incredibilidad subjetiva por razones de resentimiento, venganza u odio.

Recientemente se ha utilizado el peritaje del daño psicológico en la víctima como prueba de la existencia de una relación sexual no consentida. Esto tiene interés en aquellos casos en que el agresor reconoce la existencia de una relación sexual, pero niega la falta de consentimiento por parte de la víctima. El interés del dictamen pericial deriva de que, al haber tenido lugar la relación a solas, no hay testigos de la misma y de que lo que está en juego es la palabra del agresor contra la palabra de la víctima. La existencia del daño psicológico —y, en concreto, del trastorno de estrés postraumático— en la víctima puede constituir una prueba de una relación sexual no consentida.

En concreto, en el daño psicológico hay cuatro cuestiones esenciales que el perito debe evaluar:

*a)* ¿Tiene el suceso traumático suficiente gravedad como para haber causado el cuadro clínico actual?
*b)* ¿Cuál es la historia psiquiátrica y de victimización anterior del sujeto?
*c)* ¿Está basado el diagnóstico del cuadro clínico actual exclusivamente en los informes subjetivos de la víctima?
*d)* ¿Cuál es el nivel actual de deterioro psiquiátrico funcional de la víctima?

En cualquier caso, las falsas denuncias son poco frecuentes en el ámbito de las agresiones sexuales de víctimas adolescentes o adultas. No obstante, pueden darse cuando responden a diversas motivaciones espurias: venganza por sentimientos de despecho, relaciones consentidas bajo los efectos del alcohol de las que luego la víctima se arrepiente, embarazos no deseados, obtención de una indemnización, conflictos pasionales, etc.

Tampoco son habituales los testimonios falsos (fenómeno de *simulación*) cuando se trata de niños afectados por abusos sexuales, excepto en los casos en que uno de los cónyuges induce al menor a hacer un testimonio falso, malinterpretando el significado de ciertas expresiones de cariño, para vengarse de su ex pareja o para obtener algún beneficio (por ejemplo, quitar la custodia de los hijos al otro cónyuge o alterar el régimen de visitas). Estas situaciones pueden ocurrir especialmente en los divorcios conflictivos.

Sin embargo, es más frecuente en los niños retractarse de un testimonio de abuso sexual (fenómeno de *disimulación*) bajo la presión de la familia. Muchas de las retractaciones son falsas. El niño, asustado por el impacto de su revelación a nivel familiar o judicial o directamente presionado por la familia, puede echarse atrás en sus acusaciones iniciales.

Si bien es verdad que el niño tiene por naturaleza una mayor tendencia a la fantasía —tanto mayor cuanto menor sea su edad—, que sus facultades mentales se están desarrollando y que, por tanto, carece de madurez psicológica, en ningún caso se debe descartar su testimonio *a priori* (Echeburúa y Guerricaechevarría, 2000).

La exploración psicológica de un niño debe tener en cuenta los conocimientos sexuales del menor, la posible existencia de otras denuncias formuladas por él o por otros familiares, el desarrollo evolutivo del niño y la existencia de alteraciones psicopatológicas, así como los efectos actuales de la denuncia sobre el menor y, en conjunto, sobre la familia.

Además de la entrevista con el niño, el perito puede recurrir a otros procedimientos diagnósticos complementarios como los dibujos, los muñecos anatómicos, etc., sobre todo cuando el niño es menor de 6 años. Asimismo la información proporcionada por otros profesionales (pediatras, maestros, trabajadores sociales, etc.) puede ser de gran ayuda en estas circunstancias (cfr. Cantón y Cortés, 2000).

# 6. ¿CÓMO SE PUEDE SUPERAR UN TRAUMA?

Padecer un trauma no significa resignarse a él. Por muy terrible que haya sido la experiencia vivida, siempre cabe la posibilidad de cerrar, total o parcialmente, la herida sufrida. No se trata de olvidar lo inolvidable (tarea, por lo demás, imposible), sino de no sentirse atrapado como en una jaula por los recuerdos del pasado. Lo que se pretende es recuperar la capacidad de la víctima de hacer frente a las necesidades del presente y de mirar al futuro con esperanza. En definitiva, ser capaz de atender a los requerimientos de la vida cotidiana, prestar atención a los estímulos exteriores, disfrutar de lo que se tiene a mano en las circunstancias actuales y hacer planes para el futuro, aunque sólo sea para los días o meses inmediatos, denotan un camino claro de recuperación.

## 6.1. ¿CUÁNDO ES NECESARIO EL TRATAMIENTO?

Cuando en un hogar hay una avería una persona intenta arreglarla, si tiene habilidades para ello o el desperfecto es de poca monta, por sí misma o con ayuda del vecino o de los familiares. Pero si es importante, se busca la asistencia técnica de un fontanero, de un albañil o de un electricista. Algo parecido ocurre en relación con los sucesos traumáticos.

Hay personas que han sufrido un trauma y que, sin embargo, no necesitan un tratamiento psicológico o farmacológico. El equilibrio psicológico previo, el transcurso del tiempo, la atención prestada a los requerimientos de la vida cotidiana y el apoyo familiar y social contribuyen muchas veces a metabolizar el trauma. Estas personas tienen presente siempre lo ocurrido, pero el acontecimiento traumático no interfiere actualmente de forma negativa en el día a día. De este modo, y aun con sus altibajos emocionales y con sus recuerdos dolorosos, son capaces de trabajar, de relacionarse con otras personas, de disfrutar de la vida diaria y de implicarse en nuevos proyectos.

Por el contrario, algunas víctimas se encuentran atrapadas por el suceso sufrido, no recuperan sus constantes biológicas en relación con el sueño y el apetito, viven atormentadas con un sufrimiento constante, no controlan sus emociones ni sus pensamientos, se aíslan socialmente y se muestran incapaces de hacer frente a las exigencias de la vida cotidiana, adoptando a veces conductas contraproducentes (beber en exceso, comer más de la cuenta, automedicarse, etc.). Son estas las personas que, al sentirse desbordadas por el trauma, requieren una ayuda específica psicológica y, en algunos casos, también farmacológica.

Otra indicación de la conveniencia de la terapia es la negativa de la víctima a hablar con nadie del trauma y la carencia de un apoyo social, bien porque sea ella misma la que se aísle o bien porque las personas de su entorno la eviten. En estos casos se corre el riesgo de un aislamiento emocional (relaciones íntimas) y social (red social de apoyo) (tabla 6.1).

Tabla 6.1
**Criterios para la búsqueda de ayuda profesional en las víctimas de un suceso traumático**

| |
|---|
| ⇨ Cuando las reacciones psicológicas (pensamientos, sentimientos o conductas) perturbadoras duran más de 4 o 6 semanas. |
| ⇨ Cuando hay una interferencia negativa grave en el funcionamiento cotidiano (familia, trabajo o escuela). |
| ⇨ Cuando una persona se siente incómoda con sus pensamientos, sentimientos o conductas o se siente desbordada por ellos. |

A diferencia de otras intervenciones terapéuticas, los terapeutas suelen muchas veces ofrecerse a las víctimas. Sin embargo, muchas personas necesitadas de terapia pueden mostrarse reacias a buscar ayuda profesional. En cierto modo, recurrir a un tratamiento puede suponer para la persona afectada reconocer una cierta *debilidad* personal. El cambio brusco de una situación de normalidad habitual a otra en la que se es víctima de un suceso traumático puede dificultar, paradójicamente, la búsqueda de ayuda terapéutica, que, en cierto modo, supone el reconocimiento de la incapacidad de uno mismo para superar unas circunstancias difíciles (Baca, 2003).

## 6.2. PRINCIPIOS BÁSICOS DEL TRATAMIENTO

Cualquier persona no profesional de la salud mental, como policías, socorristas o bomberos, puede prestar unos *primeros auxilios psicológicos* a las víctimas de un suceso traumático *in situ*. Se trata, fundamentalmente, de aliviar el sufrimiento, atender a las necesidades básicas, contribuir al restablecimiento físico, poner en contacto a la víctima con su red de apoyo social, facilitar la reanudación de la vida cotidiana y derivar a los Centros de Salud Mental a las personas necesitadas. De este modo se puede prevenir, al menos en muchos casos, la aparición de trastornos psicológicos.

A un nivel profesional, garantizar la seguridad de la víctima es un requisito previo a cualquier intervención terapéutica. Cuando el suceso traumático es prolongado y actual (como ocurre, frecuentemente, en los casos de abuso sexual en la infancia o de violencia doméstica en la mujer), la etapa inicial del tratamiento consiste en establecer un marco de seguridad y de exención de riesgos. Sólo después de que se haya garantizado esta premisa, con las medidas familiares, sociales o judiciales precisas, puede iniciarse el tratamiento psicológico.

Los objetivos fundamentales de la terapia son proporcionar alivio inmediato a los síntomas más graves (lo cual puede ser conseguido a veces por los psicofármacos), hacer frente al trauma, restaurar en la víctima el sentido básico de seguridad en el mundo y en las personas y facilitar la reintegración social de la víctima en el contexto comunitario. En realidad, la víctima sólo llega a sentirse recuperada cuando recobra la sensación de que puede tomar decisiones y controlar razonablemente su vida.

Cuando la víctima ya se muestra incapaz de hacer frente por sí sola al trauma sufrido, los principios básicos de cualquier intervención terapéutica pueden resumirse en los siguientes puntos: mejorar el malestar emocional, ayudar al proceso de curación natural, no emplear tratamientos ineficaces o inaplicables que empeoren la situación o pospongan la recuperación y adaptar la terapia a las necesidades específicas de cada paciente (Robles y Medina, 2002).

Los objetivos del tratamiento se deben plantear de forma escalonada con arreglo a una jerarquía de necesidades. En primer lugar, se trata de hacer frente a los síntomas más graves (insomnio, pesadillas, ansiedad intensa, humor depresivo, etc.). En segundo lugar, hay que abordar el núcleo del trauma (reexperimentación del suceso ocurrido, conductas de evitación y reacciones de sobresalto). Y, por último, se trata de regular las emociones, de recobrar la autoestima y de recuperar la confianza en las demás personas. Si el proceso culmina con éxito, la víctima obtiene una cierta sensación de calma y de seguridad, asume de nuevo el control sobre su vida y sus emociones, se reintegra socialmente en el contexto comunitario y continúa activamente con su proyecto de vida.

A veces la demanda de la víctima puede modular el tipo de tratamiento ofrecido. Hay personas que sólo se preocupan por el alivio de un malestar específico, como la ansiedad o las alteraciones del sueño; otras, por el contrario, están atormentadas por el trauma en sí mismo; y otras, por último, lo que buscan fundamentalmente, más que la terapia, es un dictamen pericial acerca de su situación mental para solicitar una indemnización económica o conseguir la incapacidad laboral.

Asimismo hay veces en que el objetivo prioritario inicial puede ser abordar problemas actuales o condiciones vitales adversas con el fin de frenar la reactivación o exacerbación del trauma o de hacer frente a estrategias defectuosas para superarlo (por ejemplo, el abuso de alcohol). Otras veces adquieren una prioridad terapéutica otros trastornos mentales relacionados que requieren una intervención inmediata, como ocurre en los casos de depresión grave con tendencias suicidas, de alcoholismo o de grave fractura familiar. Sólo después de conseguido este objetivo (al menos parcialmente) se puede enfocar el trauma en sí mismo.

El trauma, sobre todo cuando han pasado meses o años del suceso traumático, puede mostrarse de forma enmascarada. En lugar de la tríada primaria del trauma (imágenes intrusivas, conductas de evitación y estado de alerta), el cuadro clínico puede mostrarse en forma de depresión, de alteraciones del sueño, de consumo excesivo de alcohol o de distanciamiento emocional respecto a las personas queridas (Trujillo, 2002). Todo ello debe ser tenido en cuenta por el terapeuta.

## 6.3. CRITERIOS CLÍNICOS PARA EL USO DE FÁRMACOS

La terapia para el trauma es, fundamentalmente, psicológica. Sin embargo, hay ocasiones en que los psicofármacos constituyen una ayuda complementaria para hacer frente a la vida cotidiana y para potenciar la terapia psicológica. Un indicador de la conveniencia de un tratamiento psicofarmacológico es la afectación grave del funcionamiento diario y la presencia de alteraciones clínicas específicas relacionadas con el trauma, como la depresión severa o diversos trastornos de ansiedad, o de síntomas psicopatológicos intensos como la impulsividad, la labilidad afectiva, la irritabilidad, la ideación suicida o el insomnio grave, especialmente cuando se mantienen más allá de un mes después de haber sufrido el acontecimiento traumático (Friedman, Davidson, Mellman y Southwick, 2003).

En concreto, los antidepresivos, sobre todo los inhibidores de la recaptación de la serotonina, han sido los fármacos más utilizados en el trastorno de estrés postraumático. Estos fármacos regulan el funcionamiento del sistema serotoninérgico, que se puede encontrar alterado en las víctimas de un trauma. La sertralina (nombres comerciales: *Besitrán, Aremis*), con una dosificación de 50 a 200 mg/día, es probablemente el antidepresivo más adecuado en este cuadro clínico. Estos fármacos actúan probablemente más sobre los síntomas asociados al trauma (depresión, impulsividad, pensamientos obsesivos, irritabilidad, etc.) que sobre el trauma propiamente dicho, pero lo cierto es que en algunos casos, sobre todo en las fechas próximas al suceso traumático, contribuyen a reducir los síntomas que interfieren negativamente en la reanudación de la vida cotidiana y, en definitiva, a mejorar el funcionamiento y la calidad de vida de la víctima. Los fármacos más utilizados en el tratamiento de este trastorno, así como las dosis recomendadas, figuran expuestos en la tabla 6.2.

### Tabla 6.2
**Fármacos antidepresivos inhibidores selectivos de la recaptación de la serotonina recomendados en el tratamiento del trastorno de estrés postraumático**

| FÁRMACO | NOMBRE COMERCIAL | DOSIS HABITUAL PARA ADULTOS (mg/día) | | |
|---|---|---|---|---|
| | | INICIAL | MEDIA | MÁXIMA |
| Sertralina | Aremis, Besitrán | 25-50 | 50-150 | 200 |
| Paroxetina | Frosinor, Motiván, Seroxat | 10-20 | 20-50 | 50 |
| Fluoxetina | Adofén, Prozac, Reneurón | 10-20 | 20-50 | 60 |
| Fluvoxamina | Dumirox | 50 | 100-250 | 300 |
| Citalopram | Prisdal, Seropram | 20 | 20-40 | 60 |
| **EFECTOS SECUNDARIOS (O REACCIONES ADVERSAS)** | | | | |
| ⇨ Náuseas.<br>⇨ Pérdida del apetito.<br>⇨ Diarrea.<br>⇨ Cefaleas.<br>⇨ Alteraciones del sueño.<br>⇨ Nerviosismo.<br>⇨ Vértigo.<br>⇨ Anorgasmia. | | | | |

Las ventajas e inconvenientes de estos fármacos, así como las guías generales para su prescripción, se hallan resumidos en la tabla 6.3. Conviene ser constante en el cumplimiento estricto de las prescripciones terapéuticas. A veces, sin embargo, la aparición de efectos secundarios indeseados (náuseas, insomnio, agitación, disfunción sexual, etc.), aunque menos intensos que en el caso de otros fármacos, puede llevar a la inobservancia del tratamiento.

### Tabla 6.3
**Características principales de los antidepresivos inhibidores selectivos de la recaptación de la serotonina**

| VENTAJAS | INCONVENIENTES |
|---|---|
| ⇨ Potencial mínimo de abuso.<br>⇨ No-dependencia fisiológica.<br>⇨ Efectos secundarios escasos (náuseas y cefalea los más frecuentes) y más tolerables que los de otros antidepresivos.<br>⇨ Prescripción en forma de monodosis.<br>⇨ Sobredosis no peligrosa. | ⇨ Retraso del inicio de la acción terapéutica (hasta 8 semanas en algunos casos, en concreto en la fluoxetina). |
| **GUÍAS GENERALES PARA LA PRESCRIPCIÓN** ||
| ⇨ Iniciar la terapia en forma de monodosis, habitualmente por la mañana.<br>⇨ Continuar la medicación durante, al menos, 4 a 6 semanas antes de hacer una evaluación final de la eficacia.<br>⇨ En los pacientes con respuesta terapéutica, proseguir con el tratamiento durante al menos 6 a 9 meses después de la respuesta completa. ||

La duración del tratamiento suele ser prolongada. La respuesta terapéutica completa aparece entre 1 y 3 meses, tras la cual se requiere una dosis de mantenimiento de 6-9 meses y una supresión gradual del fármaco para evitar la aparición de síntomas de retirada (vértigos y parestesias especialmente).

Quedan aún, sin embargo, muchas dudas por resolver en relación con el tratamiento farmacológico del trauma. En concreto, no se conocen aún con exactitud la dosis óptima, la duración adecuada de la terapia o la respuesta diferencial al fármaco en función de la clase de trauma o del tipo de síntomas experimentados (Bobes, González, Bascarán, Bousoño, Saiz y Conde, 2000).

## 6.4. ¿TERAPIA INDIVIDUAL O TERAPIA GRUPAL?

El formato más adecuado de intervención con las víctimas de un trauma es la terapia individual, que permite prestar atención a las necesidades específicas de cada persona y organizar un tratamiento *a la medida*. No obstante, hay ocasiones en que la terapia de grupo puede constituir un complemento adecuado (Echeburúa y Corral, 1998).

Más que en otros casos, las víctimas de un trauma pueden beneficiarse de la actuación conjunta de un tratamiento individual orientado a las necesidades específicas de cada una de ellas y de una terapia grupal generadora de una cohesión social y de unas estrategias adecuadas de solución de problemas.

El tratamiento grupal, bien en forma de grupos de autoayuda o bien en la modalidad de grupos terapéuticos, ofrece varias ventajas: percepción por parte de la víctima de que no es la única en experimentar este tipo de problema y de que lo comparte con alguien que puede comprenderlo vivencialmente; aprendizaje de estrategias de afrontamiento a partir de la experiencia de personas que sufren el mismo tipo de dificultades; motivación para el cambio a través de los logros de los demás, que le hacen ver que el éxito es posible, y aumento de confianza en los propios recursos; y, por último, ayuda al resto de las personas del grupo, que contribuye a que la víctima no esté pendiente exclusivamente de sus propias limitaciones.

En concreto, el tratamiento de grupo puede estar especialmente indicado cuando una persona es víctima de un trauma complejo y resistente al cambio. Estos casos suelen ser más frecuentes cuando el suceso ha sido extraordinariamente cruel, cuando ha supuesto una revictimización o cuando procede de una exposición precoz a la violencia en la infancia. Los síntomas mostrados en estas circunstancias implican frecuentemente una alteración de la identidad personal, una capacidad de modulación afectiva muy pobre, un descontrol de los impulsos y una profunda falta de confianza en los demás, así como la presencia de otros trastornos (depresión, abuso de alcohol, etc.).

En estos casos el tratamiento grupal intensivo contribuye a reconstruir la confianza personal y social perdida. Ahí es donde se produce la *simpatía*, en el sentido etimológico de *unión con los demás*. La acogida afectuosa, el contacto físico consolador y el apoyo incondicional recibido de otras víctimas (de tortura, por ejemplo) pueden actuar como *bálsamo* para sus profundas heridas emocionales. Reconstruir la confianza es como atender a una planta delicada que crece en un invernadero con mucho tiempo y con un abono cuidadoso.

El objetivo de algunos grupos (denominados *grupos de apoyo*) es ofrecer asistencia a la víctima para conseguir el bienestar personal y servir de ayuda para el afrontamiento de los problemas actuales. Estos grupos, que responden frecuentemente al formato de autoayuda, son *abiertos*, lo que quiere decir que se pueden incorporar nuevos miembros en cualquier momento del proceso. En otros grupos (denominados *grupos enfocados al trauma*), en cambio, se afronta específicamente el trauma a base de exponer prolongada y sistemáticamente a la víctima a las imágenes del suceso sufrido y de modificar los pensamientos distorsionados relacionados con el trauma. En este último caso los grupos, guiados por uno o dos terapeutas, deben ser *cerrados:* los miembros deben ser los mismos, excepto que haya algún abandono, desde el principio hasta el fin de la terapia (Foy, Glynn, Schnurr, Jankowski, Wattenberg, Weiss, Marmar y Gusman, 2003).

Sin embargo, hay personas que resultan inapropiadas para el tratamiento grupal, bien porque no se van a beneficiar del mismo, bien porque van a retrasar o impedir el progreso de los otros miembros del grupo. Es el caso de las víctimas gravemente deprimidas o con tendencias paranoides, carentes de motivación o que requieren una extraordinaria atención, así como el de las que muestran conductas inadecuadas (agresivas, de dependencia al alcohol o a los fármacos, etc.) (tabla 6.4).

Los grupos deben ser relativamente homogéneos en cuanto al tipo de traumas abordados y en cuanto al perfil de sus miembros, con un número aproximado de ambos sexos y unas edades similares. La cantidad de los componentes del grupo puede oscilar entre 5 y 10 personas. Este número supone un equilibrio entre la diversidad de problemas para abordar y la necesidad de una atención individualizada a las preocupaciones específicas de cada miembro. Todos los componentes del grupo deben aceptar la exigencia de confidencialidad de lo tratado en la sesión, así como cumplir las normas básicas de funcionamiento (asistencia a las sesiones, puntualidad, etc.).

Así, por ejemplo, en el ámbito de las víctimas de violencia familiar, el programa de intervención propuesto consta de 17 sesiones (9 individuales y 8 grupales), que se desarrollan en un período de 12-24 semanas (tabla 6.5). El calendario estándar de sesiones, que se adapta a las

## Tabla 6.4
**Indicaciones y contraindicaciones para la terapia de grupo**

| INDICACIONES |
|---|
| ⇨ Capacidad para establecer relaciones interpersonales de confianza.<br>⇨ Experiencias traumáticas similares a las de los otros miembros del grupo.<br>⇨ Compatibilidad de sexo, de edad y de nivel cultural con los otros miembros del grupo.<br>⇨ Estilo de vida relativamente estable.<br>⇨ Aceptación de las normas de confidencialidad. |
| **CONTRAINDICACIONES** |
| ⇨ Tendencias suicidas activas o estado de ánimo muy deprimido.<br>⇨ Conductas agresivas.<br>⇨ Abuso de alcohol o de drogas.<br>⇨ Ideas delirantes o alucinaciones activas.<br>⇨ Pleitos pendientes. |

necesidades específicas de cada víctima, se articula según la secuencia expuesta en la tabla 6.6 (Echeburúa y Corral, 1998).

En las tres primeras semanas se comienza con sesiones exclusivamente individuales, que tienen una duración de 1 hora. Se trata de prestar una atención adecuada a las necesidades específicas de cada víctima y de motivarla para las sesiones posteriores grupales. A partir de la cuarta semana se simultanean las sesiones individuales con las grupales (que tienen una duración de 2,5 horas), con la particularidad de que las primeras se espacian más. En esta fase las víctimas se benefician del

## Tabla 6.5
**Programa de tratamiento para víctimas de maltrato físico y/o psicológico en la relación de pareja**

| NÚMERO DE SESIONES | 17 (9 individuales y 8 grupales). |
|---|---|
| PERIODICIDAD | 1 o 2 por semana. |
| DURACIÓN DE CADA SESIÓN | Individual (1 hora). |
|  | Grupal (2,5 horas). |
| DURACIÓN TOTAL DEL PROGRAMA | 12 semanas. |

## Tabla 6.6
### Calendario de sesiones en las víctimas de maltrato doméstico

| SEMANAS | SESIONES INDIVIDUALES | SESIONES GRUPALES |
|---|---|---|
| 1.ª | • • | |
| 2.ª | • | |
| 3.ª | • | |
| 4.ª | • | • |
| 5.ª | | • |
| 6.ª | • | • |
| 7.ª | | • |
| 8.ª | • | • |
| 9.ª | | • |
| 10.ª | • | • |
| 11.ª | | • |
| 12.ª | • | |
| TOTAL | 9 | 8 |

tratamiento grupal, pero con la continuidad de las sesiones individuales no se dejan de atender los problemas particulares de cada una de ellas, cuya exposición puede no resultar adecuada —o la víctima no se atreve a ello— en el marco del grupo.

El tratamiento individual está dirigido por un psicóloga clínica y el grupal por dos psicólogos clínicos de uno y otro sexo.

## 6.5. RELACIÓN TERAPEUTA-PACIENTE

La calidad de la relación terapéutica es un factor clave en el proceso de recuperación de la víctima de un trauma para evitar una *segunda herida*. Si el tipo de relación entre el terapeuta y el paciente es siempre importante en un tratamiento psicológico, lo es aún mucho más en el caso de la víctima de un suceso traumático. Por muy efectivas que sean las técnicas terapéuticas, de nada sirven si no se aplican en un contexto de confianza entre el terapeuta y el paciente. La *escucha activa* en un ambiente tranquilo de máxima confidencialidad y la expresión de emociones desempeñan un papel especialmente importante. Sólo así la víctima va a hacerse consciente de sus recursos psicológicos, que ha puesto en marcha con éxito en otras situaciones difíciles de su vida, y va a adquirir unas expectativas positivas respecto a su recuperación.

La víctima de un trauma ha perdido seguridad en sí misma y muestra una profunda desconfianza del mundo circundante y de las personas a su alrededor. Es el terapeuta quien va a servir de guía en el proceso de restablecimiento de la confianza perdida. La relación positiva con el terapeuta no constituye el tratamiento en sí mismo, pero es un requisito previo para establecer unos objetivos terapéuticos y fijar unas tareas específicas encaminadas a conseguirlos. La readaptación al entorno puede ser difícil para el paciente. La motivación para el tratamiento e incluso la implicación en tareas terapéuticas dolorosas, como la evocación y exposición a los sucesos traumáticos, sólo puede darse cuando la víctima tiene una plena confianza en el terapeuta. De esta forma se consigue mantener a la víctima en el tratamiento y se reduce la probabilidad del abandono. Algunas víctimas, abrumadas por la carga del trauma, tienen tentaciones de rehuir el esfuerzo y de abandonar la terapia.

Por ello, y más allá de la eficacia de las técnicas utilizadas, el peso específico de las características personales del terapeuta desempeña un papel significativo en el resultado final de la terapia. De hecho, hay una gran variabilidad en los logros obtenidos de unos terapeutas a otros. Si bien no es fácil establecer el perfil personal idóneo del clínico, hay algunas características que facilitan la alianza terapéutica: equilibrio emocional, sentido común, tolerancia, ausencia de rigidez y ganas genuinas de ayuda. Es decir, se requiere por parte del terapeuta una respuesta empática que sintonice con los estados de ánimo del paciente pero sin dejarse arrastrar por ellos.

El sexo del terapeuta es, en general, irrelevante. Hay casos, sin embargo, en que la identidad de sexo entre la víctima y el terapeuta puede ser importante. Así ocurre, por ejemplo, en las víctimas de delitos violentos, como las agresiones sexuales o la violencia doméstica. En estos casos en los que las víctimas son, fundamentalmente, mujeres, la presencia de terapeutas femeninos facilita, al menos en las primeras fases del proceso, la interacción con las víctimas y el establecimiento de una alianza terapéutica positiva (Echeburúa y Corral, 1998).

Cuando se lleva a cabo una terapia de grupo, es conveniente la presencia de dos terapeutas, preferiblemente de sexo opuesto. La interacción de un hombre y de una mujer con las víctimas de un trauma en el marco de una intervención grupal facilita la reaparición de la confianza interpersonal y contribuye a la generalización de los logros terapéuticos en el grupo al entorno real.

# 7. EJES DEL TRATAMIENTO

Cualquiera que sea el tratamiento utilizado, un elemento fundamental previo es el componente psicoeducativo. Se trata de mostrar a la víctima las respuestas psicológicas habituales ante un suceso traumático, es decir, de hacerle ver las reacciones emocionales *normales* que suelen surgir ante una situación *anormal*.

Se trata de hacer frente no sólo al trastorno de estrés postraumático, sino también a otras alteraciones suscitadas por el suceso vivido. En concreto, las dificultades en la regulación de emociones y los problemas en las relaciones interpersonales desempeñan un papel muy importante. No abordar estos aspectos en las primeras fases del tratamiento puede llevar a una exacerbación de los síntomas, a un incumplimiento de las prescripciones terapéuticas y a unas tasas de abandono muy altas.

## 7.1. PROBLEMAS EN LA REGULACIÓN DE EMOCIONES

La inestabilidad emocional es una característica habitual en las víctimas de un suceso traumático. En concreto, aparece con frecuencia una mezcla de miedo, ira, vergüenza, culpa, etc., lo que lleva a una pérdida de confianza en las personas y a una sensación generalizada de vulnerabilidad personal. Todo ello interfiere negativamente en la vida cotidiana de las víctimas, e incluso en el propio seguimiento del tratamiento, lo que le concede una categoría de objetivo terapéutico preferente. Hay personas cuya falta de control sobre sus emociones les puede llevar a un tipo de vida caótico.

### 7.1.1. Anestesia emocional

El embotamiento emocional constituye una reacción protectora de la víctima. No depositar sentimientos de afecto o de confianza en otras personas ni estar dispuesta a recibirlos supone una pérdida de identidad personal, pero es una forma de protegerse de peligros potenciales. La víctima no quiere nuevos desengaños y trata de blindarse ante la realidad externa, adoptando conductas de cerrazón emocional o de distancia respecto a las demás personas en forma de actitudes de cinismo, de conductas hipercríticas, de amargura o de abuso de alcohol o de comida. Sin embargo, la víctima acaba por sentirse muy sola y aislada social y emocionalmente.

La huella del trauma puede crear, además, una *visión en túnel*, en donde toda la realidad se filtra y reinterpreta a través de la experiencia sufrida. De este modo, se olvidan los momentos pasados de felicidad habidos y se niega la posibilidad de volver a tenerlos, como si una persona estuviera ya marcada por el destino.

Superar el embotamiento emocional requiere unos pasos graduados, pero decididos, hacia el mundo exterior: salir a la calle regularmente; saludar a las personas conocidas, aunque sea brevemente, e interesarse por ellas; hablar de sí mismo; hacer un esfuerzo por compartir las alegrías colectivas (cumpleaños, fiestas locales, acontecimientos deportivos, Navidades, etc.); acudir a lugares públicos como bibliotecas, gimnasios o centros de voluntariado, y gratificarse a sí mismo por los logros conseguidos, por pequeños que éstos sean.

La expresión de emociones debe hacerse al principio de forma progresiva y en un entorno seguro, es decir, con las personas de confianza. No se trata inicialmente de desvelar la intimidad, sino de expresar emociones *no comprometidas*. Compartir con los demás una alegría (por el nacimiento de un niño, por ejemplo) o reflejar un sentimiento de pena a otras personas (en un funeral, por ejemplo) puede resultar al principio forzado para la víctima, que no siente espontáneamente estas emociones. Pero, sin embargo, la práctica regular de expresar y compartir emociones, de forma graduada y sin forzar los ritmos, va a contribuir al desbloqueo de la anestesia emocional y a hacer más permeable la intimidad de la persona. En realidad, la espontaneidad en las emociones no es sino el resultado de un sobreaprendizaje y de una práctica habitual.

Lo que al principio es costoso al final puede resultar sencillo porque forma parte de la naturaleza humana. Se trata de abrirse a los demás de un modo progresivo. La víctima va a experimentar una gratificación rápida cuando se produzca, aunque sea parcialmente, el desbloqueo emocional. En definitiva, las relaciones humanas, de las que las personas están tan necesitadas como las plantas del agua y de la luz, están tejidas con una red de emociones compartidas. El proceso final de sintonización afectiva y de resonancia emocional, lo que supone ser capaz de establecer unas relaciones de intimidad, puede ser más o menos largo, pero va a llegar espontáneamente, como una fruta madura cae del árbol, si la víctima se implica decididamente en las primeras fases del camino.

### 7.1.2. Irritabilidad

La ira es una emoción que pertenece al ser humano y que como tal es positiva y necesaria para la supervivencia. De hecho, puede ayudarle a salir victorioso de situaciones en donde alguien se ve obligado a defenderse. Asimismo, una persona tiene derecho a enfadarse, sobre todo cuando es víctima de una injusticia. Es decir, la ira es un instrumento muy útil en manos de una persona que la sabe controlar y valerse de ella cuando la necesita.

Sin embargo, cuando la ira domina o desborda a la persona, cuando se dirige de forma desmedida hacia otros seres humanos, cuando produce consecuencias muy negativas para el bienestar de los demás y de uno mismo, e incluso cuando aparece en situaciones innecesarias, se trata ya de una ira desadaptativa o problemática.

Los sentimientos de rabia, que pueden oscilar desde explosiones de ira hasta sentimientos de irritabilidad generalizada, son una reacción frecuente en las víctimas del trauma. Los reproches a los demás de las desgracias personales constituyen una dificultad seria para las relaciones interpersonales profundas (tabla 7.1).

La irritabilidad surge con frecuencia como la expresión de una secuencia repetida periódicamente:

*Acumulación de tensión*. En primer lugar, la tensión normalmente surge de los conflictos diarios, de los problemas económicos, de la educación de los hijos, etc. Y en segundo lugar, la víctima, en vez de solucionar cada conflicto de forma dialogada y razonable, se lo guarda para sí. Esto genera una acumulación de tensión que se vive de forma muy negativa y molesta.

*Explosión*. La fase de «explosión» se produce cuando la tensión acumulada se descarga de forma incontrolada. Es entonces cuando la víctima puede apreciar que la ira se ha «desbocado» y se ha adueñado de ella durante unos momentos.

*Arrepentimiento*. Tras la descarga de la tensión en forma de una ira descontrolada puede venir la fase de arrepentimiento. La persona se da

## Tabla 7.1
### Señales de riesgo para el descontrol de la ira

#### FACTORES EXTERNOS

- Discutir con compañeros de trabajo.
- Recibir una bronca del jefe.
- No tener trabajo.
- Tener problemas en la calle: atasco de tráfico, pérdida de transportes públicos, etc.
- Beber alcohol.
- Consumir drogas.

#### FACTORES INTERNOS

- Acumular tensión.
- No dialogar adecuadamente.
- Discutir por cosas sin importancia.
- Experimentar emociones negativas: sentirse triste, frustrado, irritado, nervioso, etc.
- Tener preocupaciones intensas y duraderas.

#### CUESTIONES RELACIONADAS CON LA ESCALADA DE LA IRA

- Pensamientos calientes: «lo hace para fastidiarme», «me tiene harto», etc.
- Sensaciones físicas de tensión: brazos tensos, puños cerrados, mandíbula apretada, ceño fruncido, etc.
- Comportamientos agresivos: dar un portazo, golpear objetos, chillar, insultar, etcétera.

cuenta de que ha perdido el control con quien no se merece esa reacción y puede sentirse triste o culpable. Además, quiere reconciliarse con la persona objeto de su ira y desea firmemente no volver a perder los estribos (figura 7.1).

A continuación se señalan los factores que se relacionan con la escalada de la ira:

*Pensamientos calientes.* Ante un suceso negativo, la ira escala rápidamente si se comienzan a tener «pensamientos calientes». Estos pensamientos actúan como si fueran una cerilla que va «quemando» a la persona a pasos agigantados. En el fondo, es lo que la persona se dice a sí misma ante un suceso determinado. Por ejemplo: *«me mira así para*

*Ejes del tratamiento*

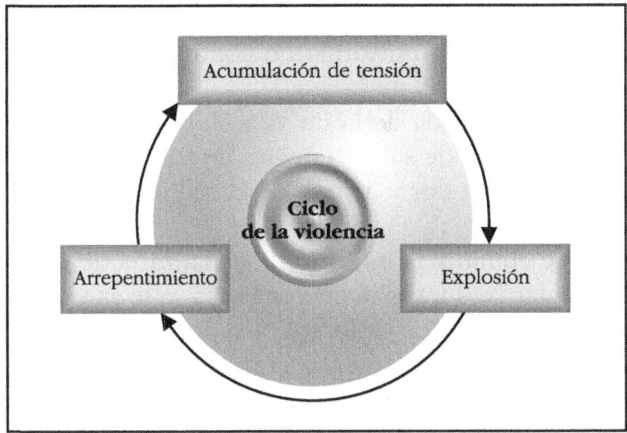

Figura 7.1. *Ciclo de la violencia.*

*fastidiarme», «no tiene ninguna consideración conmigo», «me critica a mis espaldas»*, etc.

*Sensaciones del cuerpo.* Son aquellas sensaciones físicas que una persona nota cuando comienza a enfadarse y a perder el control. Aunque cada persona puede tener sensaciones corporales diferentes cuando se va enfureciendo, sin embargo las más habituales son las siguientes:

- Puños cerrados.
- Tensión en los brazos.
- Tensión muscular.
- Labios y dientes apretados.
- Ceño fruncido.
- Tono de voz alto.
- Respiración acelerada.
- Ritmo cardíaco rápido.

Además, al interactuar estas sensaciones corporales con los pensamientos calientes, se potencian recíprocamente y se acelera la escalada de la ira.

*Comportamientos furiosos.* Son las conductas que una persona realiza cuando se está «calentando» o enfureciendo. En estos casos la ira aumenta más rápidamente todavía. Si una persona se ha enfadado con un compañero de trabajo y va llenándose la cabeza con *pensamientos calientes* (*«no ha querido hacer las fotocopias y ahora me toca a mí todo el trabajo; lo ha hecho para fastidiarme»*, etc.) y si, además, nota *tensión muscular*, entonces su nivel de ira, en vez de enfriarse, se va acrecentando y puede expresarlo en forma de conductas inapropiadas (gritar, insultar, dar un golpe en la mesa, etc.).

No obstante, la escalada de la ira va a depender también de la personalidad de la víctima, de sus estrategias de solución de problemas, de su entorno familiar anterior y actual, de la red de apoyo social y de su estado de ánimo.

No se trata de eliminar la ira, sino de canalizarla de una forma razonable y de orientar las fantasías de venganza, que pueden ser habituales en las víctimas de delitos violentos, a la acción de la Justicia. El control de la ira evita problemas, mejora la relación con los demás y ayuda a la recuperación de la autoestima.

Existen diferentes técnicas para controlar la ira. Las que se describen a continuación son estrategias de *emergencia*. Con ellas se puede lograr que la ira no se descontrole. El objetivo es que la víctima aprenda a canalizar la tensión (problemas, discusiones, estrés, tristeza, etc.) sin que la ira se adueñe de ella.

Las principales técnicas de emergencia para frenar la escalada de la ira son las siguientes:

### *Distracción del pensamiento*

Es una técnica que se ha mostrado muy útil para desconectar de los pensamientos calientes y de las sensaciones corporales asociadas a la ira. Saber distraer la mente es muy útil. Si se consigue no prestar atención a los síntomas derivados de la ira (sensaciones corporales, pensamientos calientes), éstos desaparecerán por sí solos con el transcurso del tiempo. Para ello es necesario, en primer lugar, decidir no pensar ya en ellos y, en segundo lugar, conseguir después distraerse con otras actividades.

A modo de ejemplo, éstos son algunos de los ejercicios posibles para conseguir este objetivo:

- ➪ *Concentrarse en lo que está pasando alrededor.* Al pasear, una persona puede fijarse en las otras personas y prestar atención a algún aspecto anecdótico de ellas: si tienen barba o no, cuántos llevan gafas, cuántos usan zapatillas de deporte, etc.
- ➪ *Practicar alguna actividad mental.* Por ejemplo, se puede contar despacio de 1 a 50 o recitar en voz alta de 0 a 100 de atrás para delante y de 2 en 2 (100, 98, 96, 94, etc.). Otra alternativa es tararear una canción o resolver una sopa de letras o un crucigrama.

- ⇨ *Hacer ejercicio físico.* Es decir, pasear, correr, nadar, practicar yoga, etc.
- ⇨ *Realizar respiraciones lentas y profundas.* Se pueden seguir estos pasos: aguantar la respiración, sin coger mucho aire, y contar hasta 10; al llegar a 10, expulsar el aire y decirse la palabra «tranquilo»; y respirar en ciclos de 6 segundos (3 para coger aire y otros 3 para expulsarlo).

*Autoinstrucciones positivas*

Lo que una persona piensa y se dice a sí misma (su *lenguaje interno*) influye en su estado de ánimo (ira, tristeza, nerviosismo) y en su conducta posterior. Incluso las personas más calladas no pueden evitar hablar consigo mismas o entablar diálogos con personajes imaginarios. Así, alguien que se aleje de una situación conflictiva y se vaya a dar un paseo para tranquilizarse, no lo logrará si se da autoinstrucciones negativas, como, por ejemplo: «*cuando regrese a casa, se va a enterar*», «*él nunca cede, ya estoy harta, se acabó*», «*me las va a pagar*», «*ésa no vuelve a utilizar el teléfono*», etc.

Estas frases hacen que la persona se «caliente» aún más y que llegue al lugar en el que surgió el conflicto (en el trabajo, en casa), con una escasa disposición para resolverlo por las buenas.

Lo que hay que hacer es cambiar las autoinstrucciones negativas por otras más positivas. De lo que se trata es de enseñar a las personas a hablarse a sí mismas de otra manera. Por ejemplo: «*en el trabajo tenemos mucho estrés y a veces surgen pequeños roces entre compañeros*»; «*es mejor solucionarlo por las buenas, ya que antes que nada somos compañeros*»; «*sé que, si se soluciona, todos vamos a estar más contentos*»; «*este problema se puede resolver si los dos ponemos de nuestra parte*»; «*mi mujer lo ha hecho sin querer*», etc.

Un ejemplo de autoinstrucciones encadenadas es el siguiente:

1. *Estoy furioso, ¿por qué me siento así?*
2. *Estar enfadado no me ayuda en nada.*
3. *Voy a esforzarme para tranquilizarme. Para ello voy a respirar despacio, con calma.*
4. *Tengo pensamientos calientes, pero no me voy a dejar vencer por ellos. Voy a pensar en otra cosa y voy a distraerme con otra actividad.*
5. *Muy bien, lo he conseguido.*

6. *Me voy encontrando mejor por momentos. Me siento más tranquilo; creo que el paseo me está sentando muy bien. Además, he sabido rebajar mi nivel de malestar.*
7. *Pensándolo bien, el problema no es para tanto. Creo que se puede solucionar bien y por las buenas.*
8. *Sé que soy una buena persona y que mis familiares también lo son.*
9. *Ahora estoy en condiciones de dialogar y de tratar de llegar a un acuerdo.*

Otros ejercicios más avanzados, que se abordan en otros apartados de este libro, son practicar la relajación muscular y mental, desarrollar las habilidades de comunicación y de relaciones con los demás, modificar los pensamientos erróneos por otros más correctos o positivos, etcétera.

### 7.1.3. Ansiedad e hiperactivación

Un estado de alerta permanente interfiere negativamente en la vida cotidiana de la víctima. En estas condiciones una persona puede encontrarse alterada constantemente, sentirse irritable, tener dificultades para dormir, permanecer vigilante ante cualquier estímulo, por insignificante que sea, y sentirse en la necesidad de controlar todo lo que está a su alrededor.

En general, la ansiedad es una respuesta emocional que funciona como una especie de *ángel de la guarda* para proteger a la persona de los peligros existentes. Es decir, alerta al organismo ante las situaciones que pueden ser amenazantes o peligrosas para el sujeto. La ansiedad se expresa en forma de síntomas físicos —sudor, dificultades respiratorias, rubor facial, aceleración de los latidos del corazón, etc.— cuando la persona percibe, correcta o incorrectamente, que se encuentra en una situación de peligro.

Sin embargo, cuando la respuesta de temor se pone en marcha ante situaciones que realmente no son peligrosas, se trata entonces de una *ansiedad patológica*. En este caso, la reacción del sistema nervioso funciona como una *alarma antirrobo* defectuosa, que activa de forma innecesaria los síntomas físicos del organismo ante situaciones que no son objetivamente peligrosas. Si esta alarma defectuosa no se corrige genera sufrimiento, somete a la persona a un desgaste excesivo, interfiere negativamente en su calidad de vida y altera su funcionamiento físico y psíquico (baja resistencia ante ciertas enfermedades, dificultades para dormir, nerviosismo, colon irritable, dolores de cabeza, etc.).

Por otra parte, acumular mucha ansiedad sin descargarla adecuadamente puede poner en marcha otro tipo de emociones negativas (como la ira, la tristeza, el rencor, etc.) y, en definitiva, empeorar todavía más la calidad de vida de la persona.

Las técnicas fundamentales para reducir la ansiedad son el control de la respiración, la relajación muscular y la relajación mental mediante la utilización de imágenes tranquilizadoras.

### *El control de la respiración*

La respiración es una función involuntaria de la que las personas no suelen preocuparse habitualmente. Un adulto respira normalmente entre 12 y 16 veces por minuto cuando está en una situación de descanso. Pero la respiración está íntimamente relacionada con las emociones. Así, cuando alguien está enfadado o nervioso su respiración es más acelerada y forzada. A esto se denomina *hiperventilación involuntaria*. En cambio, cuando uno está tranquilo su respiración es más lenta y armónica. Por ello, respirar bien es la base del control de la ansiedad y de otras emociones.

El malestar causado por la hiperventilación involuntaria es el resultado de expulsar demasiado dióxido de carbono. El aumento de la respiración reduce los niveles sanguíneos de dióxido de carbono, lo que provoca una constricción de los vasos sanguíneos en el cerebro y, en último término, una reducción del riego sanguíneo cerebral. Así, pueden surgir diversos síntomas: mareos, alteraciones visuales, náuseas, calambres, dolor de cabeza, palpitaciones, sudor frío y sensación de hormigueo en las manos y los pies; en último término, sensaciones de fatiga física y malestar en general.

Por ello, la práctica de una respiración lenta y profunda favorece la recuperación de la calma. Además de facilitar la relajación, la respiración profunda, al permitir inspirar aire más eficazmente, refuerza y pone en forma el sistema pulmonar, mejora las funciones cardiovasculares e intensifica la oxigenación. Así pues, cuando se regula la respiración, se tiende a controlar la tensión y se reduce la activación psicofisiológica.

En definitiva, el reaprendizaje de una respiración adecuada es una estrategia de afrontamiento útil para hacer frente a la hiperactivación fisiológica. Los pasos más importantes en la adquisición de esta técnica, que es fácil de aprender (en general, en una o dos sesiones de una hora) y que, como cualquier otro procedimiento, requiere una práctica regular (al menos tres veces al día, especialmente en los momentos de mayor tensión), se describen en la tabla 7.2. A veces esta técnica forma parte de la práctica de la relajación.

### Tabla 7.2
#### Entrenamiento en respiraciones lentas y profundas

Cuando una persona percibe los primeros signos de hiperventilación involuntaria debe realizar los siguientes pasos:

1. Interrumpir lo que está haciendo y sentarse o, al menos, concentrarse en los siguientes pasos (si se está en compañía de alguien, puede uno excusar su ausencia durante unos minutos y acudir a un lugar aislado, como, por ejemplo, el cuarto de baño).
2. Retener la respiración, sin hacer inhalaciones profundas, y contar hasta 10.
3. Al llegar a 10, espirar y decirse a sí mismo de una forma suave la palabra «tranquilo».
4. Inspirar y espirar en ciclos de 6 segundos (3 para la inspiración y 3 para la espiración), diciéndose a sí mismo la palabra «tranquilo» cada vez que espira. Habrá, por tanto, 10 ciclos de respiración por minuto.
5. Al final de cada minuto (después de 10 ciclos de respiración), retener de nuevo la respiración de nuevo durante 10 segundos. A continuación, reanudar los ciclos de respiración de 6 segundos.
6. Continuar respirando de este modo hasta que hayan desaparecido todos los síntomas de la hiperventilación involuntaria.

### *La relajación muscular*

Uno de los mejores antídotos contra la ansiedad y el estrés es la relajación. No hay que olvidar que la tensión muscular causa sensaciones corporales molestas como el dolor de cabeza y el dolor de espalda, y que estas sensaciones producen fatiga y llevan a aumentar el grado de preocupación de la persona.

Con la práctica regular de la relajación se puede conseguir un mayor grado de control emocional, una menor dificultad para conciliar el sueño y, en general, una menor sobreexcitación en situaciones atemorizantes. Son diversos los métodos utilizados para conseguir la relajación: hacer ejercicio físico, practicar yoga o emplear algún método dirigido específicamente a relajarse.

La *relajación muscular progresiva* de Jacobson es un método sencillo y muy práctico para lograr la relajación. Consiste en tensar y relajar los principales grupos musculares del cuerpo (brazos, cara y cuello, tronco y piernas) al mismo tiempo que el sujeto se concentra en las sensaciones relacionadas con la tensión y la relajación. De este modo, puede aprender a relajarse y a distinguir con precisión la relajación de la tensión, así como a identificar los mayores puntos de tensión de su cuerpo. La aplicación esquemática de este método se describe en la tabla 7.3.

Además de reducir la tensión acumulada, la relajación hace consciente a la persona de la respuesta muscular a la tensión crónica. Una vez dominada esta técnica, puede practicarse en cualquier lugar: mientras se espera una cita, de pie guardando cola, asistiendo a un espectáculo, en la cama antes de dormir, etc. Combinado con la respiración profunda, este simple método reduce eficazmente la tensión y hace menos vulnerable a la persona al estrés. Cuando el sujeto ha aprendido la técnica —en ocasiones, con la ayuda adicional de una cinta grabada por el terapeuta en la consulta—, debe practicarla, al menos, dos veces al día durante 15-20 minutos: una cuando se va a acostar (para facilitar la inducción del sueño) y otra en el momento de mayor tensión del día o, según las circunstancias, cuando disponga de tiempo libre para ello.

### *La relajación mental*

Algunas personas pueden llegar a relajarse físicamente, pero no mentalmente, porque están pendientes de sus inquietudes y preocupaciones. En estos casos se recurre, de modo complementario, a imágenes relajantes. Del mismo modo que la imaginación y los pensamientos negativos pueden inducir estrés, los pensamientos positivos y la visión mental de escenas agradables y serenas pueden suscitar sosiego y tranquilidad.

Los pasos de esta técnica aparecen descritos en la tabla 7.4.

### *Otras técnicas complementarias*

La programación de actividades lúdicas y de ocio, así como las autoinstrucciones positivas (como se han descrito en el apartado de la irritabilidad), pueden desempeñar también un papel importante en el control de las respuestas de ansiedad.

## Tabla 7.3
### Técnica de relajación progresiva*

| MÚSCULOS | INSTRUCCIONES |
|---|---|
| Manos | Cerrar, apretar y notar la tensión. Abrir, soltar poco a poco y distinguir las diferentes sensaciones entre tensión y relajación. |
| Brazos (bíceps) | Doblarlos, notar la tensión y soltarlos paulatinamente. |
| Brazos (tríceps) | Estirarlos hacia adelante, sentir la tensión, aflojarlos y relajarlos. |
| Frente | Subir las cejas arrugando la frente, notar la tensión, soltar y relajar. |
| Entrecejo | Fruncirlo y soltar despacio. |
| Ojos | Desplazarlos a la derecha, arriba, a la izquierda, abajo; soltarlos y relajarlos. |
| Mandíbulas | Sonreír de manera forzada, soltar y relajar. |
| Labios | Apretarlos, soltar y relajarlos. |
| Cuello | Girar a la derecha, a la izquierda, adelante, atrás; soltar y relajar. |
| Hombros | Subirlos hacia las orejas, llevarlos atrás, soltar y relajarlos. |
| Tórax | Respirar lentamente. |
| Estómago | Contraer hacia dentro y hacia fuera, soltar y relajar. Respirar lentamente. |
| Nalgas | Contraerlas apretando hacia el asiento, soltar y relajar. |
| Piernas (1) | Subirlas con las puntas de los pies hacia la cara; soltar y relajarlas. |
| Piernas (2) | Subirlas con las puntas de los pies estiradas; soltar y relajarlas. |

\* El tiempo de la primera sesión es de unos 45 minutos. Este tiempo se irá reduciendo en las siguientes sesiones según el ritmo con que vaya aprendiendo el paciente. Lo habitual es que la persona acabe por relajarse en unos pocos minutos en la cuarta o sexta sesión.

### Tabla 7.4
**Ejercicios de relajación mental**

| | |
|---|---|
| 1. | Escribe una lista de lugares o situaciones que te resulten relajantes. Por ejemplo, bañarte en la playa, escuchar música grata, pasear por el campo, tomar algo en una terraza acompañado de un grupo de amigos, etc. |
| 2. | Al relajarte muscularmente después de hacer los ejercicios, imagina de la forma más realista posible que estás en una de esas situaciones apacibles. |
| 3. | No te preocupes si no puedes concentrarte durante mucho tiempo en una imagen. Si tienes varias, puedes imaginártelas una detrás de otra. Se trata de apartar de la mente los pensamientos preocupantes durante períodos cada vez más largos. |
| 4. | Si no puedes pensar en una imagen relajante, concéntrate en algo interesante o divertido. |

## 7.1.4. Depresión

La tristeza —al igual que el miedo o la ira— es una emoción más de las que dispone el ser humano. Esta emoción permite expresar el dolor que un sujeto vive por dentro y, a la vez, pedir ayuda o apoyo emocional a las personas de su entorno. En este sentido, la tristeza es positiva cuando se vive ante circunstancias realmente dolorosas y siempre que tenga una intensidad y duración proporcional a la situación desencadenante (pérdida de un familiar, agresión sufrida, etc.).

Por otra parte, la gente suele ofrecer apoyo a las personas que muestran signos de tristeza, pero también ocurre que la gente «sale disparada» o huye de las personas habitualmente tristes, sobre todo de aquellos que *«lloran a todo el mundo, constantemente y sin tener un motivo importante para hacerlo»*.

La depresión se expresa a través de los siguientes síntomas: tristeza, llanto, desgana para realizar actividades cotidianas o para relacionarse con otras personas, lentitud, pasividad, apatía, alteraciones del sueño y de la alimentación, dificultades para dejar de pensar en el suceso ocurrido, etc. Al mismo tiempo hay quejas reiterativas que delatan a quien está deprimido: *«no tengo ganas de hacer nada», «todo esto es una porquería», «no hay nada que hacer», «ya no me importa nada», «me siento vacío»*, etc.

La mayoría de las personas, una vez transcurrido un período de tiempo «prudencial» desde el acontecimiento traumático, superan su tristeza, pero otras, en cambio, no lo consiguen. Algo que explica el funcionamiento diferente de unas personas a otras son los factores de *vulnerabilidad*. En este sentido, tienen mayor vulnerabilidad o riesgo de sufrir excesiva tristeza quienes:

- ⇨ Se implican menos en actividades agradables y disfrutan menos de la vida.
- ⇨ Piensan de una manera que les lleva a estar con más facilidad tristes. Así, por ejemplo, interpretan los sucesos negativos como más terribles de lo que en realidad son, no consiguen desconectar del recuerdo de los acontecimientos tristes o tienen ideas erróneas que les llevan a malinterpretar lo que les ocurre y a entristecerse.
- ⇨ Sufren de dificultades para relacionarse con otras personas y para resolver los problemas de forma adecuada.

Es importante saber que la *tristeza patológica* no se mantiene si no se la *alimenta* constantemente. Podría decirse que los dos *platos favoritos* de la tristeza son una forma de pensar negativa (o de interpretar negativamente lo que le ocurre a la persona o lo que es ella misma) y un comportamiento equivocado (aislarse de la gente, no realizar actividades agradables, etc.). Así, cuando una persona está triste, no le apetece ver gente, prefiere quedarse sola y rehúye practicar diferentes entretenimientos que antes le gustaban. En el fondo, iniciar cualquier actividad le puede resultar muy pesado y, por ello, evita hacerlo. Esta conducta evitativa alivia al sujeto a corto plazo, pero a la larga le impide disfrutar de la vida o sacar partido de la práctica de dichas distracciones. Asimismo, la evitación progresiva de entretenimientos le puede llevar a descuidar su aspecto físico, a enlentecer las actividades cotidianas, a no pensar con claridad, a caminar cabizbajo y desganado, etc. (figura 7.2).

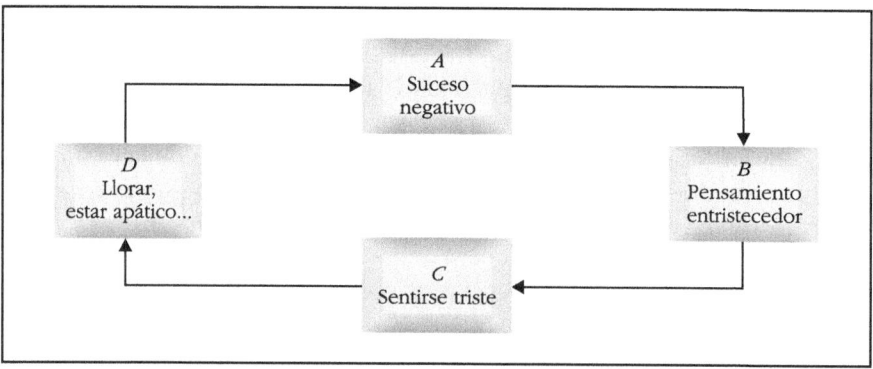

Figura 7.2. *Desarrollo de la tristeza.*

La víctima puede no ser consciente de lo que le ocurre y mantener la mente dominada por la tristeza. Incluso puede llegar a empeñarse en buscar información pasada exclusivamente relacionada con ese estado de ánimo. Es como si rebuscase las penas del pasado en la *caja de los recuerdos tristes*.

Este modo de actuar hace que la persona esté más triste e impide que mejore su estado de ánimo. Si dar vueltas a la porquería produce más porquería, revolver la tristeza, como si fuera un disco rayado, lleva a sentir más pena y dolor. Hay momentos en los que el nivel de confusión de la víctima es tal que puede llegar a *recrearse* con los pensamientos desgraciados. Un observador externo podría pensar que la persona disfruta dándole vueltas a sus pensamientos tristes.

Esta forma enfermiza de pensar se ve reforzada cuando la persona deja de hacer actividades que antes le resultaban agradables y con las que disfrutaba, así como con el abandono de sus obligaciones (trabajo, cuidado de los hijos, etc.) y autocuidado (aseo, ejercicio físico, etc.).

En definitiva, la persona atiende a lo triste, recuerda las penas y no es capaz de ver las cosas positivas de su alrededor por la influencia de un estado de ánimo melancólico. Todo ello podría conducir a una profunda y prolongada depresión.

Hay tres técnicas que se han mostrado útiles para superar la tristeza derivada de las situaciones vitales negativas: el cambio de los pensamientos negativos equivocados, la implicación en actividades agradables, y la búsqueda de lo positivo en las vivencias cotidianas.

### *El cambio de los pensamientos negativos equivocados*

Si los pensamientos son los que, en buena medida, determinan los sentimientos y las conductas, de lo que se trata es de modificar los pensamientos negativos y de llegar a pensar de otra manera.

Por mucho que una persona haya vivido una experiencia objetivamente negativa, como la víctima de un trauma, hay que aprender a diferenciar el malestar que proviene del suceso ocurrido del sufrimiento que uno mismo se crea con sus pensamientos equivocados.

Por ello, en primer lugar hay que actuar, a modo de *detectives*, para localizar aquellos pensamientos negativos automáticos causantes de la tristeza; en segundo lugar, conviene poner a prueba y desafiar dichos pensamientos para determinar si son realmente ciertos; y, por último, se debe buscar alternativas a los pensamientos negativos y construir pensamientos más realistas (figura 7.3).

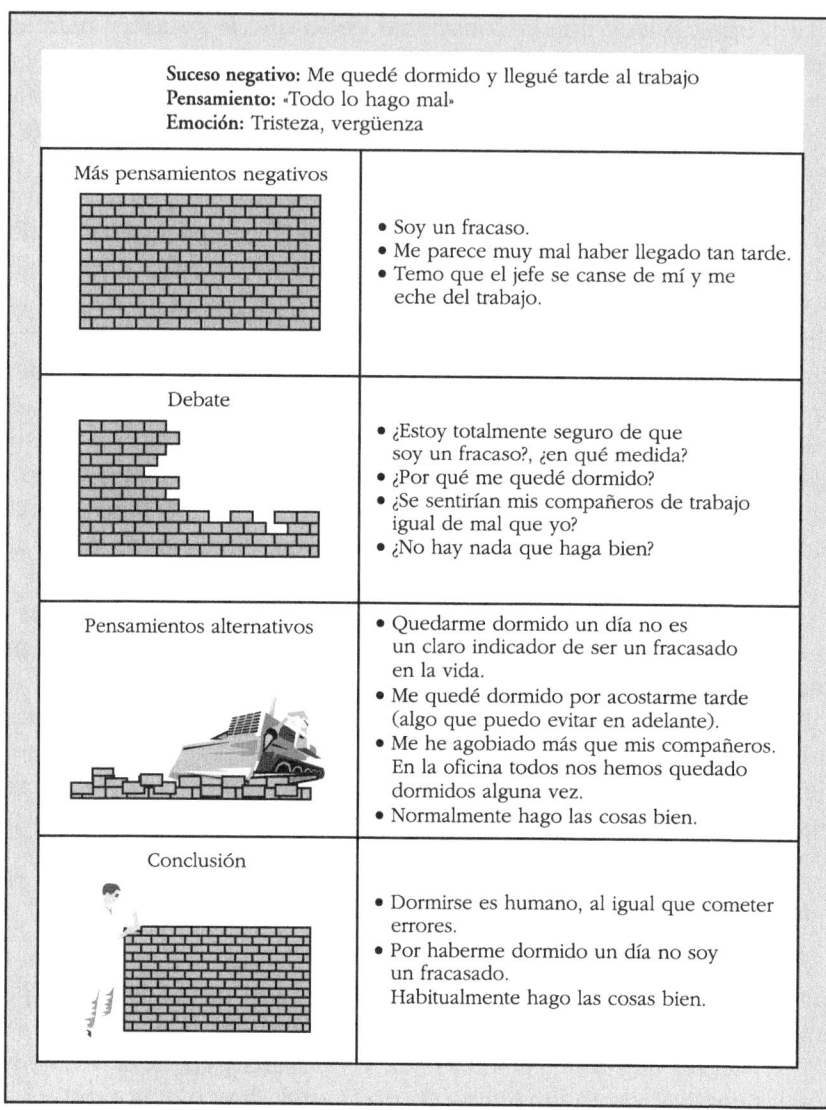

Figura 7.3. *Cuestionamiento de pensamientos negativos.*

En resumen, la víctima debe aprender que los pensamientos no son una prueba de la realidad. Pensar que su vida ya no tiene sentido no quiere decir que realmente no la tenga. Por ello, se trata de enseñarle un procedimiento sencillo para detectar estos pensamientos destructivos y sustituirlos por otros más positivos. Sólo así puede adquirir la motivación suficiente y la energía para seguir adelante en la vida con alegría.

### La implicación en actividades agradables

Las víctimas de un suceso traumático tienden a centrar la atención selectivamente en las preocupaciones que les afectan, que les suelen abrumar y que perciben como incontrolables. La reconcentración en uno mismo, la fatiga y la desmotivación son, en último término, el resultado habitual de este proceso. Por ello, no es infrecuente que las personas abandonen la práctica de sus aficiones, salgan poco de casa y se relacionen menos socialmente. Una vida rutinaria y monótona es el resultado de todo ello.

Llevar a cabo actividades positivas está íntimamente relacionado con un estado de ánimo favorable. En general, los días más felices de la semana son aquellos en los que una persona ha realizado un mayor número de actividades agradables.

Cuando una persona está triste, puede sentirse desganada y sin ánimo de buscar entretenimientos. Aun así, el mejor remedio para superar este malestar es implicarse en alguna actividad gratificante. Cuando una víctima está realizando una tarea grata que le resulta absorbente logra desconectar con más facilidad de los pensamientos tristes. De esta manera obtiene un disfrute que no obtendría si se quedara inactiva pensando y recreándose en los recuerdos negativos. Cada persona debe seleccionar aquellas actividades gratas que más le interesan, bien porque le han gustado en el pasado, bien porque le gustaría iniciar o aprender ahora. Compartir estas tareas con otras personas tiene un valor adicional. Una vez elegidas, es muy importante practicarlas de forma regular para lograr disfrutar de ellas y para que todo ello le ayude a *levantar el ánimo*. Algunas instrucciones de interés están expuestas en la tabla 7.5.

### Tabla 7.5
**Programación de actividades lúdicas**

1. Haz una lista de las actividades que te gusta llevar a cabo o que te han interesado en un pasado reciente.
2. Reserva tiempo suficiente para realizarlas al final de tu jornada laboral y los fines de semana y vacaciones.
3. Concédete algún capricho. Mímate un poco de vez en cuando.

*La búsqueda de lo positivo en las vivencias cotidianas*

Una de las estrategias útiles para superar la depresión es sacar de nuestras vivencias, incluso de las más negativas, el máximo partido posible y de tratar de ver su lado positivo. Mantener en la mente las experiencias agradables o las imágenes de la fortaleza demostrada para superar las desagradables contribuye a mejorar el estado de ánimo.

Esta labor resulta muy difícil cuando una persona está triste. Pero con la repetición y con la mejoría progresiva del estado de ánimo se va convirtiendo en algo más sencillo. Al mismo tiempo, esta práctica se puede generalizar al recuerdo de las experiencias alegres y positivas ocurridas en el pasado. Es una manera de que el pensamiento se centre en lo positivo de las vivencias actuales y también del pasado, para que esta forma de pensar mejore el estado de ánimo y haga a la persona la vida más agradable.

Como es lógico, las personas que llevan muchos años centrándose en las experiencias negativas que les ocurren y les han ocurrido (en lugar de en las gratas), tendrán más dificultades para mejorar su estado de ánimo y para acostumbrarse a detectar las cosas positivas de la vida.

Para practicar esta técnica se requieren dos condiciones:

- Estar motivados para centrar la atención en las experiencias positivas, por pequeñas que éstas sean.
- Saber a qué aspectos se debe prestar atención.

Algunas de las cosas en las que una persona se puede fijar son las siguientes:

- Disfrutar de la práctica de actividades agradables.
- Prestar atención a los aspectos gratificantes derivados de la relación con otras personas:
  - Recibir un agradecimiento, una sonrisa, una felicitación, etc.
  - Sentirse útil e importante para otras personas. Ser tenido en cuenta a la hora de opinar, de elegir algo, etc.
  - Reírse y divertirse con otras personas: charlando, yendo de excursión, comiendo, realizando diferentes actividades en grupo, etc.
- Dejarse sorprender por la vida y por las cosas positivas que a una persona le ocurren a diario:

- Encontrarse con un buen amigo, recibir una llamada telefónica agradable, etc.
- Sentirse bien por haber ayudado a otra persona.
- Conocer a gente nueva y simpática.
- Recibir una noticia positiva de un familiar, amigo, etc.

⇨ Buscar noticias agradables o pintorescas en periódicos, revistas, libros, etc.
⇨ Fijarse en anécdotas divertidas o curiosas.
⇨ Aprender cosas nuevas que puedan gustar a una persona y hacerle sentirse bien.

Esta lista es sólo un conjunto de ejemplos. Los aspectos positivos de la vida no se limitan a éstos. Es decir, esta lista se puede ampliar todavía mucho más. En definitiva, conviene enviar directamente a la basura muchos de los pensamientos entristecedores que se instalan en la mente al recordar experiencias negativas que han ocurrido en el presente y en el pasado y centrarse, en su lugar, en los aspectos positivos. En el fondo es jugar todos los días a la búsqueda de un tesoro: *la alegría*.

## 7.1.5. Sentimientos de culpa

La culpa, como las demás emociones, tiene una función reguladora en el organismo. El malestar generado por el remordimiento sirve para la evitación preventiva de las situaciones que lo generan o para la realización de conductas de reparación cuando algo se ha hecho ya mal (Kubany, 1998).

Como otras reacciones emocionales, la culpa no es estática, sino que puede modificarse en función del análisis de las causas subyacentes y, sobre todo, de las estrategias de afrontamiento utilizadas.

La culpa anómala se puede expresar de formas muy variadas, sanas e insanas. A veces se trata de soslayar el remordimiento sin afrontarlo directamente, incluso sin conciencia de culpa (en forma de represión emocional). La implicación en conductas muy excitantes, los intentos de suicidio, la comida abusiva, los comportamientos adictivos (como por ejemplo tratar de ahogar en el alcohol el remordimiento sufrido) o el trabajo vivido compulsivamente son ejemplos de estas estrategias inadecuadas, que enmascaran la culpa y que sirven para eludir un malestar que, en estado de lucidez, atenaza a la persona afectada (Castilla del Pino, 2000).

Lo sano, por el contrario, es identificar lo negativo correctamente, tomar conciencia apropiada de la culpa y expresarla verbalmente. Es decir, sacar la culpa de uno mismo es una forma de analizarla más objetivamente: no de todo lo malo que ocurre o ha ocurrido es la persona responsable. En realidad, hay diversas posibilidades ante algo malo de lo que un sujeto se siente culpable: *a)* una persona puede ser total o parcialmente responsable; *b)* el suceso ocurrido fue imprevisible o tuvo lugar al margen del control del sujeto, y *c)* la víctima hizo lo posible, pero no pudo evitar lo ocurrido.

En el caso de que la culpa sea irracional, el terapeuta debe ayudar a la víctima a objetivar la situación, a considerar la culpa como una distorsión cognitiva relacionada con su malestar emocional y a enseñarle alternativas de pensamiento racionales para hacer frente a estos pensamientos automáticos (como se ha señalado en el apartado relacionado con la depresión). La dificultad del tratamiento deriva a veces de que los sentimientos de culpa son múltiples, bien porque están relacionados con diversos sucesos, bien porque abarcan diferentes aspectos de un mismo suceso. En este caso se trata de hacer una jerarquía de los objetivos terapéuticos y de centrarse en aquellos que resultan más invalidantes para la víctima.

Hay casos, sin embargo, en los que la culpa es total o parcialmente objetiva. Una vez analizado detalladamente el suceso, un paso ulterior es pedir perdón y asumir las responsabilidades debidas. De lo que se trata en último término es de, por un lado, distinguir entre el pasado y el presente (centrarse en el aquí y ahora), de asumir las propias limitaciones y de no castigarse a sí mismo de una forma estéril y destructiva; por otro, de buscar soluciones, de reparar daños o de compensar los efectos negativos.

Siempre hay algo que se puede hacer para reparar el malestar generado. Si no es posible llevar a cabo una acción directa de reparación (porque la víctima de la conducta culpable ha fallecido, por ejemplo, o porque el daño hecho es irreversible), cabe la posibilidad de implicarse en actividades indirectas de reparación: colaborar con otras víctimas o con los familiares de la víctima en otras actividades, formar parte de una *ONG,* alertar a otras personas de los errores cometidos para evitar su repetición, etc. Incluso pueden desarrollarse conductas generales de empatía y de altruismo, que contribuyen a recuperar la autoestima del sujeto. Algunas estrategias útiles para controlar los sentimientos de culpa figuran expuestas en la figura 7.4 (Echeburúa, Corral y Amor, 2001).

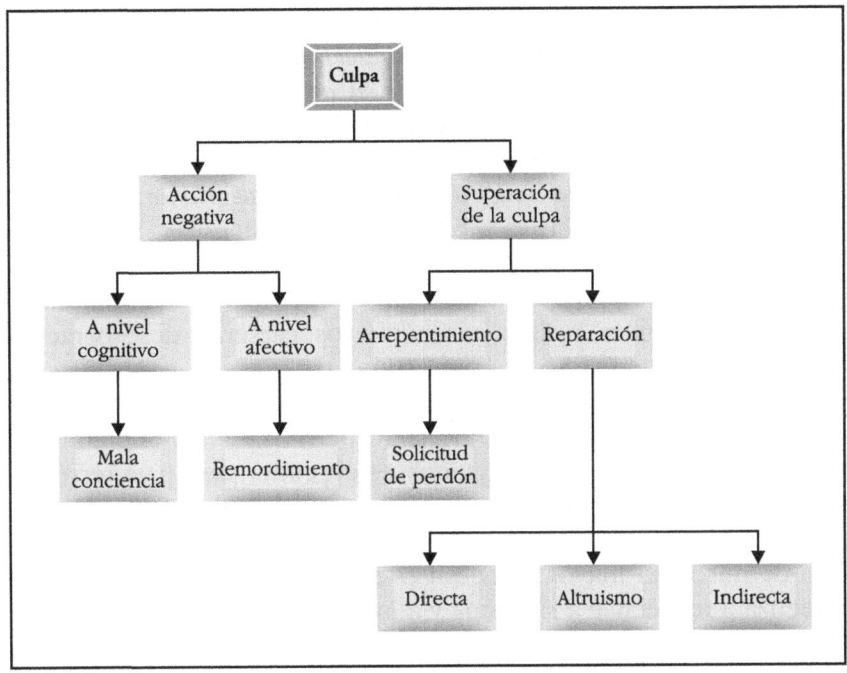

Figura 7.4. *Acción y superación de la culpa.*

*Beatriz, de 35 años, casada y con dos hijos de 8 y 6 años, maestra de profesión, quedó viuda hace 2 años cuando su marido murió en un accidente de coche al salirse de la calzada y estrellarse contra un árbol. Ella iba también en el vehículo, pero no le sucedió nada. Beatriz no sabe exactamente por qué tuvo lugar el accidente, pero ella lo achaca a que distrajo a su marido con la conversación y, por tanto, ella se atribuye la responsabilidad de lo ocurrido. Beatriz es una persona introvertida, perfeccionista y con tendencia al pesimismo. A raíz del accidente tuvo una profunda depresión, experimentó unos intensos sentimientos de culpa y estuvo de baja durante todo un curso. Lo único que hacía era llorar, rezar (es muy religiosa), acudir con frecuencia al cementerio, revisar las fotos y los recuerdos de su marido y atender, en la medida de lo posible, las necesidades de sus hijos. Se negaba a ir a la peluquería, a comprar ropa nueva e incluso a maquillarse porque le parecía una frivolidad. Las pesadillas eran constantes.*

*Al darse cuenta al cabo de unos meses de que éste no era el camino para salir adelante, con la ayuda de su hermana y de su médico de cabecera volvió a la escuela y se volcó en el trabajo. En la escuela se implicó especialmente en los programas de seguridad vial. Ha comenzado a colaborar en la catequesis de la parroquia del barrio. Todo ello le hace estar muy ocupada y contribuye a mejorar su autoestima. Además, al estar más tiempo fuera de casa, se preocupa más de su aspecto físico, que ha mejorado notablemente. El sueño ha mejorado mucho porque llega muy cansada a casa. Empieza a disfrutar ahora de la alegría de sus hijos, que le compensa, en cierta forma, de su soledad y de su dolor.*

En suma, sentir culpa constituye una forma inadecuada de reaccionar, si una persona se resigna a sus defectos, cae en la desesperación y no emprende ninguna acción para superarse. En este caso se trata de un sentimiento infructuoso. Por el contrario, si sentir pesar por los errores cometidos, como resultado de la aceptación de la vulnerabilidad y de la fragilidad de los seres humanos, es el primer paso para repararlos, allí hasta donde es posible, se trata de una culpa normal, que es un motor para la acción y que no disculpa al ser humano del imperativo ético de buscar el mayor bienestar posible. De esta forma, la persona comienza a respetarse a sí misma y a implicarse en un tipo de vida merecedor de tal respeto.

Así, por ejemplo, ex combatientes norteamericanos de la guerra del Vietnam, víctimas de un trauma y aquejados también de intensos sentimientos de culpa, han encontrado curativo volviendo a Vietnam para trabajar con los vietnamitas codo a codo en la reconstrucción del país o acogiendo en sus casas norteamericanas a hijos de vietnamitas necesitados.

## 7.2. PÉRDIDA DE LA CONFIANZA PERSONAL E INTERPERSONAL

La víctima de un trauma pierde confianza en sí misma, pero también en los demás. Por lo que a las otras personas se refiere, puede considerarlas en unos casos como potencialmente peligrosas y en otros como insolidarias con su dolor. En ciertos tipos de traumas que no implican la muerte de una persona (como es el caso de un abuso sexual, de una relación de pareja violenta, de una violación, etc.), las demás personas pueden no ser conscientes del alcance del sufrimiento de la víctima y no darle el apoyo emocional necesario.

La reevaluación cognitiva desempeña un papel muy importante en este contexto. Su objetivo es normalizar los esquemas cognitivos automáticos y catastrofistas que se producen tras las situaciones traumáticas. Asimismo se enseña a la víctima a prestar una atención específica a los aspectos positivos del suceso, como por ejemplo: *a)* darse cuenta de los recursos psicológicos que la víctima posee y que no se habían puesto en marcha con anterioridad; *b)* observar reacciones positivas en los demás con las que la víctima no contaba, y *c)* dar importancia a las pequeñas cosas cotidianas y valorar el día a día.

Expresar lo ocurrido a los demás facilita este proceso. En estos casos hay una reevaluación cognitiva espontánea por parte de los demás en relación con los sesgos cognitivos y las ideas de culpabilidad de la víctima. Así se disipan temores y se aclaran situaciones confusas.

### 7.2.1. Déficit de autoestima

Los déficits de autoestima contribuyen a amplificar el impacto psicológico de un suceso traumático, pero pueden ser también una consecuencia del mismo.

*Concepto de autoestima*

La autoestima es la forma en que una persona se valora a sí misma y a lo que es capaz de hacer. De ahí deriva el sentimiento de mayor o menor satisfacción que un ser humano experimenta consigo mismo. Por así decirlo, es la valoración que la persona hace de sí misma tras mirarse en una especie de espejo y tras compararse con los demás que están a su alrededor en diferentes aspectos que le resultan significativos: atractivo físico, éxito familiar y social, inteligencia, forma de ser, logros alcanzados en la vida, etc.

Cuando una persona tiene una *autoestima positiva*, se siente en general capaz y satisfecha consigo misma, hace frente adecuadamente a las dificultades de la vida, mantiene unas relaciones apropiadas con los demás y acepta las críticas sin ver intenciones ocultas en las conductas del resto de las personas.

Por el contrario, cuando una persona tiene una *autoestima negativa*, se ve inútil y se siente incapaz de hacer frente a los problemas diarios, no se acepta a sí misma, se ve inferior a los demás, concede mucha importancia y tiene un temor exagerado a las críticas y, por último, se muestra muy dependiente de los otros. Igualmente, los pensamientos negativos acerca de sí misma, independientemente de que en buena medida son erróneos o claramente exagerados (*«no valgo para nada»*, *«no merezco vivir»*, *«no pongo nada de mi parte»*, *«me he hundido para siempre»*, *«mi vida es insoportable»*, *«nadie me quiere»*, etc.), contribuyen a destruir su autoestima.

*Aspectos relacionados con los déficits de autoestima*

Las creencias generalizadas negativas sobre uno mismo son una fuente inagotable de dolor moral y de tristeza que incluso pueden hacer desgraciada a una persona.

En estos casos el esquema a la hora de percibir la realidad es siempre el mismo. Es decir, ante una *situación negativa* determinada (A), la persona realiza una *interpretación* (B) que suele ser muy general y exagerada. Todo ello lleva a un *sentimiento* (C), que puede ser de tristeza o de enfado, y, finalmente, a un *comportamiento* (D), como puede ser evitar el contacto con la gente, enfadarse con las personas más próximas, etc. (figura 7.5).

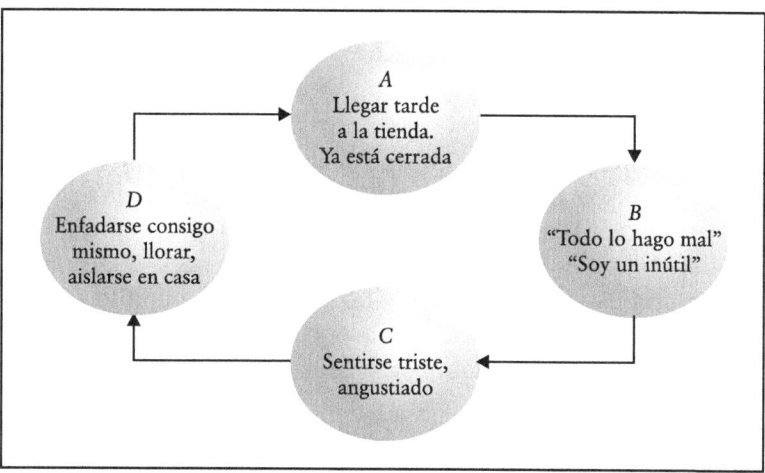

Figura 7.5. *Déficit de autoestima.*

Son muchos los factores asociados con la baja autoestima. A continuación se señalan algunos de ellos:

### FORMA DE SER

- ⇨ No tolerar la frustración, los fracasos ni los propios errores.
- ⇨ Proponerse metas inalcanzables o muy difíciles.
- ⇨ Ser muy tímido y no saberse comunicar adecuadamente con los demás.
- ⇨ Mostrar dificultades para controlar las emociones (en especial la ira y la tristeza).

## SUCESOS NEGATIVOS Y ESTRESORES

⇨ Sentirse *pisoteado* en sus derechos como persona (ser humillado o ridiculizado).
⇨ Estar solo sin quererlo.
⇨ No tener trabajo o perder el empleo.

## FORMA DE PENSAR NEGATIVA

⇨ Fijarse y tener siempre presentes sus aspectos negativos y olvidarse de los atributos positivos (cualidades, habilidades, etc.).
⇨ Recrearse en sus defectos y quitar importancia a sus cualidades o virtudes.
⇨ Compararse con los demás para encontrar aquellos atributos (cualidades, capacidades, habilidades, logros, etc.) en donde los demás son mejores.
⇨ Conceder más importancia a sus fracasos y defectos que a sus éxitos o cualidades.

*Ejercicios para mejorar la autoestima*

La autoestima supone la aceptación interna de una persona como tal, lo que no implica un mero ejercicio de resignación. La seguridad en sí misma deriva del sentimiento gratificante que procede de conseguir los objetivos que una persona se propone, y se potencia con los diferentes logros que haya podido obtener. En cualquier caso, el éxito debe referirse a metas presentes y futuras —no al pasado—, a la comparación de la persona consigo misma —no con los demás— y a los esfuerzos realizados más que a los logros obtenidos.

Hay unas reglas de oro en relación con la autoestima:

## TOLERAR LOS FRACASOS

⇨ En la vida de cada persona existen tanto fracasos como éxitos. No siempre se gana; si no, la vida sería un poco aburrida. Es imposible tener éxito en todas las actividades o en todas las facetas de la persona.

## ACEPTAR LOS ERRORES

⇨ Todas las personas cometen errores. Los errores son inevitables.
⇨ De los errores del pasado se puede aprender para vivir mejor en el futuro (o se puede la persona amargar pensando en ellos y no aprendiendo de ellos).
⇨ Hay que tolerar un porcentaje de error en el desarrollo de la vida.

## PROPONERSE METAS ALCANZABLES

▷ Hay que plantearse metas concretas y que sean alcanzables a través de un esfuerzo razonable. Los objetivos imposibles o irreales son una fuente de frustración y de tristeza. Por ello, hay que olvidarse de lo imposible e ir a lo posible.
▷ Tener éxito en pequeñas metas atrae nuevos éxitos.

## RELACIONARSE CON LOS DEMÁS

▷ Practicar una comunicación adecuada.
▷ Comportarse asertivamente.
▷ No *pisotear* los derechos de los demás ni dejar que los otros pisoteen los de uno.
▷ Fomentar el contacto social con personas agradables y alejarse como de la peste de las personas desagradables o negativas.

## CONTROLAR LAS EMOCIONES

▷ Ser *dueña* de las emociones (ira, ansiedad, tristeza, celos, etc.) conduce a la persona a sentirse mejor con ella misma, así como a entenderse mejor con los demás.

## SOLUCIONAR SÓLO LO QUE PUEDE SOLUCIONARSE

▷ Abordar sólo los temas que se pueden solucionar. Los sucesos negativos que han ocurrido en el pasado ya no tienen solución. Lo que ahora se puede hacer es modificar el presente y trabajar para un futuro mejor.

## ATENDER A LO POSITIVO DE UNO MISMO

▷ Recrearse recordando las cualidades, habilidades, conocimientos, experiencia, etc., de uno mismo, así como los momentos buenos vividos.

## NO ESTAR COMPARÁNDOSE CONSTANTEMENTE CON LOS DEMÁS

▷ Ser siempre uno mismo y aceptarse tanto con las cualidades como con los defectos.
▷ Compararse con uno mismo, es decir, con los logros conseguidos con el esfuerzo personal.

## REALIZAR ACTIVIDADES AGRADABLES

▷ Divertirse sanamente, sin excesos contraproducentes para la salud (abuso de alcohol, drogas, conductas sexuales de riesgo, etc.).
▷ Combinar las obligaciones (trabajo, ocupaciones familiares, etc.) con el disfrute de los ratos de ocio (estar con amigos, hacer deporte, practicar aficiones, etc.).

*Ejes del tratamiento*

| MIMARSE A SÍ MISMO |
|---|
| ➪ Las víctimas pueden contar con un instrumento (el *Inventario del Autoconcepto*) que facilita la autovaloración de la persona en los aspectos positivos y negativos más significativos en relación con las distintas áreas de la autoestima: apariencia física, capacidad intelectual, forma de ser, salud, aceptación social, sexualidad, rendimiento profesional, estatus socioeconómico, ejecución de tareas cotidianas y éxito en la vida. |

## Inventario del autoconcepto

1. De las áreas propuestas, elige las 5 que consideres más importantes y numéralas por orden de importancia.
2. De las 5 áreas seleccionadas, piensa y anota tus aspectos positivos y negativos.

| | ÁREAS | ASPECTOS POSITIVOS | ASPECTOS NEGATIVOS |
|---|---|---|---|
| | Apariencia física | + <br> + <br> + | − <br> − <br> − |
| | Capacidad intelectual | + <br> + <br> + | − <br> − <br> − |
| | Forma de ser | + <br> + <br> + | − <br> − <br> − |
| | Salud | + <br> + <br> + | − <br> − <br> − |
| | Relaciones con los demás | + <br> + <br> + | − <br> − <br> − |
| | Relación de pareja | + <br> + <br> + | − <br> − <br> − |
| | Rendimiento académico o laboral | + <br> + <br> + | − <br> − <br> − |

| ÁREAS | ASPECTOS POSITIVOS | ASPECTOS NEGATIVOS |
|---|---|---|
| Estatus socioeconómico | + + + | − − − |
| Familia | + + + | − − − |
| Logros alcanzados y éxito en la vida | + + + | − − − |

Todo ello facilita, por un lado, la atención selectiva a los aspectos positivos de la persona. Por otro, en cuanto a los aspectos negativos, permite abordar sólo los puntos que pueden solucionarse. Los sucesos negativos que han ocurrido en el pasado ya no tienen solución. Lo que ahora se puede hacer es modificar el presente y trabajar para un futuro mejor.

En resumen, la mejora de la autoestima implica una modificación del pensamiento en cuanto a la corrección de los errores cognitivos y una implicación activa en conductas actuales y futuras encaminadas a la consecución de diversos objetivos realistas. La obtención de pequeñas metas no hace sino crear nuevas expectativas de logros futuros. Visualizar con antelación escenas e imágenes de éxito —por ejemplo, imaginarse a sí mismo consiguiendo la meta que se pretende— puede ayudar a acometer conductas con energía y con expectativas de éxito.

### 7.2.2. Déficit de habilidades sociales

El aislamiento social de algunas víctimas puede ser resultado del ensimismamiento provocado por el trauma, de la depresión subyacente y de la pérdida de interés por el mundo exterior.

La mejoría de la víctima a medida que transcurre el tiempo puede aliviar su depresión y hacerle mostrar un mayor interés por la realidad circundante. La adopción de una forma adecuada de comunicarse es fundamental en este proceso de religación con el mundo externo.

### Estilo de comunicación

Las personas tienden a comunicarse con los demás con un estilo personal, que, además, suele resultar bastante constante en el transcurso del tiempo. A continuación se exponen esquemáticamente algunos de los estilos de comunicación más habituales.

La comunicación *agresiva* consiste en expresar las ideas de forma inapropiada y dañando los derechos de los demás. Mediante esta forma de relación se puede lograr a veces lo que se quiere pero a costa de humillar a la gente, de amenazarla (con palabras, gestos, miradas, etc.) o de obligarla a realizar actividades o conductas en contra de sus deseos. Relacionarse de este modo complica la solución de los problemas. El resultado de todo ello es el odio y rechazo de los demás.

La comunicación *pasiva* es una forma de «no expresarse». Es decir, con este estilo de relación («*oír, ver y callar*») no se corren riesgos y la persona se deja hacer plegándose a las decisiones de los demás. Esta forma de «no expresarse» se relaciona mucho con la timidez excesiva o con lo que otros denominan *no tener personalidad* o *carecer de carácter*. Esta situación lleva a la persona a tener que *morderse la lengua* más de una vez y a *tragar sapos*, es decir, a almacenar mucho malestar. Más tarde, tras acumular mucha tensión, la persona puede descargarla de forma violenta o explosiva contra las personas más cercanas o con quienes tiene más confianza y ve más vulnerables (por ejemplo, con la mujer, los hijos o los suegros, con algún amigo, etc.).

Por último, la comunicación *asertiva* es un modo de comunicación con el que se expresan las ideas y los sentimientos de una forma adecuada y respetando los derechos de los demás. Por ello es una forma de comunicarse eficaz: la persona habla claramente a los demás y con franqueza y es capaz de pedir lo que desea, de expresar lo que siente sin herir a los demás y de negarse a hacer lo que no le apetece o no le parece razonable. Quien se comporta de forma asertiva logra que la relación con otras personas sea satisfactoria (a diferencia de la comunicación agresiva) y, a la vez, no acumula tensión constantemente (como en el caso de la comunicación pasiva).

### Lenguaje del cuerpo

Por otro lado, la forma de comunicarse de una persona se ve reflejada en el cuerpo. Los gestos son como un libro abierto, tal como se expresa a continuación.

| COMUNICACIÓN AGRESIVA |
|---|
| ➪ Expresión de la cara: enfadada y tensa.<br>➪ Mirada desafiante.<br>➪ Voz alta, gritona.<br>➪ Cuerpo tenso.<br>➪ Gestos exagerados o amenazantes. |
| **COMUNICACIÓN PASIVA** |
| ➪ Expresión de la cara: asustada, tímida y triste.<br>➪ Mirada evitativa. Ojos mirando al suelo.<br>➪ Voz temblorosa y floja.<br>➪ Hombros caídos, cuerpo encorvado o agachado, etc.<br>➪ Gestos inadecuados. |
| **COMUNICACIÓN ASERTIVA** |
| ➪ Expresión de la cara: tranquila y amable.<br>➪ Mirada directa.<br>➪ Voz clara y firme.<br>➪ Cuerpo erguido.<br>➪ Gestos adecuados. |

*Comunicación adecuada*

En la comunicación, además de la forma en que una persona se expresa, hay tres aspectos significativos: el contenido (*lo que se quiere decir*), el emisor (*la persona que envía el mensaje*) y el receptor (*la persona que recibe el mensaje*). De este modo, para que haya una buena comunicación, es preciso que el mensaje sea breve y claro, que el emisor lo transmita de forma asertiva y que el receptor lo entienda correctamente. Si no confluyen estas tres circunstancias puede haber malentendidos. Imaginemos, por ejemplo, que a un ama de casa le dice su marido: *¡qué buena está hoy la tortilla!*. La mujer puede interpretar esta frase como una crítica (*¿es que no te ha gustado la de los demás días?*) o como un cumplido (*¡me alegro de que te guste, gracias!*).

Es por ello importante comunicarse con claridad para que las demás personas puedan entender correctamente el contenido del mensaje y no haya sobreentendidos ni malentendidos.

Para ello es útil seguir las siguientes indicaciones:

> **1. Indicar claramente lo que se quiere y lo que se siente.**
> Las demás personas no son unos adivinos. La mejor forma de que alguien sepa lo que una persona quiere y lo que siente es expresándolo claramente pero sin herir ni humillar al receptor.
>
> **2. No hablar de las experiencias negativas del pasado.**
> Recordar las cosas negativas del pasado no hace sino entorpecer la comunicación entre dos personas. Por ejemplo, en las relaciones de pareja esta actitud lleva a que ambos miembros saquen a relucir los trapos sucios del pasado y a que la comunicación y la convivencia se conviertan en un infierno.
>
> **3. No jugar a adivinos con los demás.**
> En la vida no conviene jugar a adivinos. Para evitar equívocos, malentendidos o sorpresas desagradables al relacionarse con los demás, la persona debe preguntarles claramente cómo se sienten o en qué piensan, en lugar de intentar adivinarlo por su cuenta.
>
> **4. Potenciar la comunicación de los aspectos positivos de la relación.**
> Para que una relación interpersonal sea buena, es muy útil acostumbrarse a mirar los aspectos positivos de la relación y a no estar machaconamente aludiendo o recordando lo negativo, lo triste, etc.
>
> **5. Atender al estilo de la comunicación.**
> Es importante comunicarse de forma asertiva —tal y como antes se ha señalado— y de una manera congruente teniendo en cuenta el modo de expresión tanto verbal como gestual.

## 7.3. REEXPERIMENTACIÓN DEL TRAUMA

El aspecto más doloroso del trauma es, sin duda, revivir intensa y frecuentemente, además de forma involuntaria, la experiencia sufrida. No se trata de un mero recuerdo, sino de unas vivencias, a un nivel cognitivo y emocional, que se agolpan en la mente y que vienen acompañadas de una intensa excitación psicofisiológica. Por mucho que la víctima se esfuerce por apartarlas de su mente, las vivencias vuelven una y otra vez, con más fuerza incluso.

La reexperimentación puede presentarse en forma de pesadillas o de secuencias diurnas de pensamientos o imágenes recurrentes de las experiencias vividas más traumáticas, que son percibidas emocionalmente por la víctima como si estuviese reviviendo la situación. Todo ello genera un malestar emocional (tristeza, ira, ansiedad, asco, etc.) o incluso físico (taquicardia, ganas de vomitar, mareo, etc.).

Cualquier estímulo relacionado con el trauma, ya sea *interno*, como un recuerdo, o *externo*, como un ruido imprevisto, un entorno solitario o un aniversario, puede poner en marcha la reexperimentación del suceso y llevar a la víctima a adoptar conductas inesperadas de protección y de defensa. Esto es así porque el trauma se percibe como una amenaza a la vida o a la integridad de una persona, sea ésta física, psicológica o una mezcla de ambas.

A los sucesos traumáticos suele estar asociada la amnesia disociativa, que consiste en la imposibilidad de recordar la información relacionada con el acontecimiento negativo y que no puede ser atribuida a las leyes naturales del olvido. La existencia de este tipo de amnesia puede explicarse por los sentimientos de vergüenza o de culpa experimentados y por la tendencia a olvidar acontecimientos desagradables, así como por una percepción deformada de lo ocurrido. La amnesia disociativa tiene, sin embargo, unos efectos negativos: impide la expresión emocional de lo ocurrido, evita el apoyo social adicional que se da en estos casos, bloquea la reevaluación cognitiva de lo ocurrido y, en último término, facilita las conductas de evitación.

### 7.3.1. La evitación cognitiva como estrategia de afrontamiento

Tratar de eludir y enterrar en el olvido una realidad intolerable para mantener el equilibrio emocional y la coherencia social es una reacción protectora natural. Por ello, la evitación es, a veces, una estrategia útil. La víctima prefiere no pensar en la experiencia vivida y no hablar con otras personas de lo ocurrido para no cargarles con su drama. Además, a los demás tampoco les agrada escuchar esa experiencia y ni siquiera se atreven a preguntar abiertamente por ella. Así, por ejemplo, en el caso de una víctima superviviente de una muerte violenta, hay veces en que los amigos, de quienes se espera palabras de consuelo, tratan de hacer como si nada hubiera ocurrido, como si no hablar de la muerte le aliviara al superviviente del dolor de la pérdida. Por todo ello, hay una tendencia natural en la víctima a eliminar las atrocidades del campo de la conciencia. Éste es precisamente el significado de *inconfesable* cuando figura referido a una vivencia traumática.

De este modo, la evitación cognitiva de los recuerdos negativos, junto con la implicación activa en actividades distractoras que mantienen ocupada la mente (el trabajo, una afición absorbente, la dedicación a la familia, la relación social, etc.), puede contribuir a restaurar el equilibrio emocional transitoriamente afectado. Asimismo el paso del tiempo puede ser un buen aliado. De hecho, en muchos casos la lejanía temporal del suceso traumático tiende a debilitar el impacto del recuerdo.

*Luis, de 28 años de edad, agente de ventas, tuvo un accidente de coche hace 5 años un sábado por la noche a la vuelta de una discoteca, a raíz del cual murió el conductor, íntimo amigo suyo, y él quedó con heridas graves, pero de las que se recuperó satisfactoriamente al cabo de unos meses. El conductor, como Luis, había tomado unas copas de más y conducía a mayor velocidad de la autorizada. Al principio, durante la convalecencia, Luis se mostraba apesadumbrado, taciturno y con pesadillas frecuentes relacionadas con el accidente. Al cabo de 6 meses, cuando ya se había recuperado de las heridas, comenzó de nuevo a conducir porque le era necesario para desempeñar su trabajo. Al principio lo hizo con temor y en compañía de alguien, pero a las pocas semanas empezó a hacerlo con soltura por sí solo.*

*Al estar solo en casa o tener tiempo libre se solía poner triste y le venían pensamientos relacionados con el accidente. No le gustaba hablar del tema con nadie, y sus amigos se lo respetaban. Lo que hizo fue intentar distraerse con otros pensamientos (escuchando música, charlando por teléfono con alguien, etc.) y estar ocupado con actividades agradables en sus momentos de ocio. Así, se aficionó al bricolaje y comenzó a jugar de nuevo al fútbol en un equipo de aficionados. Todas estas actividades le mantenían distraído y solía llegar a casa cansado, lo que le facilitaba un sueño más profundo. Los recuerdos del accidente eran menos frecuentes y menos intensos, pero seguía sin gustarle hablar del tema o pensar en ello. Su vida poco a poco tendió a normalizarse: seguía conduciendo sin problemas, se concentraba bien en el trabajo, se relacionaba con sus amigos, su estado de ánimo era normal e incluso había recuperado, en parte, su sentido del humor.*

Sin embargo, no siempre ocurre así. Por ello, si la víctima presenta síntomas de reexperimentación o conductas de ira, la evitación constituye una estrategia contraindicada. En estos casos, las atrocidades no se dejan enterrar y los recuerdos resultan devastadores. El tiempo no lo ha curado todo por sí solo y el intento por olvidar los malos recuerdos ha resultado infructuoso. Si hay reexperimentación o irritabilidad manifiesta, se trata por tanto de un *asunto no cerrado*.

*Soraya, de 25 años, es la mayor de tres hermanos. Es soltera y vive con sus padres, con quienes tiene una buena relación. Sufrió abusos sexuales cuando tenía 10 años a manos de un tío materno que venía muy frecuentemente a casa. Su tío, un deportista muy conocido en la ciudad, era una persona muy querida en la familia porque era muy afable y venía siempre con regalos de sus viajes deportivos al extranjero. Al principio Soraya no se percataba exactamente del alcance y del significado de las caricias y de los toqueteos de su tío, pero se daba cuenta de que aquello «no era normal». Esta situación duró cerca de 2 años. Al ser ella más enérgica en sus negativas y al temer entonces su tío el conocimiento público de sus conductas, dejó de molestarla e incluso de acudir a casa. Soraya no se atrevió a contar a nadie lo ocurrido por temor a las consecuencias de esta revelación.*

*Soraya nunca ha sido la misma desde entonces. Aunque tiene un pensamiento liberal y no muestra escrúpulos morales, cualquier imagen o conversación relacionada con temas sexuales le produce repugnancia y adopta de inmediato conductas de escape (cambiar de conversación, apagar la TV, etc.). Tiene pensamientos recurrentes y pesadillas frecuentes en relación con el abuso sexual, sobre todo cuando se encuentra disgustada o preocupada por algún otro motivo. Ella es una persona sociable y se lleva bien con sus amigas y sus compañeros de trabajo, pero se encuentra muy incómoda cuando cualquier persona de su entorno le hace alguna confidencia. A ella tampoco le gusta compartir confidencias con sus amigas, aunque lo echa en falta. Con los chicos se muestra desconfiada y huidiza y se muestra mucho menos espontánea que con las chicas.*

*Nunca ha tenido novio. Pero hace unos meses ha establecido una relación de confianza y de cariño con un chico que es un compañero de trabajo y al que conoce desde hace tiempo. Al principio estaba contenta, pero cuando la relación se ha hecho más estrecha se encuentra bloqueada, es incapaz de intimar con él y se muestra paralizada en los contactos sexuales. Le gustaría abrirse a él, pero se muestra incapaz de hacerlo. Al mismo tiempo, los pensamientos intrusivos y las pesadillas se han hecho más frecuentes.*

Por ello, lo conveniente en estos casos no es la evitación, sino aprender estrategias para integrar emocionalmente las experiencias vividas en la biografía de la víctima de una forma gradual.

### 7.3.2. La terapia de exposición a los recuerdos traumáticos

En general, al igual que la gente se acostumbra al ruido del tráfico o al murmullo de fondo, exponerse a los miedos es saludable. La convivencia con esos temores acaba por transformarse en recuperación. El miedo es como una cortina de humo que se esfuma en cuanto se le mira de frente.

La exposición prolongada en imaginación a los recuerdos traumáticos tiene como objetivo activar la memoria, desactivar la estructura cognitiva del miedo (una especie de *red de temor* existente en nuestra memoria) y aumentar la habilidad de la víctima para pensar y hablar sobre lo ocurrido. Ello le va a posibilitar el reprocesamiento emocional adecuado de los elementos cognitivos del suceso. De esta forma, se integra la información correctora y se modifican los elementos patológicos del recuerdo del trauma. Se trata, en último término, de *digerir* emocionalmente de forma apropiada el *empacho* emocional que una persona ha experimentado como resultado de un suceso desbordante (una especie de *atracón* emocional), incluso aunque éste haya sido muy breve en el tiempo. Así, por ejemplo, el estallido de una bomba puede durar unos segundos, no más, pero esos segundos suponen una sobreestimulación y una tremenda excitación interna.

Al margen de la ansiedad y de la tristeza generadas, recordar y verbalizar lo sucedido en un ambiente de apoyo (el contexto de la sesión terapéutica) facilita el *reciclado*, es decir, la transformación de las imágenes caóticas y fragmentadas del trauma, mantenidas en la *memoria emocional*, en sucesos ordenados espaciotemporalmente bajo el control de la *memoria verbal* y que tienden a formar parte de la biografía de la persona. En cierto modo, se trata de *poner nombre a lo que la víctima ha vivido* y de guardar los recuerdos en el archivador correspondiente. De este modo la persona puede ejercer un cierto control sobre los recuerdos y evitar una generalización excesiva, al percatarse de que no todos los estímulos ambientales son potencialmente peligrosos. Todo ello conduce a cambios en las dimensiones conductuales, cognitivas y psicofisiológicas del miedo, que el sujeto percibe como un alivio de los síntomas.

Por lo tanto, los objetivos concretos son sustituir la *reexperimentación* por el *recuerdo* (no es lo mismo *revivir* que *recordar*) y diferenciar entre el suceso traumático y otros acontecimientos que son similares pero que no son peligrosos. Por ejemplo, si un hombre calvo y con barba ha sido el autor de la violación de la víctima, ésta llega a aprender que no todos los hombres calvos con barba son peligrosos y a reaccionar en consecuencia. Así, los recuerdos se reintegran, ya digeridos, en la biografía de la persona y en la visión de sí misma y del mundo que poseía antes de la experiencia sufrida. Sólo de este modo la víctima puede llegar a asumir que los recuerdos traumáticos no pueden hacer daño real y a descubrir su propia capacidad para modular las respuestas de ansiedad. Lo que la persona llega a experimentar es que adquiere ahora un control sobre las vivencias traumáticas en lugar de que sean ellas las que la controlen.

Hay víctimas que se resisten a llevar a cabo esta tarea (por ejemplo: *«no quiero volver a contar la misma historia»*) porque, en algunos casos, puede resultarles muy dolorosa. La calidad de la relación terapéutica entre terapeuta y víctima desempeña un papel muy importante en este asunto. Comenzar la exposición en presencia del terapeuta contribuye a reducir el malestar de la víctima y a alejar las posibles expectativas amenazantes. Además, las víctimas deben saber que la exposición en ningún caso es *peligrosa*; a lo más, puede resultarles *molesta*, pero sólo en las primeras fases.

La confrontación con los pensamientos o imágenes temidos se realiza de forma gradual, de menor a mayor grado de dificultad. Se comienza por llevarla a cabo en el contexto seguro de la sesión terapéutica. En primer lugar, se expone a la víctima a los estímulos cognitivos temidos más simples de la jerarquía y se graba en cinta la exposición, que sólo termina cuando se reduce significativamente el grado de malestar. Se puede a veces facilitar la evocación de los recuerdos con la exposición en vivo a estímulos relacionados, por ejemplo llevando la misma ropa que cuando ocurrió el suceso negativo o leyendo o viendo la víctima cartas, fotografías o recortes de periódico relacionados con el acontecimiento traumático.

La víctima recibe las siguientes instrucciones del terapeuta:

*Vas a cerrar los ojos para concentrarte mejor y, a continuación, vas a evocar los pensamientos traumáticos en voz alta. Intenta recordar esos sucesos dolorosos tan vívidamente como sea posible, con todas las imágenes, los sonidos, la temperatura y hasta los olores que estaban presentes. Cuéntamelo en primera persona y en presente, como si estuviera ocurriendo aquí ahora mismo. No te preocupes si tienes ganas de gritar o de llorar: hazlo libremente. Mantén la atención hasta que disminuya el malestar. Esto te puede llevar un buen rato (45 o 60 minutos). Me vas a contar con detalle lo que piensas y sientes. Si te encuentras muy incómodo porque te sientes irritado, avergonzado e incluso culpable y tienes la tentación de apartar esas imágenes de tu mente, no te preocupes; yo estoy contigo y te ayudaré a mantener la atención y a «digerir» la experiencia. En ningún caso vas a perder el control o a volverte loco.*

*Vamos a grabar en cinta tu narración para que puedas escucharla en casa como tarea.*

*Cuando termines con este ejercicio en casa, puedes sentirte cansado. Antes de concluir la sesión, vas a imaginarte durante algunos minutos algunas escenas relajantes, como la visión de las olas en la playa, el recuerdo de algunos personajes entrañables en la infancia, etc., o a dedicarte a alguna actividad placentera, como escuchar una canción agradable, salir a dar un paseo o quedar con un amigo.*

Y en segundo lugar, como tarea para casa, el paciente debe escuchar diariamente la cinta del ejercicio de exposición hecho en la sesión y concentrarse en ella hasta que disminuya el malestar. En otras ocasiones, cuando el trauma está relacionado con el fallecimiento de una persona, la víctima puede ver el álbum de fotos y ordenarlas, recordando los momentos vividos con esa persona.

Tal tarea *(exposición cognitiva)* se completa cuando la persona se enfrenta gradualmente a las situaciones externas evitadas *(exposición en vivo)*, es decir, cuando tiene la posibilidad de volver a visitar los lugares y a estar presente en situaciones relacionadas con el trauma.

Si los recuerdos traumáticos emergen en forma de pesadillas repetitivas durante el sueño, la víctima puede escribir el sueño y ponerle un final más positivo, así como leerlo con concentración durante unas cuantas veces antes de acostarse. De esta manera se puede ejercer un cierto control sobre los sueños.

El número total de sesiones puede oscilar de 10 a 12, con una periodicidad semanal y con una duración total de 2 a 3 meses.

La terapia de exposición es más beneficiosa en unos casos que en otros. Los principales predictores de fracaso en la terapia de exposición son la intolerancia al estrés y la falta de regulación de las emociones, así como la mala relación con el terapeuta. En concreto, las indicaciones y contraindicaciones de la terapia de exposición figuran expuestas en la tabla 7.6 (Foa y Rothbaum, 1998).

Por último, los mecanismos terapéuticos de la exposición están relacionados con la habituación a las imágenes del trauma, con la eliminación del alivio asociado a la evitación o al escape, con la reevaluación cognitiva del terapeuta en relación con las imágenes traumáticas y con la percepción más clara de lo ocurrido por parte de la víctima, así como con la adquisición de una cierta capacidad de control (Rothbaum, Meadows, Resick y Foy, 2003).

## Tabla 7.6
**Indicaciones y contraindicaciones para la terapia de exposición a los recuerdos traumáticos**

### INDICACIONES

- ⇨ Conductas de evitación externa o interna (negarse a pensar o a hablar sobre lo ocurrido).
- ⇨ Pesadillas y pensamientos intrusivos frecuentes en relación con lo sucedido.
- ⇨ Conductas de ansiedad.
- ⇨ Miedo a *perder el control* o a *volverse loco*.

### CONTRAINDICACIONES

- ⇨ Tendencias suicidas activas o estado de ánimo muy deprimido, con un sentimiento de culpa intenso.
- ⇨ Abuso de alcohol o de drogas.
- ⇨ Conductas de ira o deseos activos de venganza.
- ⇨ Pleitos pendientes.
- ⇨ Sentimientos de culpa o de vergüenza *real* (por ejemplo, trauma relacionado con una conducción negligente que ha causado la muerte a otras personas).

### 7.3.3. ¿Hay que hablar siempre de lo ocurrido a otras personas?

La dificultad para expresar lo ocurrido depende de diversos factores y responde a varios motivos: salvaguarda de posibles daños, miedo al rechazo, dificultades de memoria y de atención, evitación de todo aquello que pueda rememorar el trauma, ocultamiento de la debilidad ante los demás, etc. (Sánchez, 2003).

En general, las reacciones catárticas, a modo de *ventilación emocional*, poseen una función positiva de liberación de la tensión emocional y pueden manifestarse en forma de crisis de llanto o de narraciones exaltadas. Cuanto más precoz sea la reacción catártica, menos secuelas psíquicas existirán.

Al expresar el impacto emocional del suceso traumático, las víctimas tratan de recuperar el sentimiento de confianza en otras personas y de empezar a reconstruir sus vidas más allá de la experiencia negativa sufrida.

La conveniencia de la expresión de lo ocurrido depende, en buena medida, de las diferencias individuales. En general, las personas más extravertidas, acostumbradas a expresar sus emociones, pueden beneficiarse del relato de lo ocurrido verbalmente, por escrito (cartas, cuentos, dibujos, etc.) o incluso musicalmente. Así, hablar, expresar sentimientos y compartirlos con los seres queridos puede redundar positivamente en este tipo de víctimas y ayudarles a soportar mejor la adversidad, así como a reducir la secuelas y evitar la cronificación de las pesadillas. En estos casos no hay que poner velos a su dolor.

Pero hay otras personas, más bien introvertidas, que no tienen necesidad de hablar y de expresar lo que sienten ante lo ocurrido porque nunca lo han hecho. Por eso, es erróneo pensar que *siempre* es preciso prestar atención a lo que ha pasado e intentar vivenciar y expresar las emociones negativas y los pensamientos asociados a esas emociones para disipar el dolor y afrontar fríamente los hechos ocurridos. No siempre es beneficioso hablar acerca de las emociones y sentimientos implicados en un trauma. Si una víctima no necesita hablar y se le fuerza a hacerlo, puede llegar a experimentar el trauma por segunda vez (Avia y Vázquez, 1998).

Por otra parte, la forma de expresión de los sentimientos puede ser también variable de unas personas a otras. Así, por ejemplo, las personas más emocionales tienden a relatar los recuerdos y a expresar las emociones; las personas más intelectuales pueden limitarse a formular pensamientos. En uno y otro caso el objetivo conseguido puede ser el mismo (Rojas Marcos, 2002).

## 7.4. CONDUCTAS DE EVITACIÓN

Las víctimas experimentan numerosos temores a las situaciones de la vida cotidiana (afrontar problemas en el trabajo, conducir, salir solas a la calle, relacionarse socialmente, viajar, implicarse en nuevos proyectos, etc.) y, por ello, tienden a evitarlas sistemáticamente. Como resultado del suceso traumático, la víctima puede comenzar a considerar peligrosas circunstancias que incluso no están relacionadas directamente con el acontecimiento vivido. La evitación de unas situaciones que son habituales en la vida de cualquier persona puede ofrecer un alivio momentáneo a la persona afectada. Sin embargo, contribuye, por un lado, a mantener y extender las conductas de temor y, por otro, a limitar la eficacia de las estrategias de afrontamiento utilizadas y, en último término, a reducir la calidad de vida de la víctima.

La evitación es a veces sutil y se reviste de lo que se denominan *conductas de seguridad*. Por ejemplo, si la víctima es el superviviente de un accidente de coche con víctimas mortales, ahora puede coger el coche, pero está pendiente continuamente del espejo retrovisor, siente taquicardia cuando llega a una curva cerrada, evita los adelantamientos, usa el carril lento, conduce sólo de día y en compañía de otra persona, etc.

Las conductas de evitación incluyen, en muchos casos, los lugares donde la víctima puede recibir tratamiento, por temor a que se reactiven las emociones asociadas al suceso traumático. De hecho, el contacto con el terapeuta es vivido en un gran número de casos como una forma de revivir un recuerdo que quiere ser olvidado. Además, muchas víctimas consideran la necesidad de ayuda psicológica como un síntoma de debilidad (Sánchez, 2003).

La terapia de exposición en vivo es la más indicada para superar las conductas de evitación. Este tratamiento consiste, en primer lugar, en detectar las conductas positivas evitadas por el paciente y, en segundo lugar, en enfrentarle de forma repetida y prolongada a la mayor parte posible de los componentes de la configuración estimular ansiógena.

Una vez delimitado el *perfil de evitación* de la víctima, la *práctica gradual* es la forma más adecuada de llevar a cabo este tratamiento. Los *objetivos* son algo que el paciente teme o evita y que le crean dificultades en su vida cotidiana. Las *tareas* son los pasos concretos para conseguir esos objetivos. La víctima comienza practicando tareas sencillas, que le infunden confianza en sí misma, para enfrentarse progresivamente con otras más complejas.

Una guía de ayuda a la exposición entregada a las víctimas figura en la tabla 7.7 (Echeburúa y Corral, 1993).

## 7.5. INADAPTACIÓN A LA VIDA COTIDIANA

El padecimiento del trauma lleva con frecuencia a una inadaptación a la vida cotidiana. La víctima puede estar *pegada* a lo que le ha ocurrido, eclipsada por el pasado, y tener dificultades para proyectar el futuro e incluso para vivir el presente porque ve la realidad con un filtro negativo. Las dificultades pueden ser mayores cuando han quedado secuelas físicas (por ejemplo, tras un atentado terrorista o después de un accidente de coche). En estos casos, la víctima, además de tener un recordatorio siempre presente del suceso sufrido, no puede retomar (o lo hace parcialmente) el trabajo, las aficiones o las relaciones sociales anteriores a la experiencia vivida.

## TABLA 7.7
### Guía de ayuda a la exposición

⇨ Las reglas de oro de la exposición son:
  *a)* Cuanto mayor es el miedo a algo, más frecuentemente debe una persona exponerse a ello.
  *b)* La clave del éxito es la exposición regular y prolongada a tareas planeadas con anterioridad y con un grado de dificultad creciente.
⇨ Para planificar el tipo de exposición adecuado a cada caso pueden ser de utilidad los siguientes pasos:
  *a)* Hacer una lista con las situaciones que una persona evita o que le producen ansiedad. Los objetivos deben ser claros y precisos. Por ejemplo: «conocer gente nueva» no es un buen objetivo; en cambio, «invitar a los nuevos vecinos el viernes por la noche» sí lo es.
  *b)* Ordenarlas según el grado de dificultad que le supone enfrentarse a ellas.
  *c)* Repetir la práctica de esta situación todas las veces necesarias hasta que pueda manejarla sin dificultad.
  *d)* Pasar a la siguiente situación de la lista.
  *e)* No subestimar los logros. Infravalorar los éxitos hace que uno se sienta mal y es un obstáculo para seguir intentándolo. Muchas veces, sumando pequeños éxitos es como se obtienen los grandes.
⇨ La exposición se puede potenciar de las siguientes maneras:
  *a)* Planificar las actividades de exposición sin prisas especiales y sin otros contratiempos añadidos (hambre, falta de sueño, enfermedades, otras preocupaciones, etc.).
  *b)* Llevar a cabo respiraciones lentas y profundas antes y durante los ejercicios de exposición. Se inspira hondo, se retiene la respiración (contando hasta 3) y se espira, de modo que se producen 8-12 respiraciones completas por minuto. De este modo, se puede sustituir una respiración rápida y entrecortada por otra más lenta y relajada.
  *c)* Abandonar la tarea de exposición (o distraerse de la misma) por unos breves momentos, si uno se encuentra muy mal, y volver de inmediato a ella en cuanto uno se encuentre un poco mejor.
⇨ La graduación de las tareas de exposición se puede realizar según las siguientes variables:
  *a)* Dificultad de la tarea (de menor a mayor).
  *b)* Compañía de un coterapeuta en las fases iniciales.
  *c)* Duración de la tarea (de menor a mayor).
  *d)* Número de personas presentes (de menos a más).
  *e)* Importancia jerárquica o emocional del interlocutor (de menos importante a más importante).
⇨ Relájate y disfruta de las tareas bien hechas.

De este modo, sus estrategias de solución de problemas y su capacidad de toma de decisiones se ven muy limitadas. Asimismo puede vivir como una *traición*, sobre todo cuando el trauma está vinculado a la pérdida de un ser querido, el volver a disfrutar de la vida.

### 7.5.1. Solución de problemas y toma de decisiones

Todos los días las personas se encuentran con dificultades a las que tienen que hacer frente. Unos problemas pueden resolverse fácilmente; en cambio otros son más complicados. Tener dificultades (por ejemplo apuros económicos, tensiones en la educación de los hijos, discusiones de pareja, etc.) es inherente a la vida misma. Lo que diferencia a las personas felices de las que no lo son es que las primeras tienen problemas, los aceptan y aplican remedios adecuados para solucionarlos.

Algo similar es lo que ocurre con las decisiones que una persona debe adoptar en la vida o con los problemas que quiere solucionar. Si una persona toma una decisión importante y difícil *sin pensárselo bien*, corre el riesgo de *equivocarse* y también de *arrepentirse* después. Para evitar esto es importante practicar una estrategia de solución de problemas. Esta técnica se aprende practicándola, al igual que una persona aprende a montar en bicicleta pedaleando. Cuanto más se practique mejor se aprende.

Al principio esta técnica puede resultar un poco *artificial* para la víctima. Pese a ello, debe ser constante en su aplicación. En realidad, de lo que se trata es de sistematizar lo que las personas eficaces en su vida cotidiana llevan a cabo de forma automática. A fuerza de aplicar esta técnica y de automatizarla, se convierte en una tarea *espontánea* que ya no requiere una planificación previa.

---

**FASES EN LA ESTRATEGIA DE SOLUCIÓN DE PROBLEMAS**

- ⇨ Identificar y resumir el problema claramente.
- ⇨ Pensar en posibles soluciones.
- ⇨ Evaluar las alternativas.
- ⇨ Elegir la mejor solución.
- ⇨ Poner en práctica la solución elegida y ver si se logró lo deseado.

### Identificar y resumir el problema claramente

En esta fase se debe identificar brevemente y con claridad el problema que se quiere resolver. Hay que plantear dificultades resolubles y de interés en la vida cotidiana.

Cuando se trata de abordar un problema, no se deben mezclar varios problemas simultáneamente porque dificulta la solución y crea una sobreexcitación añadida. Si son varios los problemas planteados, se debe elegir aquel que tiene un interés más inmediato.

### Pensar en posibles soluciones

En esta fase hay que pensar en posibles soluciones para resolver el problema. Es bueno barajar diversas alternativas, por mucho que algunas puedan resultar utópicas o irrealizables. La regla de oro es *cuantas más, mejor*.

Es importante que cada idea sea diferente a las demás para perfilar distintas propuestas. Por ejemplo, si el problema es qué hacer durante las próximas vacaciones, las soluciones pueden ser varias: quedarse en casa y descansar, ir a un lugar de playa, hacer turismo cultural con un viaje organizado, etc.

### Evaluar las alternativas

Una vez que se cuenta con una diversidad de posibles soluciones, se trata de evaluarlas una por una para después poder elegir la mejor. Así, de cada idea se analizan los aspectos positivos y negativos que presenta.

### Elegir la mejor solución

De lo que se trata en esta fase es de optar por la mejor solución disponible, después de haber sopesado adecuadamente las ventajas y los inconvenientes de cada una de ellas, y de señalar un plazo concreto para llevarla a cabo. Es, sin duda, mejor elegir una solución que se ha pensado bien que elegir sin pensar lo primero que se le ocurra a uno.

### Poner en práctica la solución elegida y ver si se logró lo deseado

Cuando se ha tomado una decisión, es preciso ponerla en práctica durante un tiempo prudencial para ver si funciona adecuadamente. Los resultados pueden ser dos: *bueno* o *malo*.

Si el resultado es *bueno* (o positivo), la persona ha finalizado la tarea correctamente.

En cambio, si la persona fracasa en la tarea, es decir, si ha elegido una solución que ha resultado ser perjudicial o *mala*, debe volver a buscar otra opción. En este caso, volverá a evaluar las posibles alternativas, adoptará otra decisión y la pondrá en práctica para ver si ésta funciona adecuadamente.

### 7.5.2. Proyección hacia el futuro

La proyección hacia el futuro requiere por parte de la víctima una toma en consideración realista de las limitaciones actuales y el reajuste del proyecto vital a las posibilidades reales. Se trata, en último término, de evitar el encadenamiento a los sucesos pasados, es decir, de sustituir la amargura o el reproche a otras personas o a sí misma por la planificación realista de actividades y relaciones posibles.

La visualización de cambios en el futuro (es decir, la imaginación repetida de verse a sí misma en una mejor situación en las semanas o meses próximos) es una técnica complementaria que contribuye a mejorar las expectativas de futuro y facilita la implicación activa en un proyecto de cambio. Imaginarse en una situación mejor (en relación con la familia, con los amigos, con las aficiones, con el trabajo, etc.) proporciona una sensación de seguridad y de control y es un poderoso estímulo para intentarlo. A ello ayuda especialmente cuando la víctima tiene recuerdos de sucesos pasados agradables e intenta mantener un diálogo interno tranquilizante.

# 8. RECUPERACIÓN DEL TRAUMA

Recuperarse de un trauma implica un largo proceso. Del mismo modo que las reacciones individuales ante un acontecimiento traumático son muy variables, la duración del proceso de recuperación y las fases del cambio están sujetas también a muchas diferencias individuales.

La recuperación del trauma es un proceso único. Las experiencias de los demás son sólo un punto de referencia. Lo importante es identificar el camino de cada víctima, independientemente de que la duración del proceso y las fases del cambio puedan no coincidir con las de otras víctimas. El trauma se soluciona sólo cuando la persona es ya capaz de abrirse a nuevas experiencias.

Además de procurar comunicarse mucho con otras personas, la víctima debe mimarse un poco, no cerrar nunca la ventana de la esperanza, dejar la actuación del paso del tiempo, posponer cualquier decisión trascendental hasta haber recuperado la estabilidad anímica, no perder el humor y tratar de ponerse un reto cada día.

## 8.1. EL PAPEL DEL PERDÓN

El perdón, que se plantea especialmente en el caso de las víctimas de delitos violentos (agresiones sexuales, terrorismo, etc.), es un tema muy complejo de asumir. Hay víctimas que están dispuestas a perdonar al agresor en determinadas circunstancias, pero otras, en cambio, no lo están.

Perdonar supone aceptar una disculpa por una ofensa recibida, renunciar a cualquier tipo de venganza y no guardar ningún resentimiento o rencor al agresor. En este sentido, la conducta del ofensor desempeña un papel muy importante en la actitud mostrada por la víctima. En concreto, es fundamental por parte del agresor expresar arrepentimiento y solicitar el perdón a la víctima, que ha de implicar necesariamente un dolor sincero por lo realizado. En cualquier caso, el perdón auténtico requiere reconocimiento del daño causado, arrepentimiento, muestras de compasión con la víctima y solicitud de indulgencia, así como algún tipo de reparación. Sólo así se redime el agresor y se puede conseguir la clemencia de las víctimas. Pretender lo contrario es hacer escarnio del dolor de las víctimas.

*Florentina, de 87 años, natural de un pueblo de Zamora, no olvida los fusilamientos de su padre y de sus dos hermanos en la Guerra Civil, que eran maestros y fueron denunciados por el alcalde del pueblo, ya fallecido. Ella misma y su madre sufrieron la persecución del régimen. Cuando se le pregunta si perdona, responde: «¿Y a quién perdono?». Tiene, sin embargo, una actitud generosa cuando se le pregunta por el nombre del delator: «No, no lo diré, porque tiene hijos, y los hijos no son culpables de las canalladas de los padres»* (El País, *27 de enero de 2003*).

En general, la disposición a perdonar por parte de la víctima, e incluso la forma concreta de hacerlo, dependen de la percepción de la ofensa, de las diferencias individuales, de la historia anterior, del sistema de valores y de la concepción de la vida, así como de la actitud del ofensor.

El perdón, que no implica el olvido de lo ocurrido, puede tener unos efectos psicológicos positivos en la víctima: no vivir atormentada, sacudirse el yugo del pasado, mejorar incluso la salud, reconciliarse consigo misma y recuperar la paz interior. Por el contrario, el odio enquistado al agresor (el rencor), al margen de su aspecto destructor, absorbe la atención, encadena al pasado, impide cicatrizar la herida y, en último término, empaña la alegría de vivir.

Hay veces en que la víctima tiene que perdonarse a sí misma por lo que hizo o por lo que dejó de hacer. En todo caso, no se trata de olvidar lo ocurrido, sino de aceptar lo que ocurrió y de proyectar la mirada hacia el futuro en lugar de hacerlo hacia el pasado. En este sentido, la implicación en las conductas de reparación, como ya se ha señalado antes cuando se ha abordado el tema de los sentimientos de culpa, contribuye a facilitar el proceso del perdón y a superar el malestar emocional.

## 8.2 INDICADORES POSITIVOS DE RECUPERACIÓN

En el caso de que la víctima haya recibido un tratamiento psicológico, la recuperación es más probable cuando hay una asistencia constante de la víctima a las sesiones de tratamiento y cuando se llevan a cabo de forma regular las prescripciones terapéuticas. Ocurre, a veces, que las víctimas con un mejor funcionamiento completan el tratamiento, mientras que las que están más necesitas de él lo abandonan (Hembree, 2003).

Un indicador positivo del proceso de mejoría de la víctima es cuando se recupera la expresión verbal de los sentimientos y se pone orden en el caos de las imágenes y recuerdos del suceso traumático. A veces, y más allá de las palabras, la reaparición de expresiones de afecto gestuales, como sonrisas, o físicas, como abrazos o besos, es una señal de recuperación.

Más allá de cambios espectaculares, la recuperación está presente cuando la víctima se implica en una dieta regular de placeres y deleites simples: una compañía agradable, una comida sabrosa, una lectura interesante, un paseo por el parque o al borde del mar, un espectáculo entretenido, una música grata, una charla amena o una risa a pierna suelta. Todo ello contribuye a imprimir un significado a la vida de una persona.

De este modo, la víctima comienza a recuperar la capacidad de sorprenderse y a mirar lo de siempre con ojos nuevos, a poner interés en las actividades que se hacen cada día y a fijarse unas metas concretas que es posible conseguir. Ver el lado positivo de la realidad ayuda a una persona a desembarazarse de las espinas de la vida cotidiana. El objetivo fundamental es aprender a *corregir* la mirada para centrarse en los recuerdos agradables y en la parte positiva de la realidad.

A ello se llega cuando la víctima considera ya el suceso traumático como algo pasado que forma parte de su historia personal. Se consigue a veces transformar el odio en energía positiva cuando se cuenta con una red de apoyo social, se forma parte de un grupo solidario o se recurre a la espiritualidad, como un pozo de agua en el desierto, en busca de consuelo. Una muestra de ello puede ser, por ejemplo, donar los órganos de una persona asesinada (por ejemplo, en el caso de una víctima de una agresión sexual o de terrorismo): se responde en este caso a la muerte con la vida. Ayudar a los demás aumenta la autoestima y distrae a uno de su propio dolor, con una mejoría en otros síntomas (dormir mejor, sufrir menos de ansiedad, etc.). Las conductas altruistas son un medio para mantener relaciones afectuosas, comunicarse y convivir.

En este sentido, los grupos de autoayuda pueden desempeñar un papel muy significativo, pero sólo para algunas personas. Hay víctimas, sin embargo, que se recuperan mejor del trauma cuando cuentan con la ayuda de una red de apoyo social natural, sin necesidad de estar integrados en ese tipo de grupos. En estos casos, los grupos de autoayuda, en la medida en que está presente de forma permanente el dolor de los sucedido a otras personas, pueden constituir una rémora en su proceso de recuperación.

Pero la sociedad tiene también unas obligaciones con las víctimas. De hecho, la evolución positiva es más probable cuando la víctima ha recibido una reparación moral (como detener a los agresores, estar al corriente de su situación penal o desmontar las calumnias habidas, como que el asesinado era un *chivato* o una persona *de vida desordenada*, etc.) y obtenido una indemnización económica justa. La sociedad debe posibilitar un tratamiento psicológico o médico a las víctimas necesitadas, así como adoptar medidas preventivas: vigilar las zonas conflictivas (en el caso de la policía), ser rigurosa en la concesión de libertades provisionales o condicionales (en el caso de los jueces), etc. Pero, sin duda, lo más importante es restablecer la dignidad y la memoria del fallecido. Sólo así se puede actuar frente al sufrimiento intenso y a la sinrazón moral de lo ocurrido.

Una pregunta que atormenta a muchas víctimas es por qué se olvida lo que se quiere recordar y se recuerda lo que se desea olvidar. En general, contar con actividades alternativas y estar dispuestos a olvidar, sin llegar a obsesionarse por ello, es adecuado: las nuevas experiencias tienden a debilitar a las antiguas.

## 8.3. INDICADORES NEGATIVOS DE RECUPERACIÓN

En general, los factores más problemáticos para la recuperación de la víctima son la inestabilidad emocional anterior al suceso y la duración prolongada de la exposición a los estímulos traumáticos, como ocurre, por ejemplo, en las situaciones de abuso sexual intrafamiliar en la infancia.

Cuando ocurre un suceso traumático, el riesgo más alto de sufrir una cronificación de los síntomas es cuando las personas muestran respuestas de embotamiento afectivo (*anestesia emocional*). Aunque las conductas de sobresalto y de hiperactivación pueden ser las más espectaculares en los primeros momentos, lo peor que le puede suceder a una persona afectada por un suceso de este tipo es que se cierre y se vuelva como un *zombi*, es decir, que pierda su capacidad de atender y responder emocionalmente a su entorno habitual.

Son asimismo indicadores negativos de recuperación del trauma el haber sido hospitalizado por heridas relacionadas con el suceso traumático y el haber padecido un trastorno ansioso-depresivo grave, así como haber sido victimizado anteriormente y haber mostrado una mala capacidad de adaptación a diferentes situaciones en la vida anterior.

Pero, en general, la evolución de la recuperación depende de las estrategias de afrontamiento utilizadas para superar el trauma. En concreto, el pronóstico es más sombrío cuando la víctima, en lugar de encarar el problema adecuadamente, adopta estrategias de afrontamiento negativas (como beber alcohol en exceso, automedicarse tranquilizantes, evadirse mentalmente o volcarse en el trabajo de una forma compulsiva), se refugia en el pasado o alienta sentimientos de venganza.

Más en concreto, el fracaso del tratamiento psicológico puede estar ligado a factores diversos. A veces se relaciona con el trauma en sí mismo: traumatización extrema, revictimización, traumatización en un período crítico del desarrollo, etc. Pero otras veces el fracaso depende de otros factores, como la aparición conjunta de diversos trastornos, la cronicidad del trauma, la aparición de circunstancias vitales adversas (divorcio, pérdida de empleo, etc.), la inobservancia de las prescripciones terapéuticas, etc. (Shalev, Friedman, Foa y Keane, 2003).

## 8.4. PREVENCIÓN DE RECAÍDAS

Cuando una persona pregunta cómo va a ser su futuro, lo primero que hay que interrogarle es acerca de su pasado (hecha la salvedad del suceso traumático), porque ésta es la mejor forma de predecir el futuro.

El proceso de recuperación del trauma es largo. La víctima puede sufrir altibajos, sean éstos debidos a la agudización de los síntomas o a la presencia de síntomas residuales. La víctima debe asumir una posición activa en su proceso de recuperación (Trujillo, 2002).

Los recordatorios del suceso traumático pueden tener un efecto perturbador en la víctima, incluso tiempo después del acontecimiento, cuando la persona ya ha retomado el control de su vida. De este modo, el aniversario del suceso o la ocurrencia de un acontecimiento similar a otra víctima pueden suponer un cierto retroceso en su proceso de recuperación y generar la reaparición de síntomas (ansiedad, depresión, agitación, dificultad de concentración, etc.) ya superados.

En la mayoría de los casos estos recordatorios tienen un efecto perturbador transitorio, algo así como un paso atrás en una ascensión prolongada, y no afectan propiamente al proceso de recuperación de la víctima.

Cuando estos momentos malos son previsibles (por ejemplo en el caso del aniversario del suceso o de la llegada de las Navidades, del cumpleaños o del aniversario de boda), conviene adoptar de antemano medidas de precaución, como implicarse en actividades gratificantes, tener un recuerdo especial a las personas fallecidas (mejor en compañía de los familiares o amigos) o intensificar las relaciones sociales, a modo de escudo protector. La víctima puede sentirse triste, pero, al mismo tiempo, debe percatarse del largo camino que ha superado desde el suceso traumático y mostrarse satisfecha por ello.

Hay otras circunstancias en que la reaparición de los síntomas no es previsible porque el suceso recordatorio es imprevisto (por ejemplo, una noticia de la prensa relacionada con otro suceso traumático). En estos casos la víctima debe echar mano de los recursos psicológicos que más útiles le han sido hasta la fecha y buscar apoyo en sus seres queridos.

Sean o no previsibles los recordatorios del trauma, si la víctima no puede superar el malestar emocional por sí sola y con el apoyo de sus recursos naturales debe buscar ayuda en el terapeuta o en el grupo de autoayuda. Una recaída aislada y tratada a tiempo no tiene por qué frenar el proceso de recuperación.

En cualquier caso, las personas que se han recuperado de un trauma corren un mayor riesgo de recaídas si están expuestas en el futuro a nuevos sucesos traumáticos, estén o no relacionados con el trauma original. El riesgo de recaída siempre es una posibilidad, aun después de la remisión completa de los síntomas. La mayor o menor probabilidad de recaídas está en función de las estrategias de afrontamiento adquiridas en el tratamiento y en sus experiencias vitales (Shalev et al., 2003).

# 9. CONCLUSIONES

Los sucesos más traumáticos —la muerte violenta de un ser querido o los acontecimientos negativos repetidos— dejan frecuentemente secuelas imborrables, moldean la visión del mundo, limitan la capacidad de entusiasmo y hacen a las personas más vulnerables a las depresiones, a las enfermedades del corazón, a las infecciones y a las úlceras de estómago. Siempre hay un antes y un después de un suceso traumático. Pero no es menos cierto que sólo una minoría de las personas que se exponen diariamente a las pruebas más penosas de la vida claudican o enferman. Después de todo, la esperanza y el espíritu de superación forman parte del instinto de conservación y de supervivencia del ser humano (Rojas Marcos, 2002).

Como se ha visto a lo largo del texto, la psicopatología de las víctimas del trauma va mucho más allá del trastorno de estrés postraumático. Se trata, en realidad, de un suceso impactante que genera síntomas ansioso-depresivos y que conforma una profunda transformación de la visión de la vida y de los valores más íntimos. Las víctimas del trauma se ven obligadas a desarrollar una nueva forma de vida y a experimentar cambios básicos en los modos de sentir, pensar y actuar. La carencia más significativa puede ser la pérdida de la capacidad de confiar en otros seres humanos.

El trauma puede describirse simbólicamente como una lucha entre el *recuerdo involuntario* y el *deseo del olvido*. En resumen, los síntomas agudos se alivian con el paso del tiempo y con el tratamiento, pero a veces persiste una sensación de dolor y soledad, junto con un profundo sentimiento de injusticia, que se muestran muy resistentes al cambio. Hay veces en que el pasado aflora como la explosión de las flores silvestres en los campos de primavera, como cuando Marcel Proust *(«En busca del tiempo perdido. Por el camino de Swann»)* probaba la magdalena con el té y reavivaba un conjunto de recuerdos de gran intensidad emocional que hacía tiempo estaban olvidados. El pasado acompaña a las personas como una sombra pegada al cuerpo.

Sin embargo, no se debe vivir del pasado. Si sólo se mira atrás, la persona se va a llenar de amargura e incluso de sentimientos de rencor.

El pasado es como el retrovisor del automóvil. Hay que tenerlo en cuenta, pero lo primero es mirar hacia adelante. El pasado está ya escrito: sólo se puede describir. Pero el futuro está aún por escribir. Si bien hay muchas semillas que no germinan nunca, lo cierto es que nunca se recoge un fruto de una semilla que no se ha plantado. Proyectarse hacia el futuro es una tarea fundamental para la superación del trauma. Como la trayectoria impredecible de las hojas cuando caen del árbol, el futuro está salpicado de sorpresas, pero, en buena medida, depende de la actitud y de los comportamientos actuales de la persona.

En realidad, muchos de los supervivientes de un trauma siguen amando y trabajando, como decía Freud que debía hacerse para lograr la felicidad. Lo que hacen es transformar su tragedia en energía creadora y enriquecer su vida con actividades sociales útiles y gratificantes. No siempre es malo curtirse en la adversidad. Aceptar el sufrimiento y sobreponerse a él es algo muy positivo. De hecho, un trauma puede enseñar a una persona lo que es sufrir, pero también lo que es vivir.

¿Cuál es el significado profundo de la superación del trauma? Recuperarse significa ser capaz de haber integrado la experiencia traumática en la vida cotidiana y de haber transformado las vivencias pasadas en recuerdos, sin que éstos sobrepasen la capacidad de control de la víctima ni interfieran negativamente en su vida futura. Y recuperarse significa, sobre todo, volver a tener la conciencia de que se ocupa de nuevo el asiento del conductor de la vida (Herbert y Wetmore, 1999).

Convendría invertir el dicho popular de *«mientras hay vida, hay esperanza»* por lo contrario: *«mientras hay esperanza, hay vida»*. La estrategia básica para tratar a la víctima de un trauma es el intento a toda costa de restablecer algún atisbo de esperanza en su ánimo desconsolado. No siempre es fácil encontrar alternativas, pero las hay: aprender a tener diversiones, comunicarse, admitir a las otras personas como son, acostumbrarse a pensar de forma positiva, atender a los demás, educarse para apreciar el arte, usar la experiencia adquirida y tratar de mantener el buen humor incluso en condiciones difíciles. La tarea de vivir consiste en unir muchos hilos sueltos en una unidad indisoluble llena de sentido (Janin-Devillars, 2003).

Lo que es cierto es que hay víctimas de situaciones traumáticas que, por mostrar un aprecio más profundo del valor de la vida o por quedarse con una sensibilidad más acentuada, han recuperado e incluso aumentado su fortaleza moral y han encontrado beneficios inesperados a su sufrimiento, no por masoquismo, sino por la aceptación de que la tragedia es parte inevitable de la vida. Con los contratiempos puede ocurrir como con la ostra, que a partir de un grano de arena irritante *(una pérdida)* reacciona y crea una perla a su alrededor *(una vida nueva)*. En realidad, la única forma de resistir los embates de la vida es teniendo siempre una tarea que llevar a cabo. Sólo así se puede mirar hacia el futuro, tener el coraje para vivir y decirse a sí mismo que *hoy es el primer día del resto de mi vida*.

En cualquier caso, la respuesta comunitaria es fundamental para lograr la cicatrización de las heridas psicológicas de la víctima, la recuperación de su identidad moral y su plena reintegración social. El dolor puede ser aliviado por el potente bálsamo de la solidaridad y del dolor compartido. Es decir, a cada víctima se le debe reparar lo reparable y reconocer lo irreparable. De lo que se trata es que se pueda decir lo que llegó a decir una víctima: *«Lo peor que me ha pasado en la vida es que me hayan violado; lo mejor, que me hayan ayudado como lo han hecho cuando esto me ha ocurrido»*.

Conseguir la felicidad —es decir, un estado de ánimo placentero, de sosiego y tranquilidad interior que hace pensar que merece la pena vivir— es un desafío para cualquier persona. Los escenarios de la alegría son, básicamente, las relaciones íntimas con otras personas, el trabajo o las ocupaciones, y las actividades de ocio, así como el sentido del humor (Rojas Marcos, 2001; Savater, 1998).

La autoestima más beneficiosa es la que está basada en la aceptación genuina de las propias capacidades y limitaciones. Es la misma autoestima que abre el camino a la persona para tratar de mejorar las cosas que se pueden cambiar y para aceptar las cosas que no se pueden modificar (Russell, 2000).

La mejor manera de conseguir la dicha propia es, sencillamente, proporcionársela a los demás. El altruismo estimula en la persona la alegría, alivia la tristeza y constituye un antídoto eficaz contra los efectos nocivos de muchas calamidades. Un modo seguro de hacerse la vida agradable es hacérsela a los demás (Rojas Marcos, 1999).

# EPÍLOGO. LAS VÍCTIMAS Y EL PERDÓN...: HACIA LA SUPERACIÓN DEL TRAUMA

> «L'être humain est un être de chair et d'âme. C'est un animal et c'est plus qu'un animal... on peut et on doit comprendre l'humanité à partir de son animalité qu'elle dépasse en l'intégrant[1].»
>
> EDGAR MORIN, *Le Monde de l'éducation*,
> julio-agosto 2001, núm. 294, p. 185.

Agradezco a mi amigo y colega Enrique Echeburúa, Catedrático de Personalidad, Evaluación y Tratamientos Psicológicos en la Universidad del País Vasco, San Sebastián, que me haya pedido unas líneas como epílogo de este libro tan científico y tan humano; tan oportuno ayer, hoy y mañana, acá y acullá. Su lectura —no menos que la de sus libros anteriores, citados en la bibliografía final— ha enriquecido mi convivencia con facetas de más otredad, comprensión, profundidad y espiritualidad. Sospecho que otros lectores experimentarán también algo parecido. Sus barcas les aproximarán a la otra orilla del río de la vida —del sufrimiento a la armonía, a la paz[2]—, como escribe R. Tagore. Son nueve capítulos que suscitan amplias reflexiones. Echeburúa, desde su óptica de catedrático de Psicología, nos habla del trauma y del suceso traumático (capítulo 1). Atinadamente comenta los diversos tipos de víctimas (capítulo 1.4) y los problemas del perdón (capítulo 8.1). Por eso desea que en estas líneas diga algo acerca de ello, desde mi perspectiva de jurista, criminólogo y teólogo. Poco puedo añadir a lo que él expone. Pero, ante la parvedad de espacio, he de limitarme a comentar brevemente sólo un par de temas: las víctimas, la fuerza del perdón y

---
[1] El ser humano es un ser de carne y alma. Es un animal y es más que un animal... se puede y se debe entender la humanidad a partir de su animalidad, que ella supera integrándola.
[2] Ignacio Larrañaga (1987): Del sufrimiento a la paz. Hacia una liberación interior, 6.ª ed., Paulinas, Madrid.

sus límites ante la superación del trauma (sin excluir algunas posibles facetas positivas de éste como ámbito de la revelación divina).

## 1. LAS NACIONES UNIDAS REACCIONAN ANTE EL TRAUMA DEL HOLOCAUSTO, DEL TERRORISMO, ETC.

Ante la trágica realidad —con frecuencia olvidada y tergiversada— de las víctimas, percibimos el temblor de nuestra conciencia y decidimos reconocer científicamente su perfil paradigmático y sus derechos preferenciales a la reparación y al protagonismo como agentes sociales axiológicos, en cuanto individuos y en cuanto grupo.

Importa, más de lo que parece, aclarar desde el primer momento los conceptos fundamentales de quiénes son las víctimas, porque, en estas cuestiones, con frecuencia se navega sin rumbo fijo, sin una brújula que diga quiénes son y dónde están las víctimas. Se universaliza el aforismo de Campoamor:

«En este mundo traidor
nada es verdad ni es mentira,
todo es según el color
del cristal con que se mira».

Por eso, a veces se acepta exageradamente que lo que para uno es terrorismo para otro es heroísmo; lo que para uno es mero conflicto político para otro es crimen prepolítico, etc. También, desde este punto de vista, se confunde —lo que ahora y aquí tanto nos preocupa— «diálogo» y «paz» con «justicia y «sanción reparadora», se niega su dignidad, su estatus social, sus roles públicos y su protagonismo a las víctimas... El Siervo sufriente[3] y el himno kenótico[4] merecen cada día más consideración en la Victimología y en la Teología, pues, aunque no suele decirse, su mensaje supera radicalmente al de la parábola del Buen Samaritano. Éste se limita a atender al herido, a la víctima, pero ésta no ocupa el centro del relato. En cambio, el profeta Isaías (capítulo 52, 13 ss.) coloca en el centro a la víctima, y a ella la enaltece, la homenajea y le reconoce el protagonismo supremo.

---

[3] Isaías, caps. 50 y ss.
[4] San Pablo, Epístola a los Filipenses, cap. 2, 6-11. Cfr. *Biblia y Fe,* Revista de Teología Bíblica, número monográfico 29, 1984.

Este relativismo conceptual adquiere formas diversas, y alguna de ellas llega incluso a confusiones radicales en eminentes teólogos y éticos. Quizás también en alguna formulación de Marciano Vidal (sin duda excelente profesor de Ética y autor de paradigmáticos libros sobre los principales campos y problemas de la ética actual). A pesar de reconocer su máxima autoridad en estas materias, me permito opinar que su estudio sobre «Respuestas adecuadas de la vida religiosa al reto de la justicia y de la paz»[5] da pie a que el lector devalúe el mérito, el valor y la *necesidad* de las víctimas, de las personas que trabajan y se comprometen —e incluso dan su vida— a favor de la justicia frente a la injusticia y el terrorismo, etc.

La inmensa mayoría de los especialistas defienden matices fundamentales en sentido contrario al defendido por Vidal en esta Revista. Así, en la misma publicación, José M.ª Mardones y Luis González-Carvajal[6]. También la bibliografía actual, cuando comenta el sentido de por qué murió Jesús, el sermón del Monte, los pobres y la teología de la liberación, el Siervo de Yahveh... Baste citar a Rafael Aguirre[7], los jesuitas Jon Sobrino y J. Ramón Busto, Rector de la Universidad de Comillas, en su Lección inaugural del Curso académico 1998-1999, etc.

Desde la innovadora ciencia victimológica y teológica me atrevo a discrepar de quienes concluyen que las macrovíctimas de ETA no merecen un protagonismo axiológico tan importante como el que les reconocen autorizados especialistas (P. H. Bolle, E. Fattah, A. García-Pablos, E. Giménez-Salinas, H. Kury, G. Landrove, M. L. Lima Malvido, H. Marchiori, J. M. Mardones, T. Peters, M. Reyes Mate, L. Rodríguez Manzanera, J. Sampedro, F. Savater, H. J. Schneider, J. M. Silva, G. Varona, E. Viano, R. Zaffaroni...) y las Naciones Unidas —en la Resolución de la Comisión de Derechos Humanos, de 18 de enero de 2000, sobre «*Los derechos civiles y políticos, en particular las cuestiones relacionadas con: la independencia del poder judicial, la Administración de Justicia,*

---

[5] Marciano Vidal (2004): «Respuestas adecuadas de la vida religiosa...», *Revista de Vida Religiosa*, Madrid, pp. 65-99 (93).

[6] «Recordemos que Dios no reveló su nombre a los israelitas —con lo que eso supone para la cultura semita de acceso a su intimidad— mientras contemplaban una preciosa puesta de sol, sino con motivo del Éxodo, es decir, mientras luchaban por su libertad (cfr. Éxodo 3, 3-15); y los profetas, esos luchadores incansables por la justicia, fueron a la vez los hombres con mayor experiencia de Dios de todo el Antiguo Testamento» (Luis González-Carvajal, 2004: «El compromiso por la paz y la justicia de los seguidores de Jesús», *Revista de Vida Religiosa Confer*. Conferencia Española de Religiosos, vol. 43, núm. 165, enero-marzo, p. 40).

[7] Rafael Aguirre, «Las víctimas del terrorismo y sus familiares han sido los grandes olvidados por la sociedad y la Iglesia en todos estos años», en Jesús Bastante, *Los curas de ETA*, La Esfera de los Libros, Madrid, 2004, p. 305; Jon Sobrino (1999): *La fe en Jesucristo. Ensayo desde las víctimas*, Trotta, Madrid.

*la impunidad (El derecho de restitución, indemnización y rehabilitación de las víctimas de violaciones graves de los derechos humanos y las libertades fundamentales)».*

Para superar esta desorientación, este relativismo o pacifismo exagerado, ayuda mucho tener definidas las nociones básicas victimológicas. Una de ésas se refiere a quiénes —en sentido estricto y en sentido amplio— son las víctimas directas e indirectas del delito y del abuso de poder. Lo formulan con nitidez y laconismo las Naciones Unidas en su *Declaración sobre los principios fundamentales de justicia para las víctimas de delitos y del abuso de poder,* recomendada para adopción por el Séptimo Congreso de las NN.UU. sobre Prevención del Delito y Tratamiento del Delincuente, celebrado en Milán del 26 de agosto al 6 de septiembre de 1985, y adoptada por la Asamblea General en su resolución 40/34, de 29 de noviembre de 1985, que transcribimos a continuación sin necesidad de comentario.

Según este importantísimo —pero poco estudiado y divulgado— documento, «se entenderá por "víctimas" las personas que, individual o colectivamente, hayan sufrido daños, inclusive lesiones físicas o mentales, sufrimiento emocional, pérdida financiera o menoscabo sustancial de los derechos fundamentales, como consecuencia de acciones u omisiones que violen la legislación penal vigente en los Estados Miembros, incluida la que proscribe el abuso de poder. En la expresión "víctima" se incluye además, en su caso, a los familiares o personas a cargo que tengan relación inmediata con la víctima directa y a las personas que hayan sufrido daños al intervenir para asistir a la víctima en peligro o para prevenir la victimización»[8]. Además de estas víctimas directas e indirectas, han de tenerse en cuenta otras diversas clases de víctimas: cruentas e incruentas, activas y pasivas, voluntarias e involuntarias, individuales y grupales, conocidas y anónimas, etc.

Desde determinados puntos de vista, también pueden considerarse víctimas —aunque en sentido muy diverso— los victimarios, en cuanto que su infracción contra la convivencia (y contra su propia dignidad personal) les autodevalúa, les merma su debido desarrollo, les victimiza, ya que toda «persona tiene deberes respecto a la comunidad, puesto que sólo en ella puede desarrollar libre y plenamente su personalidad» (art. 29 de la *Declaración Universal de los Derechos Humanos*, de 1948).

---

[8] Cfr. A. Beristain, Victimología. *Nueve palabras clave,* Tirant lo Blanch, Valencia, 2000, pp. 45 y ss., con abundante bibliografía.

## 2. LA FUERZA DEL PERDÓN

> «El victimario debe saber que la víctima es de "carne y hueso"»
>
> Esther Giménez-Salinas (1993): «La conciliación víctima-delincuente: hacia un derecho penal reparador», en Consejo General del Poder Judicial, *La Victimología*, Madrid, p. 360.

Ante el global y creciente fenómeno victimal[9] —algo significa el 11 de septiembre de 2001— sentimos nuestra responsabilidad universal compartida por tanta victimación (primaria, secundaria y terciaria), por tanto terrorismo y tantos otros traumas más o menos criminales. Para responder humanamente y solucionar esos problemas superiores a nuestras posibilidades buscamos la fuerza del perdón reparador (*restorative justice*) e incluso recreador del mal que R. Sánchez Ferlosio[10], V. Camps[11] y muchos otros creen irreversible. Ese perdón está descrito en la parábola del hijo pródigo. Que el padre del hijo pródigo acoja al arrepentido en su casa es justo y se comprende. Pero abrazarlo, ponerle el mejor vestido, matar el novillo cebado y celebrar un festín en honor del arrepentido, ahí tenemos la inexplicable... la misteriosa definición del Perdón[12]. Ese perdón contiene —oculta en su hondón— una energía desbordante en tres dimensiones: personal, metajurídica-espiritual (imagen del perdón de Dios) y, por tanto, superadora del trauma y de la culpa, e incluso recreadora de las víctimas y del victimario.

---

[9] Antonio Beristain (1998): *De los delitos y de las penas desde el País Vasco,* Dykinson, Madrid.

[10] Rafael Sánchez Ferlosio (1996): «La señal de Caín», *Claves de Razón Práctica*, núm. 64, julio-agosto. «Dios puso una señal sobre Caín para que nadie lo matara: la impunidad de Caín expresa la impunibilidad o inexpiabilidad de la culpa en cuanto obra, que es lo que está en correspondencia con la naturaleza del remordimiento... Dios ha hecho a Caín perpetuo portador de la culpa del remordimiento y la culpa moral» (p. 5). «Un niño, entre nosotros, es un absoluto inconmensurable, sin valor alguno, y su muerte es por tanto irreparable y totalmente ajena a la racionalidad que fundamenta la indemnización» (p. 14)... «el dolor es absolutamente irreparable» (p. 15).
Mi colega y amigo el catedrático de Derecho penal de la Universidad de Giessen, Arthur Kreuzer (1998): «Kain und Abel. Kriminalwissenschaftliche Betrachtungen zu einem Menschheitsthema», en Libro-Homenaje al Prof. Günther Kaiser, *Internationale Perspektiven in Kriminologie und Strafrecht,* Duncker & Humblot, Berlín, volumen I, pp. 215-235, patentiza, con amplia bibliografía, que a la señal de Caín se le han atribuido múltiples y diversos significados, no sólo uno.

[11] Victoria Camps (1996): «Sobre el derecho y la moral. Apostilla a Rafael Sánchez Ferlosio», *Claves de Razón Práctica*, núm. 66, octubre, pp. 76 ss.

[12] Vladimir Jankélévitch (1999): *El perdón, traducción del francés por Núñez del Rincón,* Seix Barral, Barcelona, p. 207.

Nuestro perdón mira a la otra persona concreta, al victimario. No se dirige a todo el mundo, no tiene dimensión universal, sino que se refiere a mujeres y hombres, a victimarios con nombre y apellidos. No es un perdón ciego, sino vidente, personal, que supera la repugnancia de mirar al malvado (Laín Entralgo, Levinas). No se asemeja a la generosa naturaleza que ama a todo el mundo, sin excluir a uno. Nada tiene que ver con los árboles que cada primavera florecen en Auschwitz como en cualquier parte, sin asquearse de crecer en esos lugares de indecible horror.

El perdón que aquí tratamos se ubica dentro de una cosmovisión antropológica occidental, con indudables y profundas influencias teológicas cristianas (de la suprema dignidad de la persona, imagen de Dios), como indican Edgar Morin —la animalidad humana incluye lo espiritual—, Gustav Radbruch[13], cuando argumenta que un Derecho —o una Psicología— que prescinde de lo religioso carece de consistencia («Ein Recht, das der religiosen Weihe entbehrt, is schwach»), Denis Szabo[14]: «Les européens... partageons le même fond de culture judéo-chrétienne et greco-romaine», y tantos otros especialistas que reconocen el papel paradigmático de lo espiritual-religioso en el campo del trauma y su terapia[15].

Esta dimensión metajurídica, espiritual y sobrenatural del perdón rebasa la frontera de la justicia humana, refleja la imagen de la justicia divina, como explica Giorgio del Vecchio, en su Discurso en el XIII Cours d'Etudes Chrétiennes à Assise, el primero de septiembre de 1955[16]. Frente a lo mero jurídico-legal, frente a la simple neutralización del daño injusto causado, se devuelve el bien en lugar del mal que se ha recibido; se canjea los aviesos procedimientos de la malevolencia por su oferta de amor...[17]. Todavía más, la justicia emerge desde la injusticia; y desde la culpa reprochable (sin la cual no habría perdón) deriva la inocencia, como canta la liturgia del Sábado Santo: «Exsultet... ¡Feliz culpa y pecado de Adán que nos ha merecido el redentor Jesucristo!».

---

[13] Gustav Radbruch: *Aphorismen zur Rechtsweisheit,* Göttingen, 1963, p. 15, y Die Wandlung, 2. Jahrg. 1947, p. 39.

[14] Denis Szabo (2003): «La Criminologie en Europe et en Amérique: le poids des cultures», *Essays in Honour of Alice Yotopoulos-Marangopoulos,* Editor A. Manganas, Atenas, pp. 1349-1358 (1358).

[15] José Guimón (1989): «Implicaciones éticas de los distintos modelos profesionales en Psiquiatría», en J. L. de la Cuesta, I. Dendaluze, E. Echeburúa (comps.), *Criminología y Derecho Penal al servicio de la persona.* Libro-Homenaje al Profesor Antonio Beristain, Instituto Vasco de Criminología, San Sebastián, pp. 231-245.

[16] Giorgio del Vecchio (1955): «Justice divine et Justice humaine», Les Cahiers du «Bulletin Européen». Extrait du *Bulletin Européen,* octubre, pp. 8 ss.

[17] Vladimir Jankélévitch (1999): op. cit., pp. 74 ss.

Nuestra cosmovisión del perdón tan poderoso se apoya en que el hombre, incluso el victimario, es esencialmente imagen de Dios —Peter Hünermann[18]—, y en que, como explica Jon Sobrino (p. 392), toda persona humana incluye una «relación constitutiva con Dios». Por lo tanto, la persona tiene una mano vigorosa semejante a la de Dios creador y recreador. Tiene una fuerza sagrada para llevar a cabo una acción regeneradora muy semejante a la del Dios del Génesis, *ex nihilo*, representada por Miguel Ángel —«La creación del hombre»— en el techo de la capilla Sixtina del Vaticano.

Este perdón tiene poder transfigurante, metamorfosea su trauma en agradecimiento. No diluye la hostilidad en indiferencia, ni la apatía sucede al rencor; al contrario, la hostilidad se invierte en amor y se convierte al amor. Este perdón reconstruye con los escombros un nuevo edificio, abre e ilumina un nuevo eón, funda un nuevo orden, una positiva reversibilidad. Puede deshacer lo hecho, lo *factum*, frente a la negativa de Platón («lo *factum* nunca puede ser *non factum*»), y frente a la opinión de Jankélévitch (p. 220) cuando concluye que el perdón, el amor, es tan fuerte como (pero no más que) la muerte. En cambio, estoy de acuerdo con la conclusión contraria de San Pablo (*Epístola a los romanos*, cap. 5, vers. 20): «donde abundó el delito sobreabundó la gracia». En conclusión, la fuerza del perdón puede superar la maldad, puede hacer nuevas todas las cosas, como proclama San Juan en el *Apocalipsis*, capítulo XXI.

## 3. LOS LÍMITES DEL PERDÓN Y EL TRAUMA COMO ÁMBITO DE LA REVELACIÓN DIVINA

> «La imagen de la divinidad sólo es cristiana cuando, en lugar de pensarla ajena por completo al sufrimiento humano, se la reconoce dejándose afectar por el sufrimiento injusto del inocente y haciéndose presente en él (subrayo) compadeciéndolo en el amor».
>
> J. R. Busto, S. J.: *El sufrimiento ¿roca del ateísmo o ámbito de la revelación divina?*, Universidad de Comillas, 1998, p. 29.

Ahora topamos con los límites inexorables del perdón, con la universal negativa a la impunidad de los crímenes graves, con la universal

---

[18] Peter Hünermann (2003): «Tesis sobre la imagen cristiana del hombre», en *IDEM*, Verbundenheit im Geist, Katholischer Akademischer Ausländer Dienst, Bonn, pp. 93-102 (97).

aprobación del *due process*, del debido proceso penal que, mediante la sanción legal (punitiva, pero catártica y agápica), «borra» el delito, supera el trauma y logra la justicia, la paz y la reconciliación. Junto a esta «solución», algunos creyentes trabajan para desterrar el dolor, pero —a veces— experimentan el trauma como ámbito insustituible de la revelación divina.

La fuerza del perdón tiene límites. La impunidad también. Evitemos la confusión de aquél con ésta. Respetemos su asimetría. El Romano Pontífice Juan Pablo II, en su encíclica *Dives in misericordia,* escribe atinadamente sobre la necesidad de hacer justicia punitiva y de sancionar a los delincuentes graves. Textualmente afirma: «En ningún capítulo del mensaje evangélico el perdón, y ni siquiera la misericordia como su fuente, significan indulgencia para con el mal, para con el escándalo, la injuria, el ultraje cometido. En todo caso, la reparación del mal o del escándalo, el resarcimiento de la injuria, la satisfacción del ultraje son condición del perdón. En sentido parecido se expresa el jesuita P. Pericco en la revista de Milán *L'aggiornamento sociale,* hablando del amplio derecho a la legítima defensa. Semejantemente la revista *Esprit*, comentando las equivocaciones de la Iglesia Católica en Francia, que ha dado cobijo a criminales como Touvier. «¿Es posible —exclama el cardenal Decourtray— que tantos hombres de Iglesia pudieran en nombre de una cierta concepción de la caridad ignorar hasta ese punto las exigencias de la justicia y de la verdad?».

Avanzando sobre esta línea del humanismo «metarracional[19]», que integra la justicia en el amor, la compasión y la solidaridad —que recuerda la diosa Dido, cuando socorre a Eneas (superviviente del naufragio) y proclama *«Non ignara malis, miseris succurrere disco»*: por haber experimentado el dolor he aprendido a atender a los que sufren—, y por la insistencia de Nils Christie[20], Catedrático de Criminología en la Universidad de Oslo y Presidente del Consejo Escandinavo de Investigación de la Criminología, formulamos ahora cuatro conclusiones:

1. Trabajemos para superar todo lo posible —que siempre es mucho— los traumas propios y ajenos a través de los diversos trata-

---

[19] «Sufrimos de una hipertrofia de la actividad cerebral racional. Miramos a través del microscopio y vemos cada vez más detalles pero, en cambio, se nos escapa la visión global. Sobre todo perdemos la visión espiritual de nuestra vida»: Willigis Jäger (1999): *En busca de la verdad. Caminos-Esperanzas-Soluciones,* Desclée de Brouwer, Bilbao, pp. 112 ss.

[20] Nils Christie (1984): Los límites del dolor, traducción de Mariluz Caso, Fondo de Cultura Económica, México, pp. 14 ss.

mientos terapéuticos que los especialistas proponen, sin excluir el generoso, compasivo y justo perdón a los victimarios que nos han causado daños y sufrimientos.
2. Trabajemos para autoperdonarnos y arrepentirnos activamente de las autovictimaciones que a veces nos causamos nosotros mismos por nuestras propias limitaciones y culpas.
3. Trabajemos para conocer, como zahoríes, la parte interna y profunda del trauma que no podemos superar mediante el perdón ni mediante las ayudas de los terapeutas, conscientes de que esa parte incluye, encierra, esconde en su subsuelo aspectos positivos, pues como afirman algunos sistemas de creencias, y como lo experimentan algunas personas y dice Nils Christie (p. 14), «el dolor hace crecer a la gente, la hace más madura, la hace nacer de nuevo, tener un discernimiento más profundo y experimentar más gozo…». Desde el cristianismo esperamos el gozo pleno ya en esta vida[21], si cultivamos una pedagogía del compromiso privado y público de acercamiento a la realidad sufriente, que no procede de la pura ideología sino de haber sentido un rechazo sensible, espiritual del sufrimiento de las víctimas. Y para ello habremos de realizar un esfuerzo importante por dejar nuestros cobijos y salir a las fronteras sociales[22].
4. «Para entender del todo lo que el otro puede esperar de ti no hay más remedio que *amarle* un poco, aunque no sea más que amarle sólo porque también es humano… y ese pequeño pero importantísimo amor ninguna ley instituida puede imponerlo. Quien vive bien debe ser capaz de una justicia simpática, o de una compasión justa[23]».

Antonio Beristain, S. J.

Catedrático E. de Derecho penal.
Director H. del Instituto Vasco de Criminología (San Sebastián).

---

[21] San Juan, XV, 11.
[22] Patxi Álvarez (2002): *Comunidades de solidaridad*, Mensajero, Bilbao, p. 234.
[23] Fernando Savater (1993): *Ética para Amador*, 16.ª ed., Ariel, Barcelona, p. 141.

## LECTURAS RECOMENDADAS

El criterio utilizado en la redacción de este apartado es facilitar a los lectores —no necesariamente especialistas— la ampliación de los conocimientos expuestos en el texto. Por ello, las lecturas recomendadas se refieren a libros escritos en castellano, relativamente recientes y fácilmente accesibles.

Baca, E. y Cabanas, M. L. (eds.) (2003). *Las víctimas de la violencia. Estudios psicopatológicos.* Madrid: Triacastela.

En este libro se recogen una serie de estudios valiosos sobre las consecuencias psicopatológicas de la violencia en las víctimas, así como sobre las reacciones de los profesionales y de la sociedad ante las víctimas y las formas de tratamiento del trastorno de estrés postraumático. Al ser los capítulos fruto de la II Reunión Internacional sobre Victimología (Madrid, 2000), resultan un tanto heterogéneos. Se analizan especialmente los trastornos relacionados con las víctimas de terrorismo y de conflictos bélicos. Se señalan asimismo el papel de la victimización secundaria y el impacto de la violencia en las víctimas indirectas.

Bobes, J., Bousoño, M., Calcedo, A. y González, M. P. (eds.) (2000). *Trastorno de estrés postraumático.* Barcelona: Masson.

Este texto constituye una recopilación detallada de todos los aspectos clínicos más significativos relacionados con el trastorno de estrés postraumático. En la primera parte se abordan la definición y los criterios diagnósticos, así como la evolución y el pronóstico y las peculiaridades de este trastorno en la infancia. En la segunda parte, dedicada a la intervención clínica, se describen los instrumentos de evaluación más interesantes y los enfoques terapéuticos de tipo farmacológico y psicológico. Por último, hay un capítulo dedicado a la evaluación forense de este cuadro clínico.

Echeburúa, E. y Corral, P. (1998). *Manual de violencia familiar*. Madrid: Siglo XXI, 3.ª ed., 2003.

Este volumen tiene como objetivo ser un texto práctico al servicio de los profesionales (psicólogos clínicos, trabajadores sociales, etc.) que están en contacto con la violencia familiar. Se trata de un libro con poca carga teórica y que aborda, desde una perspectiva eminentemente práctica, la evaluación y el tratamiento de los problemas de violencia en la pareja, tanto desde la perspectiva de las mujeres maltratadas como desde la de los hombres agresores.

Echeburúa, E., Corral, P., Zubizarreta, I. y Sarasua, B. (1995). *Trastorno de estrés postraumático crónico en víctimas de agresiones sexuales*. La Coruña: Paideia.

Este libro ofrece una visión pormenorizada del cuadro clínico crónico presentado por las víctimas de agresiones sexuales, así como una presentación detallada de los instrumentos de evaluación y de las técnicas terapéuticas disponibles para hacer frente al trastorno de estrés postraumático. Asimismo se incluyen, a modo de apéndices, los instrumentos de evaluación más útiles y una guía concreta de tratamiento.

Fernández Liria, A. y Rodríguez Vega, B. (2002). *Intervención en crisis*. Madrid: Síntesis.

Este libro constituye una guía práctica para el desarrollo psicoterapéutico de la intervención en crisis. Se trata de este modo de facilitar la resolución adaptativa de las crisis accidentales (un accidente, una catástrofe) o de las crisis vitales que tienen lugar en la vida de una persona y de los problemas de salud mental que se relacionan con ellas. La intervención en crisis se enfoca como la construcción de la narrativa de la crisis en el encuentro entre terapeuta y paciente.

Foa, E. B., Keane, T. M. y Friedman, M. J. (eds.) (2003). *Tratamiento del estrés postraumático*. Barcelona: Ariel.

Es un libro riguroso en donde se presenta una revisión detallada de los tratamientos psicológicos efectivos para el trastorno de estrés postraumático. Se trata de una guía clínica que recoge las directrices de la Sociedad Internacional del Trastorno de Estrés Postraumático en relación con las terapias psicológicas efectivas y basadas en la evidencia clínica y empírica.

Labrador, F. J., Rincón, P. P., De Luis, P. y Fernández, R. (2004). *Mujeres víctimas de violencia doméstica: programa de actuación.* Madrid: Pirámide.

Este texto es una guía detallada de actuación con mujeres víctimas de violencia doméstica. La intervención psicológica propuesta está estructurada en dos partes distintas. Se describe, por un lado, un programa de intervención en crisis (2 o 3 sesiones) que se desarrolla en el ámbito del Servicio de Atención a la Víctima en un entorno judicial. Y, por otro, hay una descripción de un programa de tratamiento psicológico breve (13 sesiones) en una modalidad grupal, estructurado con un diario de sesiones y articulado con un formato modular, que permite una adaptación flexible a las necesidades específicas de las víctimas. El texto se completa con un folleto de autoayuda, elaborado en forma de una guía de instrucciones para las víctimas de maltrato, y con una guía de actuación para familiares y amigos de las víctimas.

Pérez, K., García, L. y Sainz, A. (2002). *Guía de atención psicológica a las víctimas del terrorismo. Manual de autoayuda psicológica.* Bilbao: Asociación para la Defensa de la Dignidad Humana y Departamento de Interior del Gobierno Vasco.

Esta guía es un manual de autoayuda destinado a las víctimas del terrorismo. En la primera parte se explican las reacciones psicológicas habituales ante las pérdidas y los sucesos traumáticos, con un estudio detallado del duelo en las distintas fases evolutivas (infancia, adolescencia, edad adulta y vejez). Y en la segunda parte se exponen las estrategias de afrontamiento más efectivas para hacer frente a las emociones negativas (ansiedad, depresión, ira), así como para mejorar la autoestima dañada.

Robles, J. I. y Medina, J. L. (2002). *Intervención psicológica en las catástrofes.* Madrid: Síntesis.

Este libro aborda de una forma sistemática las vías de intervención psicológica en las catástrofes. En la primera parte se analizan el impacto emocional de una catástrofe sobre las víctimas así como los instrumentos de evaluación y los tratamientos farmacológicos y psicológicos disponibles para hacer frente a este problema. Y en la segunda parte se ofrece una guía de autoayuda para el paciente para superar las dificultades surgidas (ansiedad, depresión, somatizaciones, etc.). Por último, se incluyen, a modo de anexos, unos instrumentos de evaluación útiles en este contexto.

Rojas Marcos, L. (2002). *Más allá del 11 de septiembre. La superación del trauma*. Madrid: Espasa Calpe.

Este libro, escrito al hilo del atentado del 11 de septiembre de 2001 en Nueva York, es un ensayo de divulgación sobre el significado emocional del trauma, la conciencia de vulnerabilidad y las reacciones psicológicas sanas e insanas ante un acontecimiento de esta naturaleza. Por último, se proponen vías de superación del trauma y se analiza el papel de las emociones y actitudes positivas, con una referencia específica al valor del perdón.

San Juan, C. (ed.) (2001). *Catástrofes y ayuda de emergencia. Estrategias de evaluación, prevención y tratamiento*. Barcelona: Icaria.

En este texto, escrito por diversos miembros y colaboradores de *Psicólogos Sin Fronteras* del País Vasco, se abordan de una forma exhaustiva los modelos teóricos explicativos de las respuestas humanas antes, durante y después de una catástrofe, así como el diseño de pautas de evaluación, prevención y tratamiento en situaciones de emergencia. El libro supone una integración de las perspectivas psicosociales y clínicas en el enfoque de las catástrofes.

Sarasua, B. y Zubizarreta, I. (2000). *Violencia en la pareja*. Málaga: Aljibe.

Este texto aborda los distintos aspectos relacionados con la violencia en la pareja. En la primera parte se describen las características del maltrato contra la mujer (con una especial atención al maltrato psicológico), se exponen los modelos explicativos y se detalla el impacto físico y psicológico en las víctimas. En la segunda parte se hace hincapié en el tratamiento psicológico desde una perspectiva integral —con la víctima y con el maltratador—, con unas orientaciones específicas para las víctimas así como para sus familiares y allegados.

Slaikeu, K. A. (1988). *Intervención en crisis*. México: Manual Moderno.

En este texto se define pormenorizadamente el concepto de crisis y se propone una aplicación a las situaciones de crisis de la terapia multimodal de Lazarus. Se exponen las técnicas utilizadas para los primeros auxilios psicológicos así como para la intervención en crisis propiamente dicha. Asimismo se detalla la aplicación de este modelo en diferentes contextos (policía, médicos, abogados, profesores, etc.). El libro se complementa con unos apéndices de evaluación y con un glosario de técnicas de terapia en crisis.

Trujillo, M. (2002). *Psicología para después de una crisis*. Madrid: Aguilar.

Es un texto que está a caballo entre el rigor científico y la divulgación de alto nivel. Escrito al hilo del ataque terrorista a las Torres Gemelas de Nueva York del 11 de septiembre de 2001, el autor expone las reacciones psicológicas habituales ante los diversos tipos de acontecimientos traumáticos (terrorismo, tortura, violencia doméstica, maltrato y abuso sexual infantil), ilustra el texto con numerosos ejemplos y propone estrategias de afrontamiento del estrés en situaciones críticas.

Wainrib, B. R. y Bloch, E. L. (2001). *Intervención en crisis y respuesta al trauma*. Bilbao: Desclée de Brouwer.

Es un libro escrito en un tono divulgativo y didáctico en donde se analizan conjuntamente tanto la intervención en crisis como la respuesta al trauma. En la primera parte del libro se analizan las teorías sobre la crisis y el trauma, y en la segunda parte se incluyen ejercicios terapéuticos para realizar individualmente y en grupo. Se dedica un apartado específico al tratamiento de las conductas suicidas y violentas. El contenido teórico está ilustrado con la presentación de casos reales.

## BIBLIOGRAFÍA

Acierno, R., Kilpatrick, D. G. y Resnick, H. S. (1999). Posttraumatic stress disorder in adults relative to criminal victimization: Prevalence, risk factors, and comorbidity. En P. A. Saigh y J. D. Bremner (eds.). *Posttraumatic stress disorder: A comprehensive text*. Needham Heights, MA. Allyn & Bacon, Inc.

Agras, S. (1989). *Pánico. Cómo superar los miedos, las fobias y la ansiedad*. Barcelona: Labor.

Albuquerque, A. (1992). Tratamiento del estrés postraumático en ex combatientes. En E. Echeburúa (ed.). *Avances en el tratamiento psicológico de los trastornos de ansiedad*. Madrid: Pirámide.

American Psychiatric Association (2000). *Diagnostic and Statistical Manual of Mental Disorders (4th Ed-TR)*. Washington, DC: APA.

Avia, M. D. y Vázquez, C. (1998). *Optimismo inteligente*. Madrid: Alianza.

Baca, E. (2003). La actitud ante la víctima: reacciones personales, sociales y profesionales. En E. Baca y M. L. Cabanas (eds.). *Las víctimas de la violencia. Estudios psicopatológicos*. Madrid: Triacastela.

Baca, E. y Cabanas, M. L. (1997). Niveles de salud mental y calidad de vida en las víctimas del terrorismo en España. *Archivos de Neurobiología, 60*, 283-296.

Baca, E., Cabanas, M. L. y Baca-García, E. (2002). Impacto de los atentados terroristas en la morbilidad psiquiátrica a corto y largo plazo. *Actas Españolas de Psiquiatría, 30*, 85-90.

Baca, E. y Cabanas, M. L. (eds.) (2003). *Las víctimas de la violencia. Estudios psicopatológicos*. Madrid: Triacastela.

Baca, E., Cabanas, M. L. y Baca-García, E. (2003). El Proyecto Fénix: un estudio sobre las víctimas del terrorismo en España. Resultados preliminares. En E. Baca y M. L. Cabanas (eds.). *Las víctimas de la violencia. Estudios psicopatológicos*. Madrid: Triacastela.

Basoglu, M. (ed.) (1992). *Torture and its consequences: current treatment approaches*. Cambridge: Cambridge University Press.

Basoglu, M. y Paker, M. (1995). Severity of trauma as predictor of long-term psychological status in survivors of torture. *Journal of Anxiety Disorders, 9*, 339-350.

Beck, A. T., Rush, A. J., Shaw, B. F. y Emery, G. (1979). *Cognitive therapy of depression*. Nueva York: Guilford Press.

Bobes, J., González, J. C. y Saiz, P. (1997). *Prevención de las conductas suicidas y parasuicidas*. Barcelona: Masson.

Bobes, J., González, M. P., Bascarán, M. T., Bousoño, M., Saiz, P. A. y Conde, V. J. (2000). Tratamiento biológico. En J. Bobes, M. Bousoño, A. Calcedo y M. P. González (eds.). *Trastorno de estrés postraumático*. Barcelona: Masson.

Bonanno, G. A. y Kaltman, S. (2001). The varieties of grief experience. *Clinical Psychology Review, 21*, 705-734.

Bonner, B. L. (1999). Abuso sexual infantil: prevención y tratamiento. En J. Sanmartín (ed.). *Violencia contra niños*. Barcelona: Ariel.

Brenner, A. (1987). *Los traumas infantiles. Cómo ayudar a vencerlos*. Barcelona: Nueva Paideia (Planeta).

Caballero, R., Mojarro, P. y Rodríguez Sacristán, J. (1995). El estrés postraumático. En J. Rodríguez Sacristán (ed.). *Psicopatología del niño y del adolescente*. Sevilla: Universidad de Sevilla.

Cantón, J. y Cortés, M. R. (1996). *Malos tratos y abuso sexual infantil*. Madrid: Siglo XXI.

Cantón, J. y Cortés, M. R. (2000). *Guía para la evaluación del abuso sexual infantil*. Madrid: Pirámide.

Cantón, J. y Cortés, M. R. (2001). Sintomatología, evaluación y tratamiento del abuso sexual infantil. En V. E. Caballo y M. A. Simón (eds.). *Manual de psicología clínica infantil y del adolescente*. Madrid: Pirámide.

Castilla del Pino, C. (1968). *La culpa*. Madrid: Revista de Occidente.

Castilla del Pino, C. (2000). *Teoría de los sentimientos*. Barcelona: Tusquets.

Cerezo, A. I. (2000). *El homicidio en la pareja: tratamiento criminológico*. Valencia: Tirant lo Blanch.

Clayton, P. J. (1985). Duelo. En E.S. Paykel (ed.). *Psicopatología de los trastornos afectivos*. Madrid: Pirámide.

Conde, V. y Franch, J. I. (1984). *Escalas de evaluación comportamental para la cuantificación de la sintomatología psicopatológica en los trastornos angustiosos y depresivos*. Madrid: Laboratorios Upjohn.

Corsi, J. (ed.) (1995). *Violencia familiar*. Barcelona: Paidós.

Cuesta, C. (2000). *Contra el olvido. Testimonios de víctimas del terrorismo*. Madrid: Temas de Hoy.

De Nicolás, L., Artetxe, A. I., Jáuregui, A. y López, S. (2000). *Intervención psicológica en situaciones de emergencia y desastres*. Gobierno Vasco. Vitoria.

Derogatis, L. R. (1977). *The SCL-90-R. Manual I: Scoring, Administration, and Procedures for the SCL-90*. Baltimore. John Hopkins University, School of Medicine (version española, Madrid: Ediciones TEA, 2002).

Dutton, D. G. y Golant, S. K. (1997). *El golpeador. Un perfil psicológico*. Buenos Aires: Paidós.

Echeburúa, E. y Corral, P. (1993). Técnicas de exposición: variantes y aplicaciones. En F. J. Labrador, J. A. Cruzado y M. Muñoz (eds.). *Manual de modificación y terapia de conducta*. Madrid: Pirámide.

Echeburúa, E. y Corral, P. (1995). Trastorno de estrés postraumático. En A. Belloch, B. Sandín y F. Ramos (eds.). *Manual de psicopatología*. Madrid: McGraw-Hill, vol. 2.º.

Echeburúa, E. y Corral, P. (1998). *Manual de violencia familiar*. Madrid: Siglo XXI.

Echeburúa, E. y Corral, P. (2001). El duelo normal y patológico. En W. Astudillo,

E. Clavé y E. Urdaneta (eds.). *Necesidades psicosociales en la terminalidad*. San Sebastián: Sociedad Vasca de Cuidados Paliativos.

Echeburúa, E. y Guerricaechevarría, C. (1999). Abuso sexual en la infancia: concepto, factores de riesgo y efectos psicopatológicos. En J. Sanmartín (ed.). *Violencia contra niños*. Barcelona: Ariel.

Echeburúa, E. y Guerricaechevarría, C. (2000). *Abuso sexual en la infancia: víctimas y agresores*. Barcelona: Ariel.

Echeburúa, E., Amor, P. J. y Fernández-Montalvo, J. (2002). *Vivir sin violencia*. Madrid: Pirámide.

Echeburúa, E., Corral, P. y Amor, P. J. (2000). Tratamiento psicológico del trastorno de estrés postraumático. En J. Bobes, M. Bousoño, A. Calcedo y M. P. González (eds.). *Trastorno de estrés postraumático*. Barcelona: Masson.

Echeburúa, E., Corral, P. y Amor, P. J. (2001). Estrategias de afrontamiento ante los sentimientos de culpa. *Análisis y Modificación de Conducta, 27,* 905-929.

Echeburúa, E., Corral, P. y Amor, P. J. (2002). Evaluación del daño psicológico en las víctimas de delitos violentos. *Psicothema, 14 (supl.),* 139-146.

Echeburúa, E., Corral, P., Amor, P. J., Zubizarreta, I. y Sarasua, B. (1997). Escala de Gravedad de Síntomas del Trastorno de Estrés Postraumático: propiedades psicométricas. *Análisis y Modificación de Conducta, 23,* 503-526.

Echeburúa, E., Corral, P. y Fernández-Montalvo, J. (2000). Escala de Inadaptación: propiedades psicométricas en contextos clínicos. *Análisis y Modificación de Conducta, 26,* 325-340.

Echeburúa, E., Corral, P., Zubizarreta, I. y Sarasua, B. (1995). *Trastorno de estrés postraumático crónico en víctimas de agresiones sexuales*. La Coruña: Fundación Paideia.

Edleson, J. y Eisikovits, Z. (1998). *Violencia doméstica: la mujer golpeada y la familia*. Barcelona: Granica.

Esbec, E. (1994a). Víctimas de delitos violentos. Victimología general y forense. En S. Delgado (ed.). *Psiquiatría legal y forense (vol. 2.º)*. Madrid: Cólex.

Esbec, E. (1994b). Daño psíquico y su reparación en víctimas de delitos violentos. En S. Delgado (ed.). *Psiquiatría legal y forense (vol. 2.º)*. Madrid: Cólex.

Esbec, E. (2000). Evaluación psicológica de la víctima. En E. Esbec y G. Gómez-Jarabo. *Psicología forense y tratamiento jurídico-legal de la discapacidad*. Madrid: Edisofer.

Etxebarría, I. (2000). Guilt: an emotion under suspicion. *Psicothema, 12 (Supl.),* 101-108.

Finkelhor, D. (1999). Victimología infantil. En J. Sanmartín (ed.). *Violencia contra niños*. Barcelona: Ariel.

Foa, E. B. y Rothbaum, B. O. (1998). *Treating the trauma of rape: Cognitive-behavioral therapy for PTSD*. Nueva York: Guilford Press.

Follette, V. M., Ruzek, J. I. y Abueg, F. R. (eds.) (1998). *Cognitive-behavioral therapies for trauma*. Nueva York: Guilford Press.

Foy, D. W., Glynn, S. M., Schnurr, P. P., Jankowski, M. K., Wattenberg, M. S., Weiss, D. S., Marmar, C. R. y Gusman, F. D. (2003). Terapia de grupo. En E. B. Foa, T. M. Keaney y M. J. Friedman (eds.). *Tratamiento del estrés postraumático*. Barcelona: Ariel.

Friedman, M. J., Davidson, J. R., Mellman, T. A. y Southwick, S. M. (2003). Farmacoterapia. En E. B. Foa, T. M. Keaney y M. J. Friedman (eds.). *Tratamiento del estrés postraumático*. Barcelona: Ariel.

Garrido, V., Stangeland, P. y Redondo, S. (1999). El maltrato y el abuso sexual en niños. En *Principios de criminología*. Valencia: Tirant lo Blanch.

Garrido, V. (2001). *Amores que matan*. Valencia: Algar.

Garrido, V. (2003). La máscara del amor. En P. Alapont. *El infierno de Marta*. Valencia: Algar.

González, R. y Santana, J. D. (2001). *Violencia en parejas jóvenes. Análisis y prevención*. Madrid: Pirámide.

Gottman, J. y Jacobson, N. (2001). *Hombres que agreden a sus mujeres*. Barcelona: Paidós.

Green, B. L. (1990). Defining trauma: terminology and stressor dimensions. *Journal of Applied Social Psychology, 20,* 1632-1642.

Griffin, M. G., Resick, P. A. y Mechanic, M. B. (1997). Objective assessment of peritraumatic dissociation: psychophysiological indicators. *American Journal of Psychiatry, 154,* 1081-1088.

Gurr, R. y Quiroga, J. (2001). Approaches to torture rehabilitation. *Torture, 11, (Supp. 1),* 3-35.

Hamilton, M. (1960). A rating scale for depression. *Journal of Neurology, Neurosurgery and Psychiatry, 23,* 53-62.

Harder, D. W. (1995). Shame and guilt assessment and relationships of shame and guilt proneness to psychopathology. En J. P. Tangney y K. W. Fischer (eds.). *Self-conscious emotions: shame, guilt, embarrassment, and pride*. Nueva York: Guilford Press.

Hembree, E. A. (2003). Tratamiento cognitivo-conductual del trastorno por estrés traumático. En E. Baca y M. L. Cabanas (eds.). *Las víctimas de la violencia. Estudios psicopatológicos*. Madrid: Triacastela.

Herbert, C. y Wetmore, A. (1999). *Overcoming traumatic stress. A self-help guide using cognitive-behavioral techniques*. Londres: Robinson.

Hickling, E. J. y Blanchard, E. B. (1999). *International Handbook of Road Traffic Accidents and Psychological Trauma: Current Understanding, Treatment, Law*. Amsterdam: Elsevier Science.

Hinton, J. (1974). *Experiencias sobre el morir*. Barcelona: Ariel.

Jacobsen, L. y Smidt-Nielsen, K. (1997). *Sobrevivientes de la tortura. Traumas y rehabilitación*. Copenhague. Consejo Internacional de Rehabilitación para las Víctimas de la Tortura (IRCT).

Janin-Devillars, L. (2003). *Nunca es tarde para cambiar de vida*. Madrid: Témpora.

Kubany, E. S. (1998). Cognitive therapy for trauma-related guilt. En V. M. Follette, J. I. Ruzek y F. R. Abueg (eds.). *Cognitive-behavioral therapies for trauma*. Nueva York: Guilford Press.

Labrador, F. J., Rincón, P. P., De Luis, P. y Fernández, R. (2004). *Mujeres víctimas de violencia doméstica: programa de actuación*. Madrid: Pirámide.

Lameiras, M. (ed.) (2002). *Abusos sexuales en la infancia. Abordaje psicológico y jurídico*. Madrid: Biblioteca Nueva.

Latiegui, A. (1999). Prevención y tratamiento del duelo patológico. En W. Astudillo, C. Arrieta, C. Mendinueta e I. Vega de Seoane (eds.). *La familia en la terminalidad*. Bilbao. Sociedad Vasca de Cuidados Paliativos.

Lee, C. (1995). *La muerte de los seres queridos. Cómo afrontarla y superarla*. Barcelona: Plaza Janés.

López, F. (1997). Abuso sexual: un problema desconocido. En J. Casado, J. A. Díaz, y C. Martínez (eds.) (1997). *Niños maltratados*. Madrid: Díaz de Santos.

Lorente, M. (2001). *Mi marido me pega lo normal*. Barcelona: Crítica.

Martín Beristáin, C. (1999). *Reconstruir el tejido social*. Barcelona: Icaria.

Meluk, E. (1998). *El secuestro, una muerte suspendida: su impacto psicológico*. Uniandes. Bogotá.

Morganett, R. S. (1995). Afrontar la aflicción y pérdida de los seres queridos. En R. S. Morganett. *Técnicas de intervención psicológica para adolescentes*. Barcelona: Martínez Roca.

Navarrete, M. (1998). Trastorno de estrés postraumático en las víctimas de terrorismo en España. *Revista Española de Psiquiatría Forense, Psicología Forense y Criminología, 5,* 29-34.

Noguerol, V. (1997). Aspectos psicológicos del abuso sexual infantil. En J. Casado, J. A. Díaz y C. Martínez (eds.) (1997). *Niños maltratados*. Madrid: Díaz de Santos.

Organización Mundial de la Salud (1992). *Trastornos mentales y del comportamiento (CIE-10)*. Madrid: Méditor.

Pérez, K., García, L. y Sainz, A. (2002). *Guía de atención psicológica a las víctimas del terrorismo. Manual de autoayuda psicológica*. Bilbao. Asociación para la Defensa de la Dignidad Humana.

Pérez, M. y Borrás, J. J. (1996). *Sexo a la fuerza*. Madrid: Aguilar.

Pérez Domínguez, G., Martín-Santos, R., Bulbena, A. y Berrios, G. E. (2000). Sentimiento de culpa. En A. Bulbena, G. E. Barrios y P. Fernández de Larrinoa (eds.). *Medición clínica en psiquiatría y psicología*. Barcelona: Masson.

Pérez Trenado, M. (1999). El proceso de duelo y la familia. En W. Astudillo, C. Arrieta, C. Mendinueta e I. Vega de Seoane (eds.). *La familia en la terminalidad*. Bilbao: Sociedad Vasca de Cuidados Paliativos.

Pynoos, R., Sorenson, S. y Steinberg, A. (1993). Interpersonal violence and traumatic stress reactions. En L. Goldberger y S. Breznitz (eds.). *Handbook of stress: Theoretical and clinical aspects (2.ª ed.)*. Nueva York: Free Press.

Rando, T. (1993). *Treatment of complicated mourning*. Champaign, IL. Research Press.

Redondo, S. (ed.) (2002). *Delincuencia sexual y sociedad*. Barcelona: Ariel.

Robles, J. I. y Medina, J. L. (2002). *Intervención psicológica en las catástrofes*. Madrid: Síntesis.

Rojas Marcos, L. (1995). *Las semillas de la violencia*. Madrid: Espasa-Calpe.

Rojas Marcos, L. (1999). *Antídotos de la nostalgia*. Madrid: Espasa-Calpe.

Rojas Marcos, L. (2001). *Nuestra felicidad*. Madrid: Espasa-Calpe.

Rojas Marcos, L. (2002). *Más allá del 11 de septiembre. La superación del trauma*. Madrid: Espasa-Calpe.

Rosenberg, M. (1965). *Society and the Adolescent Self Image*. Princeton: Princeton University Press.

Rothbaum, B. O., Meadows, E. A., Resick, P. y Foy, D. W. (2003). Terapia cognitivo-conductual. En E. B. Foa, T. M. Keaney y M. J. Friedman (eds.). *Tratamiento del estrés postraumático*. Barcelona: Ariel.
Russell, B. (2000). *La conquista de la felicidad*. Madrid: Espasa-Calpe.
Saakvitne, K. V. y Pearlman, L. A. (1996). *Transforming the pain: A workbook on vicarious traumatization for helping professionals who work with traumatized clients*. Nueva York: W. W. Norton.
San Juan, C. (ed.) (2001). *Catástrofes y ayuda de emergencia. Estrategias de evaluación, prevención y tratamiento*. Barcelona: Icaria.
Sánchez, A. (2003). La evaluación psiquiátrica de las víctimas. En E. Baca y M. L. Cabanas (eds.). *Las víctimas de la violencia. Estudios psicopatológicos*. Madrid: Triacastela.
Sánchez, C. (2000). *Qué es la agresión sexual*. Madrid: Biblioteca Nueva.
Sarasua, B. y Zubizarreta, I. (2000). *Violencia en la pareja*. Málaga: Aljibe.
Savater, F. (1998). *El contenido de la felicidad*. Madrid: Taurus.
Seligman, M. E. (1999). *Niños optimistas*. Barcelona: Grijalbo.
Shalev, A. Y., Friedman, M. J., Foa, E. B. y Keane, T. M. (2003). Integración y resumen. En E. B. Foa, T. M. Keaney y M. J. Friedman (eds.). *Tratamiento del estrés postraumático*. Barcelona: Ariel.
Solomon, Z. (2003). El impacto del estrés bélico en los familiares de combatientes. En E. Baca y M. L. Cabanas (eds.). *Las víctimas de la violencia. Estudios psicopatológicos*. Madrid: Triacastela.
Soria, M. A. y Hernández, J. A. (1994). *El agresor sexual y la víctima*. Barcelona: Marcombo Boixareu Editores.
Spielberger, C. D., Gorsuch, R. L. y Lushene, R. E. (1970). *Manual for the State/Trait Anxiety Inventory*. Palo Alto, CA. Consulting Psychologist Press (version española, Madrid: Ediciones TEA, 2002).
Torres, P. y Espada, F. J. (1996). *Violencia en casa*. Madrid: Aguilar.
Trujillo, M. (2002). *Psicología para después de una crisis*. Madrid: Aguilar.
Vanderlinden, J. y Vandereycken, W. (1999). *Trauma, disociación y descontrol de los impulsos en los trastornos alimentarios*. Barcelona: Granica.
Vázquez, C. y Sanz, J. (1997). Fiabilidad y valores normativos de la versión española del Inventario para la Depresión de Beck de 1978/Reliability and norm data of the Spanish version of the 1978 Beck Depression Inventory. *Clínica y Salud, 8,* 403-422.
Vázquez Mezquita, B. (1995). *Agresión sexual. Evaluación y tratamiento en menores*. Madrid: Siglo XXI.
Vicente, N., Diéguez, A., De la Hera, I., Ochoa, E. y Grau, E. (1995). Trastorno por estrés traumático: consideraciones a propósito de tres casos. *Psiquiatría Pública, 7,* 203-208.
Villavicencio, P. y Sebastián, J. (1999). *Violencia doméstica: su impacto en la salud física y mental de las mujeres*. Madrid: Instituto de la Mujer.
Worden, J. W. (1998). *El tratamiento del duelo. Asesoramiento psicológico y terapia*. Barcelona: Paidós.
Zabalegui, L. (1997). *¿Por qué me culpabilizo tanto?*. Bilbao: Desclée de Brouwer.

# ÍNDICE TEMÁTICO

Abuso sexual en la infancia, 63-70.
  consecuencias psicológicas, 63, 64.
    a corto plazo, 64-66.
    a largo plazo, 66-69.
  factores mediadores, 69, 70.
  perfil de las víctimas de riesgo, 63, 64.
Accidentes, 101-102.
  perfil psicopatológico, 101.
  predictores de secuelas, 102.
Agresiones sexuales en la vida adulta, 58-63.
  consecuencias psicológicas, 60-61.
    a corto plazo, 60.
    a medio plazo, 60.
    a largo plazo, 61.
  perfil de las víctimas de riesgo, 59.
  sentimientos de culpa, 61, 62.
  vulnerabilidad al trauma, 59, 60.
Amnesia disociativa, 68.
Anestesia emocional, 54, 55, 137, 138, 139.

Catástrofes y accidentes, 99-102.
  accidentes, 101-102.
  catástrofes naturales, 99-101.
  cronificación de síntomas, 101.
Culpa, 107-113.
  componentes, 108, 109.
  concepto, 108.
  culpa normal y culpa anormal, 109, 110, 111, 112.
  culpa y vergüenza, 109.
  expresión de la culpa, 155, 156.
  superación de la culpa, 156, 157, 158.

Daño psicológico, 30-35.
  causas, 35.
  concausas, 35.
  tipos, 32-35.
    lesiones psíquicas, 32, 33.
    secuelas emocionales, 33, 34, 35.

Evaluación, 117-124.
  dictámenes periciales, 121, 122, 123, 124.
  frecuencia del daño, 117, 118.
  gravedad de los síntomas, 118.
Evitación, 54.
  evitación cognitiva, 54, 168, 169.
  evitación conductual, 54, 175, 176.

Inadaptación a la vida cotidiana, 176-180.
  proyección hacia el futuro, 178-180.
  solución de problemas y toma de decisiones, 180.
Instrumentos de evaluación, 119-121.
  BDI, 120.
  EAE, 121.
  EGS, 119, 120.

EI, 121.
HRS, 120.
SCL-90-R, 119.
STAI, 120.

Muerte violenta de un hijo, 78-87.
   duelo normal y duelo patológico, 79, 80, 82, 83.
   hijos muertos e hijos desaparecidos, 83, 84, 85.
   reacciones psicológicas ante la muerte de un ser querido, 79-82.
   suicidio de un hijo, 85, 86.
   superación del duelo, 86, 87.

Pérdida de la confianza personal e interpersonal, 158-167.
   déficit de autoestima, 159-164.
      concepto, 159, 160, 161.
      ejercicios para la mejora de la autoestima, 161, 162, 163, 164.
   déficit de habilidades sociales, 164-167.
      comunicación adecuada, 166, 167.
      estilo de comunicación, 165.
      lenguaje del cuerpo, 165, 166.
Personalidades resistentes al estrés, 46-48.
Prevención de recaídas, 185-186.

Recuperación del trauma, 181-186.
   indicadores negativos, 184-185.
   indicadores positivos, 182-184.
   papel del perdón, 181, 182, 195-199.
Reexperimentación del trauma, 167-175.
   terapia de exposición a los recuerdos traumáticos, 170-173.
   ventilación emocional, 174.

Regulación de emociones, 137-158.
   anestesia emocional, 137-139.
   ansiedad e hiperactivación, 144-148.
      control de la respiración, 145, 146.
      relajación muscular, 147, 148, 149.
   depresión, 148-155.
      búsqueda de lo positivo, 154, 155.
      cambio de pensamientos negativos, 151, 152.
      implicación en actividades agradables, 153.
   irritabilidad, 139-144.
      autoinstrucciones positivas, 143, 144.
      distracción del pensamiento 142, 143.
   sentimientos de culpa, 155-158.

Tratamiento, 125-186.
   fármacos, 128, 129, 130, 131.
   necesidad del tratamiento, 125, 126.
   principios básicos, 126, 127, 128.
   relación terapeuta-paciente, 134, 135.
   terapia de grupo, 131-134.
      grupos de autoayuda, 132.
      grupos enfocados al trauma, 132.
Trauma, 29-40.
   aspectos nucleares, 53-57.
      evitación, 54.
      hiperactivación, 54.
      reexperimentación, 53, 54.
   concepto, 29, 30.
   sucesos traumáticos, 29, 30.
Trauma complejo, 131.
Trauma en la infancia, 48-52.
   ¿alteraciones psicopatológicas en la vida adulta?, 51, 52.
   repercusiones emocionales en el niño, 49, 50.

Traumatización
   secundaria, 36.
   vicaria, 102-105.

Víctimas, 35-37.
   directas, 35, 36.
   indirectas, 36, 37.
Víctimas de riesgo, 43, 44.
Víctimas de terrorismo, 88-89.
   atentados terroristas, 88-92.
   secuestros, 92-96.
Víctimas de tortura, 96-99.
   métodos de tortura, 96, 97.
   secuelas psíquicas, 97, 98.
   síndrome de Estocolmo, 93, 94.

Victimización, 29-40.
   primaria, 29-37.
   secundaria, 37-40.
Violencia en la pareja, 70-78.
   consecuencias del maltrato a la mujer en los hijos, 77, 78.
   consecuencias del maltrato en la mujer, 73-77.
   físicas, 73, 74.
   psicológicas, 74, 75, 76, 77.
   patología de la convivencia, 71-73.
Vulnerabilidad al trauma, 41-52.
   biológica, 44.
   psicológica, 44, 45, 46.

## TÍTULOS PUBLICADOS

ABORDAJE TERAPÉUTICO GRUPAL EN SALUD MENTAL, *I. Gómez Jiménez (Dir. y Ed.) y L. Moya Albiol (Ed.).*
ANSIEDAD SOCIAL. *M.ª N. Vera Guerrero y G. M.ª Roldán Maldonado.*
MANUAL PRÁCTICO PARA SUPERAR EL MIEDO, *M.ª N. Vera Guerrero y G. M.ª Roldán Maldonado.*
APOYO PSICOLÓGICO EN SITUACIONES DE EMERGENCIA. *J. M. Fernández Millán.*
CLAVES PARA APRENDER EN UN AMBIENTE POSITIVO Y DIVERTIDO, *B. García Larrauri (Dir.).*
EDUCACIÓN VOCAL, *M.ª J. Fiuza Asorey.*
EL DUELO Y LA MUERTE, *L. Nomen Martín.*
EL ESTRÉS EN CUIDADORES DE MAYORES DEPENDIENTES, *M.ª Crespo y J. López.*
EL TDAH, *R. Lavigne Cerván y J. F. Romero Pérez.*
EL TRASTORNO OBSESIVO-COMPULSIVO, *A. Gavino.*
ELABORACIÓN, GESTIÓN Y EVALUACIÓN DE PROYECTOS SOCIALES (VOL. 1), *T. Fernández García y L. Ponce de León Romero (Dirs. y Coords.).*
EMOCIÓNATE, *A. Soldevila Benet.*
FORMACIÓN DE FORMADORES, *P. del Pozo Delgado.*
GENERACIONES CONECTADAS, *Sonia Rivas (Coord.).*
GUÍA DE TÉCNICAS DE TERAPIA DE CONDUCTA, *A. Gavino (Coord.).*
GUÍA PRÁCTICA PARA EL MANEJO DE LA ESQUIZOFRENIA, *E. Aznar y A. Berlanga.*
INFERTILIDAD Y REPRODUCCIÓN ASISTIDA, *C. Moreno Rosset (Coord.).*
INTERVENCIÓN PSICOLÓGICA EN OBESIDAD, *J. I. Baile Ayensa y M.ª J. González Calderón.*
INTERVENCIÓN PSICOLÓGICA EN TERAPIA DE PAREJA, *F. J. Labrador (Coord.).*
LA PAREJA EN LA VEJEZ, *M.ª H. Feliu.*
LA REGULACIÓN DE LAS EMOCIONES, *J. M. Mestre Navas y R. Guil Bozal.*
LOS CONFLICTOS, *J. M. Fernández Millán y M.ª del M. Ortiz Gómez.*
MANUAL DE LA ENTREVISTA PSICOLÓGICA, *C. Perpiñá (Coord.).*
MENTE ACTIVA, *J. M. Mayán Santos.*
MUJERES VÍCTIMAS DE LA VIOLENCIA DOMÉSTICA, *F. J. Labrador, P. P. Rincón, P. de Luis y R. Fernández-Velasco.*
POLÍTICA Y EMOCIÓN, *R. Bisquerra.*
¿POR QUÉ VÍCTIMA ES FEMENINO Y AGRESOR MASCULINO?, *E. Echeburúa y S. Redondo.*
PREVENIR LA VIOLENCIA EN EL NOVIAZGO, *M. Muñoz-Rivas, P. González-Lozano y L. Fernández-González y S. Fernández Ramos.*
PROGRAMA PARA EL CONTROL DEL ESTRÉS, *H. Robles Ortega y M.ª I. Peralta Ramírez.*
PROGRAMA PARA MEJORAR EL SENTIDO DEL HUMOR, *B. García Larrauri.*
¿QUÉ ES EL ANSIA POR LA COMIDA?, *S. Moreno, S. Rodríguez y M.ª del C. Fernández-Santaella.*
¿QUÉ ES EL PARKINSON?, *M.ª J. Fiuza Asorey y J. M. Mayán Santos.*
SER PADRES, ACTUAR COMO PADRES, *J. Olivares Rodríguez, A. I. Rosa Alcázar y P. J. Olivares Olivares.*
SUPERAR UN TRAUMA, *E. Echeburúa.*
TRASTORNOS ALIMENTARIOS, *M.ª Calado Otero.*
TRATAMIENTO DE LOS TRASTORNOS PSICÓTICOS, *J. J. Ricarte Trives, J. V. Hernández Viadel y L. Ros Segura.*

www.edicionespiramide.es